本书由广东财经大学法学院、广东财经大学法治与经济发展研究所联合资助出版

XINGSHI SHENPAN ZHONG DE
YANCI YUANZE YANJIU

刑事审判中的言词原则研究

孙志伟 / 著
By Sun Zhiwei

法律出版社 | LAW PRESS

总　序

2014年10月23日中国共产党第十八届中央委员会第四次全体会议通过的《中共中央关于全面推进依法治国若干重大问题的决定》指出，依法治国是坚持和发展中国特色社会主义的本质要求和重要保障，是实现国家治理体系和治理能力现代化的必然要求，事关我们党执政兴国，事关人民幸福安康，事关党和国家长治久安。2017年10月18日中国共产党第十九次全国代表大会在人民大会堂开幕，习近平总书记在《决胜全面建成小康社会，夺取新时代中国特色社会主义伟大胜利》报告中指出：必须坚持全面依法治国，必须坚定不移走中国特色社会主义法治道路，完善以宪法为核心的中国特色社会主义法律体系。由此可以看出，坚持全面依法治国，坚持走中国特色社会主义法治道路，建设中国特色社会主义法治体系已经成为社会主义新时代执政党和国家治国理政，实现中华民族伟大复兴的必然要求。而要实现全面依法治国，就必须重视和加强法学研究。一方面，法学研究的繁荣昌盛可以为立法工作的顺利推进提供丰富的、前沿性的理论指导；另一方面，法学实证研究的大力推进又成为检验司法与执法活动是否符合立法规定的标尺，并为法律的修改与完善提供宝贵的反馈素材。纵观人类社会发展史，法学研究为规范和制约权力，保障公民的合法权利，建立良好的社会秩序做出了卓越的贡献。

处于改革开放前沿阵地的广东财经大学是广东和华南地区

重要的经、管、法人才培养、科学研究和社会服务基地，学校在大力发展财经类学科的同时，亦十分重视法学学科的发展和建设。早在1993年，广东财经大学就成立了法律系，开始招收全日制本科生。1999年，法律系改建为法学院。法学院现有教职员工92人，专职教师77人，其中教授32人，副教授29人，具博士学位和在读博士教师52人。享受国务院特殊津贴专家1人，入选“千百十工程”培养对象教师15人次，其中省级3人，广东省教学名师2人，广东财经大学教学名师3人，广东省十大中青年法学家2人，广州市十大中青年法学家2人，有45人次兼任省、市、区人大代表、政协委员、政府参事、立法顾问、咨询专家等社会职务。

历经25年的风雨兼程，广东财经大学的法学学科取得了诸多成绩，有了重大进展。2007年，法学院的宪法与行政法学被评为广东省重点学科，诉讼法被评为广东省重点扶持学科，占该轮广东省高校法学四个重点学科的一半。2007年法学院获法律硕士专业授权，2008年开始招生全日制(非法学)法律硕士和在职法律硕士，2009年开始招生全日制(法学)法律硕士。2011年，法学一级学科获得硕士学位授权，目前招生的法学硕士学位二级学科点有法学理论、宪法学与行政法学、刑法学、民商法学、经济法学、诉讼法学、国际法学等7个。2012年，法学一级学科被评为广东省优势重点学科。2013年广东财经大学首次获批设立博士后科研工作站，2015年开始招生法学方向的博士后研究人员。

法学院现设有法学专业。法学专业为广东省首个名牌专业(2002年)、国家级特色专业(2008年)、国家卓越法律人才教育培养基地(2012年)。2007年《宪法学》被评为省级精品课程，2010年法学院的法学实验示范中心被批准为广东省法学实验教学示范中心。2013年法学专业被批准为省综合改革试点专业。2014年法学院被省教育厅批准为综合改革试点学院。法学院目前在校本科生1814人、研究生399人，是全省在校生规模最大的法学院。现已有8000多名本科毕业生、1500多名研究生走向了社会。毕业生考入公务员比例高，部分毕业生被选入最高人民法院、广东省高级人民法院、广东省检察院等国家机关工作。

法学院还拥有1个广东省人文社会科学重点研究基地——法治与经济发展研究所。该所于2002年成立，2003年12月被遴选为广东省普通高校人文社会科学重点研究基地。法治与经济发展研究所设有港澳基本法研究室、诉讼与司法制度改革研究室、习近平新时代中国特色社会主义法治思想研究室、法治与经济发展研究室、环境与资源保护法研究室。法治与经济发展研究所的建设目标是创新科学研究体制，加强重大课题研究，产出高质量研究成果，加强学术交流、人才培养、图书资料建设和服务社会。法治与经济发展研究所立足广东改革开放前沿优势和毗邻港澳的地缘优势，根据我国经济社会发展中的热点问题，以直接服务广东经济社会发展，组织重大科研项目，产出重大科研成果，为经济社会发展献计献策。历经 16 年的发展，法治与经济发展研究所获得了较大成绩，已经成为广东和华南地区重要的法治智库，并在国内具有较大的学术影响力。

自 2010 年以来，法学院和法治与经济发展研究所的科研取得了较大成绩，全体教师和专职科研成员在《法学研究》《中国法学》《政治学研究》等期刊发表科研教研论文 800 余篇，出版专著 150 余部，承担各级各类科研教研项目 180 余项，其中国家级项目 9 项，教育部重大攻关项目 1 项，省部级项目 130 余项，获得科研教研奖励总数 50 余项，其中省部级 18 项。

岁月匆匆，回首过往，广东财经大学法学院取得了令人瞩目的长足进展。为了总结和展示过去几年的科研成就，我们在法律出版社的大力支持下，决定出版一套学术文库，入选本套学术文库的著作事先都经过严格的专家评选程序，具有选题前沿、时代性强、论证严密、文字凝练、理论紧密联系实践等特点，它凝结了广东财经大学法学院教师们的辛劳和汗水，表征了广东财经大学法学院教师们为推进“建设社会主义法治国家”的伟大历史征程而添砖加瓦的拳拳之心。当然人无完人，金无足赤，对于本套学术文库存在的瑕疵、不足乃至错误，我们诚恳地希望广大读者能够不吝赐教，唯有如此，我们才有可能在推进“科学立法、严格执法、公正司法、全民守法”这场深刻的革命进程中取得更大的成绩。

广东财经大学法学院院长
广东财经大学法治与经济发展研究所所长　　房文翠

目录

引　言

《中共中央关于全面推进依法治国若干重大问题的决定》提出:“推进以审判为中心的诉讼制度改革,确保侦查、审查起诉的案件事实证据经得起法律的检验。”推进以审判为中心的诉讼制度改革,凸显了审判程序在诉讼中本应具有的中心地位,也为理论研究提供了一个新的着力点。为贯彻落实中央决定,2015 年 2 月最高人民法院制定《关于全面深化人民法院改革的意见》,并将之作为《人民法院第四个五年改革纲要(2014 ~ 2018)》实施。其中提出,“到 2016 年年底,推动建立以审判为中心的诉讼制度,促使侦查、审查起诉活动始终围绕审判程序进行”,“确保庭审在保护诉权、认定证据、查明事实、公正裁判中发挥决定性作用,实现诉讼证据质证在法庭、案件事实查明在法庭、诉辩意见发表在法庭、裁判理由形成在法庭”。可见,推进以审判为中心的诉讼制度改革,关键在于重新定位审前程序与审判程序的关系,改变“书证中心主义”的刑事审判方式,实现庭审实质化。言词原则是庭审实质化的一个重要支柱。通过言词原则实现庭审实质化,有助于参与到每个司法案件中的民众货真价实地行使法律赋予的权利,充分而有效地参与到审判中,让程序正义以看得见的方式实现;有助于未参与到某个司法案件中的民众,增强对刑事司法的信心,感受到刑事审判的正能量。对于法院而言,有利于充分发挥审判特别是庭审的作用,切实做到公正司法,真正让司法成为正义的最后一道防线。

言词原则的萌芽可以上溯到古希腊,但现代意义的言词原则来自英国。经由启蒙思想家和法国大革命的影响,言词原则跨越英吉利海峡,为 1808 年法国《重罪法典》所确认。该法典对欧陆各国产生了深远影响。此后,言词原则先后被欧陆各国承认,成为欧洲共享的刑事诉讼传统的重要组成部分。但该法典在审判中确立对抗原则的同时,基于有效追诉犯罪的考虑,保留了具有纠问色彩的侦查程序,并允许将侦查阶段收集的书面证言提交法庭,作为法官自由心证对象。这一规定受到了包括费尔巴哈在内的众多德国学者的批评。德国 1877 年《刑事诉讼法》确立的直接和言词原则是在扬弃法国的言词原则基础上规定的。与法国相比,德国对书面证言的适用设定了更为严格的标准。总体而言,第二次世界大战之前大陆法国家的言词原则与自由心证原则一起,共同为法官的真实发现服务。第二次世界大战之后,刑事诉讼的人权保障价值得到彰显。《欧洲人权公约》(以下简称《公约》)对质权的保障及欧洲人权法院据此通过判例对言词原则的保障,深刻地影响了并一直影响着公约各成员国的刑事诉讼制度。欧洲人权法院接连认定法国国内法院依据书面证言作出的有罪判决违反公约规定,直接影响了法国刑事诉讼的转型,促使法国 2000 年立法将“公正程序条款”写入《刑事诉讼法》序言篇。意大利依据言词原则于 1988 年制定了新的《刑事诉讼法》。在遭到宪法法院反对后,1999 年意大利议会修改宪法,确立正当程序原则,并在宪法中明确规定对抗辩论原则。英国则出于真实发现考虑,通过 2003 年《刑事审判法》限缩了言词原则的适用范围,扩大了传闻规则的例外。上述发展趋势表明,言词原则所保障的价值已经不仅是真实发现或程序公正,而是同时保障真实发现和程序公正。

中国对于言词原则的引介始于清末。沈家本等修律大臣在奏折中将“言辞辩论”作为“摘发真实”的一种“主义”。[1] 日本学者冈田朝太郎在京师法律学堂所授《刑事诉讼法》中也将“自由心证主义”和“直接审理及口头辩论主义”并列为真实发现的两项重要原则。[2] 1911 年的《大清刑事诉讼律草案》第 250 条规定了言

---

[1] 参见邵羲:《1911 年刑事诉讼律释义》,吴宏耀、种松志点校,中国政法大学出版社 2012 年版,第 470 页。

[2] 参见冈田朝太郎:《刑事诉讼法》,汪庚年整理,吴宏耀点校,中国政法大学出版社 2012 年版,第 12 ~ 16 页。

词原则。尽管该文件并未成为法律,但深刻影响了 1928 年《刑事诉讼法》。该法明确采言词原则,其第 180 条规定:"判决,除有特别规定外,应本于当事人之辩论为之。"此后,国民政府《刑事诉讼法》的历次修改都承认言词原则。但国民党败退台湾地区后,新中国废除了该法。新中国的刑事诉讼制度是革命根据地时代的"土办法"与苏联"洋制度"结合的产物,1979 年《中华人民共和国刑事诉讼法》并未规定言词原则。

国内学者对言词原则的研究始于 1985 年孙飞在《中国社会科学》杂志发表论文《直接言词原则是我国刑事审判的原则之一》。[1] 目前对言词原则的研究成果集中于言词原则的概念、言词原则与传闻规则及对质权的关系、言词原则的功能与价值、言词原则的适用及其对中国刑事诉讼的启示等方面。

对于言词原则的概念,一些学者认为,言词原则既适用于庭审中诉讼参与人从事的各种诉讼行为,也适用于证据调查行为。[2] 但另一些学者认为,言词原则只适用于庭审中的证据调查行为。[3]

对于言词原则与传闻规则的关系,宋英辉教授认为,直接、言词原则与传闻规则在发挥作用的诉讼模式、内涵及适用范围、发挥作用方式、规范的关系、侧重点、对证据能力的影响等方面存在差异,但二者具有共同的理念基础。[4] 何邦武教授认为,直接言词原则和传闻规则制度设计的出发点不同、是否涉及被告人对质询问权不同、发挥作用的方式不同。但现代法治国家庭审中都贯彻着直接言词原则精神,传闻规则可以被理解为由直接言词原则派生出来的规则。保障被告人与不利于他的证人对质,是直接言词原则与传闻规则的共同要求。[5] 龙宗智教授认为,刑事诉讼中必须贯彻言词原则,但直接言词原则与传闻规则在法律模式、立法意旨与调整对象、规制内容、规制程度上有差异。[6]

对于言词原则与对质权的关系,熊秋红教授在比较英美法中的对质权和大陆

---

〔1〕 孙飞:《直接言词原则是我国刑事审判的原则之一》,载《中国社会科学》1985 年第 1 期。

〔2〕 参见陈瑞华:《刑事审判原理论》,北京大学出版社 1997 年版,第 183 页。

〔3〕 龙宗智:《论书面证言及其运用》,载《中国法学》2008 年第 4 期。

〔4〕 宋英辉、李哲:《直接、言词原则与传闻规则之比较》,载《比较法研究》2003 年第 5 期。

〔5〕 参见何邦武:《刑事传闻规则研究》,法律出版社 2009 年版,第 177 ~ 178 页。

〔6〕 龙宗智:《论书面证言及其运用》,载《中国法学》2008 年第 4 期。

法中的直接言词原则后，认为二者在保障被告人与不利于他的证人对质方面达到了相同或相似效果。二者之间区别有以下几点。第一，英美法将对质权作为公正审判权的组成部分规定于宪法之中，大陆法的直接言词原则核心在于保证发现真实。第二，英美法对对质权例外进行了严格限制，大陆法直接言词原则设置了大量例外。第三，二者规范的具体内容并不完全重合或对接。[1]

对于言词原则的功能与价值，一般而言，学者主要关注言词原则与实体真实、程序正义、效率效益之间的关系。[2] 针对我国现行《刑事诉讼法》及司法解释的缺陷，学者一般结合言词原则指出我国证人出庭作证制度、公诉案卷移送、庭前审查制度以及"书证中心主义"等方面存在的问题。

另外，我国学者对书面证言的研究，形成了一系列成果。陈瑞华教授在《案卷笔录中心主义》一文中认为，中国刑事审判存在一种"以案卷笔录为中心"的审判方式，在这种审判方式下，法庭审判成为对案卷笔录的审查和确认程序。他主张应当抛弃案卷笔录中心主义的审判方式。[3] 龙宗智教授在《论书面证言及其运用》一文中认为，书面证言在刑事诉讼中通行无忌，普遍作为定案根据，由此形成所谓"书证中心主义"。他主张应当借鉴传闻法则的法律模式，并与强化证人出庭制度结合起来，证人不出庭时对书面证言的使用应作出明确的限制。书面证言使用应当具备三要件，即必要性、重要性和可信性的情况保障。[4] 龙宗智教授在《论建立以一审庭审为中心的事实认定机制》一文中认为，刑事诉讼的事实认定，应以一审庭审为中心，即以审判为中心、庭审为中心、一审为中心；而不应当以庭前程序为中心、庭下活动为中心、上级审为中心。[5] 然而，司法实践中侦查决定论的特征未改且有加强趋势，法院审判活动呈现庭上功能弱化庭下功能加强趋向，审级体制中存在对一审重视不足信任不够的问题。他指出，对有争议、较严重

---

[1] 熊秋红：《刑事证人作证制度之反思——以对质权为中心的分析》，载《中国政法大学学报》2009年第5期。

[2] 初殿清：《直接言词原则的双重价值维度及其在我国的适用》，载《法学杂志》2014年第10期；陈永生：《论直接言词原则与公诉案卷的移送及庭前审查》，载《法律科学》2001年第3期；林睦翔：《直接言词原则的诉讼价值》，载《法学杂志》2005年第6期。

[3] 陈瑞华：《案卷笔录中心主义——对中国刑事审判方式的重新考察》，载《法学研究》2006年第4期。

[4] 龙宗智：《论书面证言及其运用》，载《中国法学》2008年第4期。

[5] 龙宗智：《论建立以一审庭审为中心的事实认定机制》，载《中国法学》2010年第2期。

的刑事案件审判的实质化,需要适度阻断侦审连接。而实现上述要求的主要办法,是在诉讼法和证据法上建立并切实贯彻直接言词原则及传闻排除规则。[1] 学者颜飞在《书面证言使用规则研究——程序法视野下的证据问题》一书中,对书面证言使用的原因及美国、意大利、日本等国家法律使用书面证言的理论与实践进行了较为广泛的考察。他认为,完全禁止书面证言的使用既无现实可行性,也无必要性,有限度地使用书面证言是中国刑事审判的必然选择。[2]

总体而言,借用张建伟教授所言,我国对言词原则的研究尚不够深入。[3] 首先,现有研究多将言词原则与直接原则并列研究,体现了德国理论的深刻影响。但作为普遍接受的原则,言词原则在英国、美国、意大利、法国等国的理论与实践被选择性忽视。即使对德国言词原则的研究,也缺少系统介绍的文章。其次,现有研究忽视了欧洲人权法院在贯彻言词原则中的重要作用。欧洲人权法院通过保障《公约》规定的对质权,在《公约》各成员国贯彻言词原则中起到了十分重要的作用。并且提出了唯一或决定性规则及三步检测方法。另外,欧洲人权法院将书面证言使用与审判是否公正联系起来的思路也值得借鉴。但现有研究对此问题几乎没有涉及。最后,现有研究多停留在原则层面,缺乏对各个国家的具体制度设计进行详细分析的研究成果。

研究言词原则所涉及的理论问题包括但不限于:言词原则何时确立?为何当时在审判中引入言词原则?当时引入言词原则有何进步意义和局限性?这一局限性是否现在还在发挥不利作用?言词原则的内涵为何?言词原则与直接原则、排除规则、对质权等相近概念有何联系和区别?言词原则保障的价值有哪些、怎样保障?法国和德国怎样贯彻落实言词原则?意大利为何要依据言词原则制定新的刑事诉讼法典?意大利试图通过诉讼阶段分离原则重构审前程序与审判程序关系的努力是否遇到了挫折以及结果如何?意大利式的言词原则有哪些特殊之处?英国和美国的刑事诉讼中如何体现言词原则的精神?欧洲人权法院的判例对各国贯彻言词原则产生了何种影响?欧洲人权法院对证人不出庭的态度为

---

[1] 龙宗智:《论建立以一审庭审为中心的事实认定机制》,载《中国法学》2010 年第 2 期。

[2] 参见颜飞:《书面证言使用规则研究——程序法视野下的证据问题》,中国法制出版社 2012 年版。

[3] 初殿清:《直接言词原则的双重价值维度及其在我国的适用》,载《法学杂志》2014 年第 10 期。

何？欧洲人权法院确立的唯一或决定性规则适用效果如何？对对质权的限制为何以及如何影响公正审判？上述国家和地区的改革与实践能为中国提供哪些经验与教训？我国有关言词原则的规范如何？这些规范有哪些特点？我国对言词原则的贯彻情况如何？什么是"以审判为中心"的诉讼制度改革？如何依据"以审判为中心"在中国确立言词原则？

上述研究的主要创新之处在于：(1)全面考察刑事审判中的言词原则在欧陆的发展历程，在此基础上分析法国为何当时从英国借鉴的是言词原则而非传闻规则。(2)系统考察言词原则保障公正审判的价值。着重分析言词原则在贯彻对抗式审判权和平等武装原则方面的作用。(3)梳理意大利式言词原则——对抗辩论原则的确立过程及其基本内容。包括立法背景、宪法法院的三个重要判例、意大利议会的正当程序改革、对抗辩论原则及其三种宪法例外、新法典对该原则的落实等内容。(4)全面梳理欧洲人权法院有关对质权判例的演进过程及其主要内容。包括对《公约》第6条的立法史、对质权判例的演变过程、欧洲人权法院的双层分析模式、三步检测方法等内容。(5)通过对从北大法宝案例库中选取的734件案例的分析，揭示中国司法实践中言词原则的贯彻及运行情况，包括证人出庭实践及其分析、侦查人员出庭实践及其分析、鉴定人出庭实践及其分析。

本书写作中主要采取比较研究方法和案例分析方法。

本书采取比较研究方法分析了言词原则的历史演进及其在各国的贯彻实施情况。其中，对言词原则的确立过程、确立原因、传播过程进行了细致梳理。对欧洲人权法院作出的有关对质权的判例进行了分析，提炼出欧洲人权法院判例的演进过程、分析模式、分析方法、主要规范等内容。本书还全面梳理了意大利刑事诉讼改革进程及意大利式的言词原则的主要内容。

本书采取案例分析方法分析了欧洲人权法院的判例及中国司法实践中的案例。其中，对欧洲人权法院自成立以来针对对质权作出的463个判例(case-law)进行了分析。分析主要围绕最重要(case reports)的23个判例，高度重要(high importance)的49个判例进行。对中国司法实践分析的案例选自北大法宝网站(http://www.pkulaw.cn/)。之所以选择该网站，是因为该网站提供的案例库极大，是目前最成熟、专业、先进的法律信息全方位检索系统。在北大法宝网站的司法案例库中，笔者以修改后的《刑事诉讼法》实施的 2013 年 1 月 1 日作为检索起始时间点，以 2014 年 12 月 31 日为截止时间点，考察此 2 年时间内有关证人出庭、侦查人员出庭、鉴定人出庭的一审公诉案件。以“出庭作证”为关键词在案例全文中进行精确检索，共得到 1013 件案例。剔除掉其中的自诉案例、与言词原则无关案例、无法分析的案例后，共得到 734 件司法案例。其中与证人出庭相关案例 530 件，与侦查人员出庭相关案例 97 件，与鉴定人出庭相关案例 107 件。本书对中国司法实践的分析围绕上述 734 件案例进行。

第一章　言词原则的历史演进

1808年法国《重罪法典》是言词原则诞生的标志。但言词原则的产生并非横空出世，而是有着深刻的社会与法律背景，其确立过程也并非一帆风顺。言词原则诞生后，对欧洲各国产生了巨大影响；随着时间推移，言词原则保障的价值也发生了转变。

第一节　言词原则的确立背景

欧洲古代的刑事诉讼程序多属弹劾式诉讼模式。刑事诉讼的启动依赖于受害人及其家族的主动性。政府不作为控方指控犯罪，而仅作为中立的裁判者居中裁决。[1] 即使在中世纪前期，弹劾式诉讼模式仍占主导地位，与之相适应则是神判法的流行。[2] 但1215年第四次拉特兰宗教会议禁止神职人员参与神判程序。这一禁令对欧洲刑事诉讼产生了直接和深远的影响。欧洲各国都不得不寻找替代制度，欧洲刑事诉讼模式不再整齐划一。此后，英国发展出陪审制，并最终成为对抗式刑事诉讼的发祥地，而欧陆各国则先后走上纠问式刑事诉讼道路。

---

〔1〕 See H. A. Johnson and N. T. Wolfe, M. Jones, *History of Criminal Justice*, Cincinnati, Anderson Publishing, 2008, pp. 30 – 32.

〔2〕 参见[英]罗伯特·巴特莱特：《中世纪神判》，徐昕等译，浙江人民出版社2007年版。

一、欧陆纠问式诉讼及其弊端

(一)教会纠问式诉讼的兴起

纠问式诉讼最初被教会用于镇压异端。在所有异端中,法国南部的清洁派异端最令教会头疼。清洁派认为有两个上帝,一个是善的上帝,掌管精神世界;另一个是恶的上帝,掌管物质世界。这种学说与教会秉持的一神论存在明显冲突。到13世纪初,经过不断发展壮大,清洁派已经对基督教的统一和教会的统治构成威胁。在种种措施无一奏效后,教皇英诺森三世决定发动圣战。从1209年到1229年,圣战历时整整20年。教会在付出惨重代价后取得最终胜利。为了彻底拔除清洁派异端,教会决定建立宗教裁判所,此为宗教裁判所制度之始。[1] 有趣的是,在圣战期间召开的1215年第四次拉特兰宗教会议,同时通过了向异端斗争的决定,责成世俗政权和教会始终不渝地镇压异端,为建立宗教裁判所提供法律依据。对于有异端嫌疑者,决定认为:"一般异端者如不能证明己之无辜,推翻对彼等提出之控告,则将处以绝罚。如受绝罚满一年,而彼等不能在此期限内用彼等之行为证明可予信赖,则以异端者审判之。"[2]这次会议还改组旧僧团,建立了在宗教裁判所制度中发挥决定性作用的多明我会、方济各会。[3] 可以说,第四次拉特兰宗教会议不仅是弹劾式诉讼的"终结者",也是纠问式诉讼的"接生婆"。1233年4月20日,教皇格里高利九世颁布谕令,正式授权多明我会僧侣承担起镇压异端者的任务。谕令写道:"在你们将要传教的一切地方,若违反教规者继续庇护异端,则永远剥夺其教会特惠,并由法庭追究他们及其他一切人,且不允许其上诉,必要时可以请求世俗力量之帮助。若有需要,且已经教会谴责,可以强制镇压,不允许其上诉。"[4]这实际是授权多明我会修士与整个基督教世界的异端作

---

〔1〕 参见[美]朱迪斯·M.本内特、C.沃伦·霍利斯特:《欧洲中世纪史》,杨宁、李韵译,上海社会科学出版社2007年版,第253页。

〔2〕 董进泉:《西方文化与宗教裁判所》,上海社会科学院出版社2004年版,第49页。

〔3〕 参见董进泉:《西方文化与宗教裁判所》,上海社会科学院出版社2004年版,第48~50页。

〔4〕 A. S. Turberville et al., *Mediaeval Heresy & The Inquisition*, London, Crosby Lockwood & Son, 1920, p. 147.

斗争。[1] 这一谕令为后来历届教皇所认可。1252年反击异端的急先锋彼得被异端杀死,这一事件促使时任教皇英诺森四世于1252年5月15日颁布了宗教裁判史上最严厉的谕令——《论彻底根除异端》。该谕令把根除异端作为世俗国家的首要任务,从组织上正式批准成立宗教裁判所,从法律上准许使用刑讯取证,标志着宗教裁判所制度的最终确立。[2] 此后,在教会势力所及的一切地方,都展开了镇压异端的活动。为防止执行镇压异端任务的多明我会和方济各会的管辖权冲突,英诺森四世在1254年的谕令《再论彻底根除异端》中,将欧洲"瓜分"成两部分,以便他们分别进行镇压活动。[3] 此后不久,宗教裁判所遍布欧洲各国。

宗教裁判所适用的程序即纠问式诉讼。与世俗法庭的法官不同,宗教裁判所法官的目标不是查明案件事实,而是作为灵魂的指导者,拯救被异端占据的灵魂,令其与教会和解。教会纠问式诉讼的目标不仅仅在于决定被告人有罪与否,而在于让被告人的灵魂处于正确的状态。[4] 法官的目的是将被告人从永世的地狱中拯救出来。目的既然如此神圣,手段自然无关宏旨。[5]

纠问式诉讼程序由侦讯开启。侦讯可分为一般侦讯与特殊侦讯。在纠问式诉讼中,法官通常拥有令人生畏的密探系统,但同时也接受来自民众的告密。法官可能突然出现在某个城镇,严正地要求当地居民提供异端的信息,有时候甚至会采取威胁和引诱手段。基于宗教热情或对异端的恐惧,告密者常常是夫妻或父母子女。但为增强自我归罪的可能,法官通常会规定半个月到一个月的"宽恕期"。只要在此期限内,异端者向法官自首,并提供不利于他人的信息,则该异端

---

〔1〕 多明我会成立的宗旨即是"铲除异端,消灭邪恶,宣讲信仰,培养道德"。这一僧团采取中央集权的军事化管理,直属罗马教廷领导,并自我标榜为"真正信仰的鹰犬"。其标志就是一只口衔燃烧着的火炬的狗。参见董进泉:《西方文化与宗教裁判所》,上海社会科学院出版社2004年版,第51页。

〔2〕 See A. S. Turberville et al., *Mediaeval Heresy & The Inquisition*, London, Crosby Lockwood & Son, 1920, pp. 155 – 156.

〔3〕 教皇所在的意大利一分为二,方济各会管辖意大利中部和东南部,多明我会管辖意大利其他地区。欧洲其他地区则按以下方法划分:方济各会管辖洛林以南的法国东部,波兰、达尔马蒂亚、波希米亚、克罗地亚、塞尔维亚、匈牙利、耶路撒冷和圣地;多明我会管辖法国北部,洛林以南的法国东部、德国和奥地利。共同管辖的地区为阿维农、纳瓦拉、勃艮第。参见[英]爱德华·伯曼:《宗教裁判所——异端之锤》,何开松译,辽宁教育出版社2001年版,第33页。

〔4〕 See A. S. Turberville et al., *Mediaeval Heresy & The Inquisition*, London, Crosby Lockwood & Son, 1920, p. 189.

〔5〕 See H. C. Lea, *A History of the Inquisition of the Middle Ages Volume* 1, New York, Cambridge University Press, 2010, p. 399.

者将获得完全赦免或可观的减刑。此即一般侦讯。对此类被告人,法官也有裁量权,可以开启特殊侦讯,也可以让被告人宣誓涤罪。司法实践中,一般侦讯之后通常为特殊侦讯。在特殊侦讯中,被告人被传唤至法庭,然后羁押候审。

侦讯之后是审讯。对于那些认为自己确实犯有异端罪的被告人,这一程序相对简单。对于不承认自己犯有异端罪的被告人,法官要与其斗智斗勇。审讯程序是极不平等的。一方面,被告人一般被推定为犯有异端罪,因此被告人要证明自己无罪。司法实践中,想证明自己不是异端极为困难,因为细微琐事的失误都有可能被认为是异端。另一方面,同时作为讯问者和审判者的法官询问技巧丰富、准备充分。被告人无罪释放的概率极低,因为只要有两名不利于他的证人就足以判他有罪,无论他自白与否。更为可悲的是,出于保护证人的考虑,被告人甚至都不知道不利于他的证人的姓名,只能阅读书面证言的摘要。在一个异端"繁荣"的国家中作出不利于异端者的证言,自然面临较高的风险,因此让证人匿名作证也有一定的合理性。但无法知悉证人身份,无法与证人对质,使被告人几乎无法组织有效辩护。更糟的是被告人的律师不能到场协助被告人,被告人只能亲自辩护。

(二)法国对教会纠问式诉讼的继受

如果说教会纠问式诉讼的兴起是出于镇压异端的需要,法国对教会纠问式诉讼的继受则是处于上升阶段的王权稳定统治的需要。

法国的王权经历了逐步强化的过程。在公元987年雨果·卡佩成为法国国王时,其有效控制的范围仅包括巴黎附近的几个小采邑。当时是贵族势力大、王权势力小的格局。但卡佩家族历代国王都很长寿,且家族内部没有爆发过大规模冲突,这使得王权更替稳步进行。内部稳定的卡佩王朝用联姻、收回没有继承人的封臣死后留下的土地、剥夺违反封建义务的封臣财产等方式,在几百年的时间内缓慢扩充王权的势力范围。在新扩充的土地上,法王废除封建制,而使用自己任命的官僚行使纳税和司法职权。服务于法王的职业官僚阶层应运而生。为了加强控制,法王在选择官僚时,会避免选用贵族,而从教士、法律人和中等阶级中选择。[1] 因此,王室官僚机构是实现法王利益的一个精良而驯从的工具。在王

---

[1] 参见雷海宗:《西洋文化史纲要》,上海古籍出版社2001年版,第68~70页。

室官僚机构中,王室的收入由一个叫作"审计院"的特别的会计机构掌握,司法则由巴黎的最高法院负责。对于法王来说,教会的纠问式诉讼具有"目的可以使手段正当化"的优点[1],在镇压异端上的成绩有目共睹。为了稳定统治,纠问式诉讼自然成为握有强大王权的法王的首选。

在1539年敕令中,程序被分为调查和审判两大部分,这两部分都具有书面和秘密的特征。调查阶段收集证据并以书面方式记录各种诉讼行为,审判阶段进行书面审理。在调查阶段,证人作证是单独的、秘密的。被当事人或检察官传唤的证人,一般仅是在皇家公证人在场情况下向法院低级官员作证。证人证言被详尽地誊抄下来,向证人朗读后,要求证人签字。司法实践中,法院的低级官员在誊抄时,经常不按照证人原意记录,而根据原告意愿对信息进行曲解。在审判阶段,法官要对被告人进行"立即、细致、勤勉"的讯问。讯问过程残酷而凶险,被告人的命运掌握于法官股掌之间。被告人被强迫在既没有律师帮助也不知晓任何案情的情况下回答法官的问题,还要宣誓所言句句属实。所有问题都要被法庭书记官记录下来。在被告人拒不认罪的案件中,证人会被法官再次传唤出庭以确认其先前证言是否属实。在证人确认其先前证言属实之后,法官会在被告人与证人在场情况下宣读该证人的先前证言。在宣读证人先前证言之前,被告人必须立即向证人提出自己所有的异议,此后其再无机会提出异议。宣读之后,法官会询问证人和被告人,该书面证言所言是否属实,并将他们的答复记录在案。这种信息极度不平等情况下的对质作用极为有限。实践中也不是所有证人都会与被告人对质,只有那些愿意对质的证人才会去与被告人对质。被告人在诉讼中处于被动地位,甚至不能传唤有利于他的证人来直接证明自己无罪。[2]

如果说1539年敕令表明纠问式诉讼在法国的确立,那么1670年敕令则代表着纠问式诉讼在法国的成熟。1670年敕令维持了将程序分为调查和审判两大部分的传统,程序的秘密性也被严格遵循。在调查阶段,证人应秘密且单独作证。法庭低级官员及公证人调查证人的规定被取消,证人证言只能在调查法官在场时

---

〔1〕 参见[法]布洛克:《法国刑事诉讼法》,罗结珍译,中国政法大学出版社2009年版,第39页。

〔2〕 See A. Esmein, *A History of Continental Criminal Procedure*, trans. by J. Simpson, Boston, Little Brown & Company, 1913, pp. 149 – 156.

由书记员记录。为防止有利于被告人的证人作证，证人必须有法院要求其作证的传唤令才能作证。证人应当宣誓，证人书面证言应当向其宣读，禁止对该陈述进行增删涂改，否则无效。1670 年敕令规定，在特别程序中，在调查阶段作出陈述的证人应当再次作证以确认其先前证言，必要时，要与被告人对质。本来对质是这个无情的纠问式程序给予被告人的第一次熟悉不利于他的指控的机会，但 1670 年敕令的规定使这一机会也很难获得。在 1670 年敕令实施后，调查证人的就是调查法官本人。这使对质显得多余。此外，1670 年敕令规定，在确认程序撤回或实质修改先前证言的证人，应以伪证罪被追诉。这意味着为了保护自己，证人不可能撤回或修改先前证言；为了保护证人，调查法官也不会允许证人撤回或修改先前证言。确认程序变成增强证言可信性的程序，对质程序几乎无用武之地。1670 年敕令也规定，被告人应当在宣读证言前立即提出异议。上述规定，使对质程序这一被告人仅有的证明自己无罪的机会，几乎成为具文。与之相呼应，诉讼仍以书面为原则。诉讼的每一个过程的细节都要制作相应的文书，无论是已经进行的勘验、查证，还是听取证人及当事人的陈述，甚至判决和执行，无不采用书面形式。〔1〕 诉讼中的行为都应当以书面方式被记录下来，作为检察官起诉和法庭判决的基础和依据。在调查阶段终结后，案卷笔录会被移交给国王的检察官，以便其作出最后的决定。检察官的决定以书面、密封方式作出，且不需说理。之后检察官将其决定连同案卷笔录交给法庭书记员，后者再将其移送给合议庭的一个法官，并由该法官向合议庭作报告。案卷笔录会在合议庭面前宣读，合议庭就依据这些案卷材料及报告法官的报告作出决定。只有在作出判决之前，为讯问被告人，被告人才有机会出现在合议庭之前。这是除调查法官之外的法官，第一次见被告人和听取其陈述。〔2〕

纠问式诉讼体现了国家介入刑事纠纷的历史趋势，但其弊端显而易见。首先，纠问式诉讼程序不公正。程序不公正的第一个体现是不平等。纠问式诉讼中，本应中立无私的审判者兼任控诉者，使被告人被客体化。由于坚持有罪推定，

---

〔1〕 参见［法］布洛克：《法国刑事诉讼法》，罗结珍译，中国政法大学出版社 2009 年版，第 39 页。

〔2〕 See A. Esmein, *A History of Continental Criminal Procedure*, trans. by J. Simpson, Boston, Little Brown & Company, 1913, pp. 229 – 233.

法官在接触案件之初就先假定被告有罪,这使法官具有浓厚的追诉情结。加上法官在审判中往往大权在握,被告人则几乎无权利可行使,这更加重了审判的不平等。程序不公正的第二个体现是审判不具有对抗性。被告人的辩护能力被压缩到最低限度,在审判时对不利于自己的案件事实一无所知。并且审判以书面为原则,被告人又几乎无法与证人对质,无法质疑证人的可靠性与可信性。这样的审判很难说具有对抗性。其次,纠问式诉讼容易产生冤假错案。保障程序公正的审判不一定能保证结果公正,但连程序公正都不能保证的审判遑论保证结果公正?在纠问式诉讼中,被告人几乎没有辩解机会,只能俯首待毙,成为任人宰割的诉讼客体。在纠问式诉讼之下,人为地减少了真实发现的信息来源,不利于诉讼结果公正。当然,纠问式诉讼最臭名昭著的"武器"还是刑讯。早期宗教裁判所使用了六种重要的刑讯方式:水刑、火刑、倒吊刑、车轮刑、拉肢刑和夹板刑。[1] 而正如钱钟书先生所言,"严刑之下,能忍痛者不吐实,不能忍痛者吐不实……刑讯不足考察其真,只可测验堪忍"。[2]

二、英国对抗式审判及其优势

1215 年第四次拉特兰宗教会议禁止神职人员参与神判程序之后,英国于 1219 年通过御前会议令状废除了神判程序,这被称为是刑事陪审团历史上最重大的事件。[3] 在这个向巡回法官签发的令状中,御前会议承认还没有找到替代神判的制度。在寻找替代制度期间,严重犯罪的被告人应当一直羁押候审,较轻犯罪的被告人应当被驱逐出王国范围,轻微犯罪被告人在能够获得治安保证的情况下释放。这一状况不能长久维系,因为大量候审的被告人使羁押场所人满为患。尽管欧陆的纠问式诉讼触手可及,但英国的法官却不愿同时从事事实认定与法律认定。慢慢地,法官在司法实践中决定让本来从事调查犯罪工作的民众来负责事实认定。

---

〔1〕 参见[英]爱德华·伯曼:《宗教裁判所——异端之锤》,何开松译,辽宁教育出版社 2001 年版,第 55 ~ 57 页。

〔2〕 钱钟书:《管锥编》,生活·读书·新知三联书店 2007 年版,第 333 页。

〔3〕 See R. D. Groot, "The Early-Thirteenth-Century English Jury", in Cockburn and Green, eds., *Twelve Good Men and True: The Criminal Trial Jury in England* 1200 – 1800, Princeton, Princeton University Press, 1988, p. 3.

1166 年英王颁布的《克拉伦顿法令》创设了告发陪审制度。依据此法令，国王为了维护国家的和平与正义，有权命令每百户中选出 12 人来告发强盗、杀人、盗窃等犯罪，此即大陪审团。负责审判的小陪审团就源于负责调查的大陪审团。[1] 但被告人拥有是否接受陪审团审判的选择权。1275 年的《威斯敏斯特法令》对此予以规范。如果被告人拒绝接受陪审团审判，则要将其羁押于“苦牢”之中，直到他回心转意为止。[2] 被告人不肯接受陪审团审判的原因在于，只要不被判有罪，其土地与财产就不会被国王没收，而继续由其家族拥有。[3] 尽管有来自被告人的抵抗，但到 1240 年时，陪审团审判就已经被广泛适用。[4] 13 世纪的陪审员大多从案发当地选择，被认为知晓其所要裁决的案件。但到中世纪后期，陪审员渐渐成为不知晓案件的“消极的裁决者”，要在公开的法庭听取辩论之后，才能作出判决。[5]

由于陪审团从“知情陪审团”过渡到“不知情陪审团”，审判转变为在陪审团面前展示证据并争论的过程。此时期的刑事审判也被称为“争吵审判”，因为审判的核心就是控诉者及其证人与被告人在法庭中进行的对质。[6] 此时期审判的主要特征是：首先，审判非常短，很少超过 15 分钟或 20 分钟，但几乎都以言词方式进行。陪审团被召集然后宣誓，向被告人宣读书面指控及证人书面证言，控诉者及其证人在宣誓之后作证。被告人能够回应指控，也可以被法官讯问。之后陪审团通常无迟延地作出一致裁决。裁决之后会立即判刑，通常是处死刑。其次，被告人不得不为自己辩护。陪审员对案件不知情。在陪审团听取控诉方证据后，

---

〔1〕 See H. A. Johnson et al. , *History of Criminal Justice*, Cincinnati, Anderson Publishing, 2008, p. 71.

〔2〕 爱德华·柯克法官对羁押被告人的“苦牢”描述道：“该人应被置于监狱中阴暗潮湿之牢房，赤身裸体平躺于地上。双手双脚分别用绳绑住系于牢房之四处。在其身上放置铁或石块，以其能忍受之最大限度为准。第二天，分三次喂食少量大麦面包但不喂水。接下来一天，分三次喂监狱旁之死水，但不喂面包。以此方式，间隔喂面包和水，直至其死亡为止。他们将被压死、饿死或冻死。” See H. A. Johnson et al. , *History of Criminal Justice*, Cincinnati, Anderson Publishing, 2008, p. 56.

〔3〕 See H. A. Johnson et al. , *History of Criminal Justice*, Cincinnati, Anderson Publishing, 2008, p. 57.

〔4〕 See H. A. Johnson et al. , *History of Criminal Justice*, Cincinnati, Anderson Publishing, 2008, p. 72.

〔5〕 See E. Powell, “Jury Trial at Goal Delivery in the Late Middle Ages: The Midland Circuit, 1400 – 1429”, in Cockburn and Green, eds. , *Twelve Good Men and True: The Criminal Trial Jury in England* 1200 – 1800, Princeton, Princeton University Press, 1988, p. 64.

〔6〕 See J. H. Langbein, *The Origins of Adversary Criminal Trial*, New York, Oxford University Press, 2005, p. 13.

摆在被告人面前的主要辩护方式只有一个，即自己去质疑控方证据。再次，此时期审判依据的信念为发现案件真实的最好方式是直接让控辩双方对质，以观察他们的反应。陪审员的注意力集中于被告人下意识的反应和动作，这被视为是对被告人的考验。最后，被告人被提供的保障极少。被告人在审判前通常被羁押，几乎没有机会准备辩护，由于对案情不了解很难让有利于他的证人出庭，并且没有获得律师帮助的权利。无疑此时的审判具有言词特征。尽管书面证言可以被引入到法庭，但该书面证言要向被告人宣读。证人也要在被告人面前作证。尽管当时尚未形成传闻规则，但当时普遍要求证据在公开的法庭上在被告人在场情况下提出。[1]

依据1696年《叛国罪审判法》的规定，被控犯有叛国罪的被告人有充足的机会获得律师的帮助以准备对其案件的辩护，这一法律是对抗式审判发展史上的转折点。[2] 最初，律师被禁止参与普通重罪的审判，被告人只能自我辩护，必要时获得法官帮助。但从18世纪30年代开始，英国法官开始允许辩护律师介入重罪案件的审判，以修正由于控方力量加强且有律师帮助但被告人无律师帮助所导致的控辩失衡。[3] 因为在部分城市地区，控方变得更加有组织。治安法官及有组织的警察队伍开始出现。尽管控诉仍以私人名义进行，政府却经常为控诉提供经济资助，并且有些私人控诉者组成协会以增强对重罪案件的控诉能力。[4] 辩护律师逐渐被允许交叉询问证人、对被告人进行法律建议，但不被允许进行法庭辩论、总结案件。[5] 这些限制使辩护律师的交叉询问经常很有威力，并且辩护人努力让某些不可靠的证据被排除，由此一系列的证据排除规则被发展出来，并成为

---

〔1〕 See A. Duff et al., *The Trial on Trial: Volume 3 Towards a Normative Theory of the Criminal Trial*, Portland, Hart Publishing, 2007, p. 34.

〔2〕 See A. Duff et al., *The Trial on Trial: Volume 3 Towards a Normative Theory of the Criminal Trial*, Portland, Hart Publishing, 2007, p. 41.

〔3〕 See J. H. Langbein, *The Origins of Adversary Criminal Trial*, New York, Oxford University Press, 2005, p. 168.

〔4〕 J. M. Beattie, *Policing and Publishing in London*, 1660 – 1750 *Urban Crime and the Limits of Terror*, New York, Oxford University Press, 2001, pp. 376 – 400.

〔5〕 See J. H. Langbein, *The Origins of Adversary Criminal Trial*, New York, Oxford University Press, 2005, pp. 291 – 310.

现代证据法的基础。[1] 律师的介入,使审判更具有对抗性的同时,也改变了庭审参与人员的行为方式。之前在法庭上具有统治地位的法官,开始从台前走向幕后,由积极变得消极,只关注证据问题。由于律师控制了交叉询问过程并且限制了向陪审团提交的证据,陪审员也开始变得消极,慢慢地由积极参与对质过程变成观察为主。随着越来越多的律师建议被告人不要说话,让控方履行证明义务,被告人变得越来越沉默。

综上所述,在法国大革命爆发时的18世纪末期,现代意义上的对抗式刑事审判正在英国慢慢成形。显而易见,英国刑事审判制度远胜于同时期的欧洲纠问式诉讼。首先,法官中立。法官的职能一分为二,陪审团负责事实问题,职业法官负责法律问题。英国一直保持着私诉传统。这意味着侦查案件的负责人不是司法官,侦查力量也从未过于强大。由于将侦查权和审判权分给不同的主体行使,能够有效确保法官审判时的公正。其次,控辩平等。被告人逐渐获得了辩护律师的帮助。从此审判过程变成了法律人之间的"高手过招"。一系列证据规则也在不断形成之中,而这些现在仍有效的证据规则也能保障审判公正进行。证人通常会出庭作证,尽管有时传闻陈述仍会被作为证据使用,但其使用范围在不断缩小。在19世纪,当传闻排除的最主要的依据变成今天仍占主导地位的不能对作出陈述的证人进行交叉询问后,传闻规则在确保证人出庭和审判言词性方面的作用越来越重要。

三、启蒙运动及其影响

18世纪,启蒙运动席卷法国。启蒙运动高举理性与人性大旗,并主张用怀疑精神和批评态度对待现存制度。什么能比纠问式诉讼更不具有理性呢?在纠问式诉讼中,检察官和法官大权在握,而被告则被剥夺了几乎所有的权利。什么能比纠问式诉讼更不人道呢?在纠问式诉讼中,充斥长期羁押、秘密而危险的讯问以及刑讯。

在《论犯罪与刑罚》一书中,贝卡利亚抨击了纠问式诉讼中的审前羁押、秘密

---

[1] See J. H. Langbein, *The Origins of Adversary Criminal Trial*, New York, Oxford University Press, 2005, pp. 190 – 246.

控告、被告人宣誓、陷阱性讯问以及刑讯。[1] 他反对纠问式诉讼的秘密性,主张刑事诉讼程序与判决都应当公开。“审判应当公开,犯罪的证据应当公开,以便使或许是社会唯一制约手段的舆论能够约束强力与欲望”。[2] 他反对纠问式诉讼中法官的不中立,主张应当为主持审理的法官随机选取合议庭的其他法官而不应当刻意选择。每个人都应当被其同侪审判,以保障法官审判的中立性。[3] 相比而言,伏尔泰的措辞更为激烈。伏尔泰反对纠问式诉讼的秘密性,“诉讼的秘密性就像火柴一样,其燃烧本身不易察觉,但却可能引爆炸弹”。“司法应该是秘密进行的吗?只有犯罪才是秘密进行的。这就是纠问式诉讼。”[4]伏尔泰对对质程序也充满怨言。他认为对质程序中的法官不够中立。“法律好像强迫法官成为被告人的敌人而非一个裁判者。虽然法律总要求对质,但法官并不会要求所有证人对质。法官倾向于不让不利于控诉的证人出庭对质。”伏尔泰认为,在纠问式诉讼中被告人得不到律师的帮助。“把人关进地牢里,让他备受恐惧和绝望的煎熬。在他因痛苦和折磨失去记忆后再去讯问他,他整个人都会崩溃。这就是纠问式诉讼的实践。一言以蔽之——恐怖。”[5]启蒙思想家对纠问式诉讼秘密性和法官不中立的批判,使纠问式诉讼赖以存在的根基被动摇。

但启蒙思想家对同时代英国的刑事诉讼制度则推崇备至。孟德斯鸠经常引用英国刑事诉讼制度中的规定,伏尔泰常挂在嘴边的也是“海峡另一岸”如何做。在一篇著作中,伏尔泰借用英国人的口吻说,在英国,“每名被告都由其同侪审理,只有他们一致裁决才能认定其有罪。法律惩罚一个人是因为他被证明有罪,而非法官恣意为之”。[6] 孟德斯鸠在《论法的精神》中指出,应当由被告人的同侪来审

---

[1] 尽管启蒙思想家一再强调废除刑讯,后世学者也一再重申刑讯废除是启蒙思想家的功劳。但郎本教授认为,由16世纪开始的“证据法革命”,到18世纪,只有在最严重的案件即可能适用死刑的案件中,还保留着刑讯。他认为,将废除刑讯的功劳给予启蒙思想家,是历史学家讲的“童话故事”。See J. H. Langbein, *The Origins of Adversary Criminal Trial*, New York, Oxford University Press, 2005, pp. 27 - 69.

[2] 参见[意]贝卡利亚:《论犯罪与刑罚》,黄风译,中国方正出版社2003年版,第32页。

[3] 参见[意]贝卡利亚:《论犯罪与刑罚》,黄风译,中国方正出版社2003年版,第32页。

[4] 参见汪海燕:《法国刑事诉讼模式转型及启示》,载《金陵法律评论》2003年第2期。

[5] A. Esmein, *A History of Continental Criminal Procedure*, trans. by J. Simpson, Boston, Little Brown & Company, 1913, pp. 365 - 367.

[6] F. M. Voltaire, *Voltaire: Political Writings (Cambridge Texts in the History of Political Thought)*, Cambridge, Cambridge University Press, 1994, pp. 172 - 173.

判他，这样，被告人才不觉得他落到倾向于用暴戾手段对待他的人们的手中。[1]西耶斯也认为陪审团的判决是防止司法权力滥用的唯一方式。法国的司法权力滥用之所以如此猖獗和可怕，原因就在于没有实行这种同侪审判方式。[2]启蒙思想家对英国刑事诉讼制度的推崇和强调，对法国刑事诉讼模式的转型产生了决定性影响。

第二节 言词原则在法国的艰难确立

一、言词原则在法国的确立过程

启蒙思想家的论述深深地影响了法国大革命的领导者。但在法国这样一个与英国具有截然不同的司法制度的国度引入英国制度，无疑是一项艰巨的工作。在英国，犯罪的受害人或其家属负责刑事追诉，且其刑事追诉要接受大陪审团的审查；在法国，刑事控诉掌握在检察官手中，刑事诉讼中的受害人仅负责追索民事损害。在英国，由治安法官负责的审前聆讯程序对审判结果不具有重要影响；在法国，由侦查法官负责的审前阶段是刑事诉讼最重要的阶段，是审判的基础和整个纠问式诉讼的拱心石。在英国，审判以言词方式进行，法律一般不允许书面证言在陪审员面前宣读；在法国，证人证言一般以书面方式呈交给法庭，法庭也主要依据这些书面证言作出判决。两个国家的刑事诉讼制度差别如此之大，以至于任何贸然地全盘引进都可能引发难以预料的结果。

因此，最初制宪会议颁布的1789年10月9日法律并未摧毁纠问式诉讼。其第28条规定，在与该法律不冲突的情况下，1670年敕令仍然有效。该法对被告人的保障主要体现在诉讼的公开性及获得律师帮助的权利。但该法实施后的诉讼程序仍然是以书面为特征。调查法官所进行的诉讼行为都在卷宗中记录下来，法庭作出判决时仍依赖这些卷宗。法庭仍委任一人作为报告法官。只是在最后

---

〔1〕 参见[法]孟德斯鸠：《论法的精神(上)》，张雁深译，商务印书馆1995年版，第158页。

〔2〕 Sieyès E.，*Qu'est-ce que le Tiers Etat*？Paris，PUF，1982，Chap. Ⅳ. 转引自施鹏鹏、曾宪文：《陪审制研究》，中国人民大学出版社2008年版，第79页。

讯问被告和宣告判决时，才向公众公开。可见，该法对旧的纠问式诉讼制度改动不大。[1]

但随着革命的白热化，制宪会议颁布的1791年9月16日和29日的法律宣告了法国纠问式诉讼的死刑，并决定全盘移植英国的刑事诉讼制度。1791年的法律创设了由8人组成的控诉陪审团以及由12组成的审判陪审团，并据此重塑了整个诉讼程序。指控犯罪的权利一部分被给予受害人或警察。他们可以向治安法官提出控告。治安法官会讯问被告人并决定指控是否有依据。如果有，则将案件移送控诉陪审团主任。由后者决定案件系违警罪还是重罪。如系重罪，再由控诉陪审团决定是否起诉被告人。审判时，审判陪审团决定被告人是否有罪，有罪时由职业法官决定处罚。审判公开进行，证人证言必须口头提出。由于陪审员是法律门外汉，不能期待其像职业法官那样适用复杂精细的法定证据制度，该法废除了法定证据制度，代之以自由心证制度。有罪判决不需陪审员一致作出，只要10人以上达到内心确信即可判决被告人有罪。[2] 综上所述，该法废除了纠问式诉讼下负责指控犯罪的检察官和负责审前阶段的侦查法官，使原先极为重要的审前阶段显得琐碎且不重要，一改书面证言大行其道的审判为绝对的口头陈述，该法废止了法定证据制度代之以自由心证制度。

在该法的制定过程中，围绕是否完全不使用证人的书面证言爆发了激烈的辩论。该法草案规定，在法庭上，“询问证人应当总以口头方式进行，不得以宣读证人书面证言方式进行”。同时，对陪审员的指示是：“他们可以询问的书面材料只有起诉书、官方报告及类似文件。证人的书面证言不能被提交给陪审团。”在制宪会议对草案进行讨论时，以法官、检察官为主的反对意见认为，应当将新的原则与旧的司法实践结合起来。书面证言可以被提交给陪审员，但陪审员仍应当听取证人的口头陈述。这样，准确的书面证言就可以帮助陪审员记住某些听取口头陈述后遗忘的细节。但草案起草者认为，很明显书面为特征的程序与口头为特征的程序无法融合，允许书面证言进入法庭，表面上是改进陪审团制度，实际是损害该制

---

〔1〕 See A. Esmein, *A History of Continental Criminal Procedure*, trans. by J. Simpson, Boston, Little Brown & Company, 1913, pp. 402 – 406.

〔2〕 See J. M. Donovan, *Juries and the Transformation of Criminal Justice in France in the Nineteenth & Twentieth Centuries*, Chapel Hill, The University of North Carolina Press, 2010, pp. 33 – 34.

度。认为将书面证言与口头陈述结合起来以结合两种制度优势的想法是不可能实现的。当陪审员评议时,他们会阅读书面证言并对其进行评价与比较,就像纠问式诉讼中的法官一样。但与职业法官相比,这些陪审员没有经过系统训练。结果就使得陪审团的判决反而可能不如原来职业法官的判决好。最后的法律采纳了草案起草者的意见。[1]

但1796年通过的共和四年雾月《犯罪与刑罚法典》,对1791年法律的规定进行了一定修改。其第365条规定:不出庭证人的书面证言不能向陪审员宣读。但第366条规定:陪审团负责人或合议庭审判长,认为当庭证言与先前证言存在变动、矛盾或不同且有必要提请陪审团注意时,可以宣读出庭证人所作先前书面证言及被告人接受警察讯问时所作书面证言。第382条规定:除证人书面证言及被告人的书面讯问笔录外,审判长可以将所有的诉讼行为文件提交给陪审团。第477条规定,在缺席审判中,在被告人缺席期间死亡的证人的书面证言应当向陪审员宣读。陪审团应对其进行合理考虑,但应铭记书面证言本身不能支配他们的裁决,只能用于为裁决提供信息。1796年法律改变了1791年所确立的绝对的言词原则,而代之以原则加例外形式的软化的言词原则。

但以陪审制为核心的新制度很快就显示出其"水土不服"的特征。对控诉陪审团最大的不满源于其经常拒绝追诉犯罪,且与旧制度下由职业法律人充当的追诉者相比,控诉陪审团在追诉犯罪上显得无能。[2] 对审判陪审团最大的诟病源于许多案件中陪审团不愿判被告人有罪。在政治意味浓厚的案件中,陪审团判决被告人无罪,大多是因为陪审员与当时的政治斗争联系不密切,并没有铲除政敌的激情和执政者对政治威胁所具有的焦虑。即使在普通犯罪里,大量的被告人也被陪审团无罪释放。对21个大区法院的数据统计显示,绝大多数法院无罪判决的比率约为40%~50%。[3] 在督政府统治时期,对陪审制的不满达到顶点。此

---

[1] See A. Esmein, *A History of Continental Criminal Procedure*, trans. by J. Simpson, Boston, Little Brown & Company, 1913, pp. 415-425.

[2] See I. Woloch, *The New Regime: Transformations of the French Civic Order*, 1789-1820*s*, New York, W. W. Norton & Company, 1995, p. 360.

[3] See I. Woloch, *The New Regime: Transformations of the French Civic Order*, 1789-1820*s*, New York, W. W. Norton & Company, 1995, pp. 59-60.

时期政治动荡、经济紊乱,团伙抢劫在乡间司空见惯。但陪审员显然惧怕来自这些法外之徒及其同伙的报复,在很多案件中都将抢劫犯无罪释放。[1] 陪审团对特定案件的被告人会有“好感”,这也是无罪判决产生的一个原因。当时有法官注意到,特定的案件,如杀婴犯、针对公务员的暴力犯罪、激情杀人,陪审团通常会存在有利被告人的偏见。[2] 高无罪判决率的另一个原因来自陪审员对犯罪主观要件的曲解。由于没有受过法律训练,他们经常无法区分犯罪故意与犯罪动机。[3] 但陪审团作出无罪判决的最主要的原因是当时刑事实体法过于严厉,陪审团不愿作出有罪判决。法国大革命前,法官评价证据的自由裁量权被法定证据限制得很严,但对量刑有充分的自由裁量权。法国大革命将这一实践完全掉转,赋予陪审员评价证据的充分自由裁量权,但对量刑的自由裁量权进行严格限制。在许多案件中,当陪审团认为刑罚如此之重,以至于判一个明显有罪的被告人有罪是不公正的,陪审团也会作出无罪判决。[4] 面对法律秩序的失效与陪审团的高无罪判决率,督政府不得不采取措施。一方面强化审前程序的纠问特征,增强打击犯罪能力;另一方面限制陪审制适用的案件范围,减少无罪判决比率。

1799 年,拿破仑发动政变推翻督政府。他迅速使法国恢复了秩序,并着手制定一部新的刑事诉讼法典。1808 年《重罪法典》基本延续了督政府的路径,将刑事诉讼分为审前程序与审判程序,前者倾向于纠问式,以强化打击犯罪能力;后者则保留了陪审团制度,以维持审判的对抗式特征。根据此法典,预审程序具有书面、秘密特征。在预审程序中,预审法官秘密听取证人证言,即听取证人证言时仅有预审法官及其书记员,被告人及其律师不得在场。被告人在预审阶段不能获得律师帮助。但为防止职权重叠导致的权力滥用,该法典又规定了职权分离原则,追诉职权原则上由检察官行使,预审权由预审法官行使。与之相适应,大陪审团

---

〔1〕 See G. Wright, *Between the Guillotine and Liberty: Two Centuries of the Crime Problem in France*, New York, Oxford University Press, 1983, pp. 34 – 35.

〔2〕 See I. Woloch, *The New Regime: Transformations of the French Civic Order*, 1789 – 1820*s*, New York, W. W. Norton & Company, 1995, pp. 370 – 373.

〔3〕 See I. Woloch, *The New Regime: Transformations of the French Civic Order*, 1789 – 1820*s*, New York, W. W. Norton & Company, 1995, pp. 361 – 362.

〔4〕 See I. Woloch, *The New Regime: Transformations of the French Civic Order*, 1789 – 1820*s*, New York, W. W. Norton & Company, 1995, pp. 372 – 373.

制度被废除。案件被移送到重罪法庭后，被告人瞬间获得所有权利，可以获得律师帮助、可以在审判时传唤有利于他的证人、被告人及其律师可以查阅、复制审前获得的案卷笔录。陪审制虽然保留，但陪审员的遴选权掌握在行政机关手中，而且对陪审团的权限进行了诸多限制。[1] 由于混合了纠问式诉讼与对抗式诉讼的特征，1808 年《重罪法典》确立的诉讼模式又被称为混合式诉讼。

在 1808 年《重罪法典》制定过程中，有相当多的法官和检察官主张重新回归 1670 年敕令规定的书面原则的诉讼程序。他们不认为转瞬即逝的口头陈述优于可永久保全的书面证言。如康巴塞雷斯认为："目前的状况是，询问证人以口头方式进行，书面证言只能作为法官指挥审判时的信息使用。（法典草案计划）让证人先接受司法警察讯问。案件被移送给陪审团负责人后，后者要向该证人确认其先前证言。审判将通过宣读司法警察和陪审团负责人获得的笔录方式进行，被告人在其律师协助下，有权对该书面证言提出异议和证明该证言为假。笔录不包含陈述所有细节，但检察官和被告人有权获得该笔录。书面证言的全部内容将被提交给陪审团。"[2] 1808 年《重罪法典》虽然没有恢复到书面原则，但也部分接受了这种观点。

最终，法典第 317 条规定：证人应当以言词方式作证。[3] 法典第 318 条规定：审判长应当让法庭书记员在法庭笔录中标注证人当庭证言与其先前证言之间存在的增加、改变与变动之处。检察官和被告人可以请求审判长作出上述标注。法典第 341 条规定：审判长在陪审团主任在场情况下将书面材料提交给陪审团。这些材料包括除证人书面证言之外的起诉书、证实犯罪的官方报告及其他诉讼行为笔录。据此，被告人讯问笔录可以被提交给陪审团。

至此，法国终于在刑事诉讼法典中确立言词原则。从 1791 年确立绝对的、无例外的言词原则，到 1808 年《重罪法典》所确立的例外宽泛的言词原则，言词原则

---

[1] 施鹏鹏：《陪审制研究》，中国人民大学出版社 2008 年版，第 54 页。

[2] See A. Esmein, *A History of Continental Criminal Procedure*, trans. by J. Simpson, Boston, Little Brown & Company, 1913, p. 489.

[3] 第 317 条规定："证人依据总检察长要求的顺序分别作证。证人作证之前，必须宣誓，不带仇恨且无所畏惧地陈述所有事实，且只说事实，否则程序无效。审判长询问证人的姓名、年龄、职业、住址或居所，证人是否在起诉书所提及的犯罪行为实施之前认识被告人，证人是否是被告人、民事当事人或其他诉讼参与人的近亲或姻亲。审判长还有权询问证人是否受雇于被告人或其他诉讼参与人。证人应当以言词方式作证。"

在法国的确立过程就是从绝对排斥书面材料,到逐渐接纳某些书面材料的过程。

法国 1808 年《重罪法典》在刑事审判中确立言词原则,与当时仍适用书面原则的其他欧陆国家相比,进步意义明显。首先,经由言词原则能更好地查明事实真相。书面证言可能歪曲证人的想法,甚至传递出错误信息。即使是传递了正确信息的书面证言,其提供的信息量也远小于面对面询问证人所获得的信息量。因此,依赖书面证言与经由言词辩论作出判决的诉讼程序相比,在查明事实真相问题上存在天然的劣势。其次,经由言词原则更能实现公正审判。依据书面原则,法庭仅仅依据审前阶段获得的书面证言就对被告人定罪,被告人很难对书面证言进行有效质疑,被告人很难行使辩护权,控辩双方地位严重不平等。但依据言词原则,被告人可以面对面地向证人发问,从而质疑证人的可信性及其陈述的可靠性,被告人还可以与控方进行言词辩论,揭示有利于他的事实和证据,有效提高了被告人的诉讼地位。另外,依据书面原则,审判几乎沦为官方的治罪过程,被告人沦为坐待官方判决的诉讼客体,审判几乎不具有对抗性。依据言词原则,控辩双方在你来我往的言词辩论过程中各抒己见,有效提高了审判的对抗性程度。基于上述优点,言词原则一经确立就对当时的欧陆产生了重大影响,成为欧陆国家立法的模板。

但法国 1808 年《重罪法典》确立的言词原则的局限性同样显著。该法典将刑事诉讼程序分为审前程序和审判程序两个诉讼阶段,审前程序采书面、秘密原则;审判程序采言词、公开原则。这一程序设计固然有效地增强了在审前程序打击犯罪的能力,但也形成审判程序过度依赖审前程序的后遗症。一方面,作为中立的司法官,预审法官在审前程序中可以听取证人陈述,据此制作书面证言。而一旦证人当庭证言与先前书面证言不同,审前程序制作的书面证言就可以获得证据能力,成为陪审团自由心证的对象。另一方面,包括被告人审前供述在内的其他书面材料,甚至不需经过上述程序,就可以直接进入法庭。因此,审前阶段获得的书面材料进入法庭的路径宽广。考虑到证据材料主要是在审前阶段收集的,审判阶段能够获得的"原创性"的证据少之又少,审前阶段对审判结果自然会发挥决定性影响。因此,在法典通过后很长一段时间内,尽管审判阶段确立了言词原则,但真正决定审判结果的反而是审前阶段取得的书面材料。这使法国的言词原则显得有些名不符实,也成为其他国家借鉴言词原则时对之进行改革的原因。

二、法国确立言词原则的原因

法国在借鉴英国进行立法时,为何确立的是言词原则,而非英国式的传闻规则?

第一,在法国确立言词原则之时,英国的传闻规则正在形成、远未成熟,因此无法借鉴。

根据法律史学家格林教授的研究,直到18世纪晚期和19世纪初期,在律师日益高涨的请求之下,英国的刑事司法实践中才出现真正意义上的证据法。事实上,刑事证据法是与对抗式审判相伴而生的。由于辩护律师在法庭活动的日益频繁,他们不断地就证据问题提出抗议。这些抗议不断反馈到法官群体中,后者又不断讨论,终于形成了刑事证据法。[1] 其中也包括传闻规则。在18世纪30年代之前,尽管传闻证据一直不受欢迎,但法庭对使用传闻证据未施加任何限制。例如,在1721年的一件杀人案中,被告人被控将被害人打死。一个控方证人作证说死者曾跟她说,被告人曾将被害人从楼梯上摔下,并踩被害人的肚子。对此证言,没有任何人提出反驳。[2] 但到了18世纪30年代,随着辩护律师代理案件的增多,相当数量案件中的传闻证据不再被允许使用。但在当时,法官不用"传闻"这一表述,而是认为传闻陈述"不是证据"。法官通常会说:"另一个人告诉你的不是证据。"[3] 比如,在1732年的一件抢劫案中,当警长作证说:"有人告诉我,被告人和他的两个同伙臭名昭著。"法官打断他,说庭外的另一个人所说的不是证据,除非该人自己宣誓之后说出。[4] 需要注意的是,法官所言的"证据"一词,不是现代意义上的证据,而是指支持当事人令状中诉求的具体事实,是实体法概念。[5]

---

[1] See T. A. Green, *Verdict According to Conscience: Perspectives on the English Criminal Jury Trial* 1200 - 1800, Chicago, University of Chicago Press, 1985, p. 267.

[2] OBP Online, *www. oldbaileyonline. org*, December 6 1721, Ref: t17211206 - 9.

[3] See J. H. Langbein, *The Origins of Adversary Criminal Trial*, New York, Oxford University Press, 2005, p. 235.

[4] OBP Online, *www. oldbaileyonline. org*, 8 December 1731, Ref: t17311208 - 38.

[5] See J. H. Langbein, *The Origins of Adversary Criminal Trial*, New York, Oxford University Press, 2005, p. 236.

这一证据概念贯穿了整个18世纪,直到19世纪才随着令状制度渐渐淡出历史舞台。当法院在说“不是证据”时,其实是在说,这一事实与本案不相干。另外,法院支持传闻陈述“不是证据”的依据是陈述来源“未经宣誓”。事实上,几乎整个18世纪,支持法院拒绝采纳传闻陈述的一直是陈述来源“未经宣誓”,而不是后来的不能对传闻陈述进行交叉询问。伦敦老贝利法院的档案显示,直到18世纪末期,传闻规则才在英国刑事司法实践中确定下来。而其确立离不开辩方律师对传闻陈述一以贯之的排斥态度。允许律师对证据可采性提出异议的必然后果,是法官的注意力越来越被引到证据问题上来,使法庭的裁决更深思熟虑。尽管如此,在18世纪末期,证据法是非常宽泛和抽象的,其包含的内容如此之少,以至于郎本教授调侃道,一只鹦鹉都能在半小时内将其背得滚瓜烂熟,并用五分钟复述出来。[1]

总之,传闻规则在英国的真正确立,包括其范围界定和例外设立,要推迟到19世纪才完成。[2] 这也决定了法国在18世纪末期引入英国刑事诉讼制度时,客观上无法引入传闻规则。

第二,法国刑事诉讼制度决定了其不会形成类似传闻规则的证据规则。

证明制度方面,证据自由原则决定了任何种类的证据规则都难以形成。与纠问式诉讼相对应,法国在历史上曾长期采用法定证据制度。在纠问式诉讼适用过程中,人们日渐认识到赋予法官的权力过大,有被滥用的危险,因此,需要创立法定证据制度来限制法官的自由裁量权。法定证据制度依据的理念是客观真实可以发现,因此可以避免单纯依赖法官的裁量和有罪的可能性来判案。为此,一系列指导证据证明力的规则被构建起来。在法国,证据的证明力被分为完全证明、半完全证明和远推定证明。只有完全证明,如书面证据、两个目击证人的证言才足以定罪。只要获得完全证明,不论法官认为本案存在何种疑点,都应判决被告有罪。但法定证据制度适用的结果,反而使法官为了获得完全证明不择手段、不计代价。在法国大革命之前,启蒙思想家几乎都对这套制度极度愤恨。1791年

〔1〕 See J. H. Langbein, *The Origins of Adversary Criminal Trial*, New York, Oxford University Press, 2005, p. 247.

〔2〕 See Cross, *Cross on Evidence*, Sydney, Butterworth, 1985, p. 456.

法律为解决陪审员无法适用复杂的法定证据制度的难题,决定充分信任陪审员,创立了自由心证制度。这种要求陪审员依据良心达到"内心确信"的证明标准的证据制度,迅速"俘获"了法国人。以至于在1808年《重罪法典》制定过程中,所有人都反对回归法定证据制度,主张保留自由心证制度。[1]

法国人对法定证据制度的厌恶如此强烈,以至于不仅发展出自由心证制度,还发展出了证据形式自由原则。证据形式自由,体现在法国《刑事诉讼法典》第427条和第536条,"除法律另有规定外,犯罪可通过各种形式的证据加以证明"。法国司法判例又将其扩展至所有类型的犯罪及辩护证据。因此,各种物证、书证、证人证言、笔录、司法口供与司法外口供,都可以用作证明被告人有罪或无罪的证据使用。[2] 证据形式自由原则,使各种形式的材料都可以具有证据能力;自由心证制度使得具有证据能力的各种形式的证据的证明力被自由评价,二者共同构成证据自由原则。此为法国刑事诉讼中的一个重要原则。[3] 证据自由原则对法国刑事诉讼的影响如此之深,以至于从法国大革命到整个20世纪,法国陪审团审判时,几乎没有任何证据规则。而且传闻证据普遍被采纳为证据。法官不能就陪审员应当考虑的证据形式给陪审员指导,每个陪审员自己决定证据是否具有相关性,只能以其良心作指导。[4]

程序制度方面,审前程序的存在及其对审判的重要作用决定了类似传闻规则的证据规则无法形成。1808年《重罪法典》假定预审法官具有中立性,并赋予预审法官在审前阶段询问证人、讯问被告人的权力。上述诉讼行为都会以书面笔录方式被记载下来。受传统的纠问式诉讼制度影响,预审法官和检察官所进行的诉讼行为,如查封、扣押、检查、逮捕、拘留等都会形成书面材料。上述的书面材料又会汇总为一份卷宗。根据1808年《重罪法典》的规定,除证人书面证言外,卷宗中

---

〔1〕 See A. Esmein, *A History of Continental Criminal Procedure*, trans. by J. Simpson, Boston, Little Brown & Company, 1913, p. 484.

〔2〕 参见[法]西尔维·西马蒙蒂:《法国刑事证据制度研究》,施鹏鹏译,载《证据学论坛》(第12卷),中国检察出版社2007年版,第291~292页。

〔3〕 参见[法]西尔维·西马蒙蒂:《法国刑事证据制度研究》,施鹏鹏译,载《证据学论坛》(第12卷),中国检察出版社2007年版,第291页。

〔4〕 See J. M. Donovan, *Juries and the Transformation of Criminal Justice in France in the Nineteenth & Twentieth Centuries*, Chapel Hill, The University of North Carolina Press, 2010, p. 31.

的绝大部分材料都可以提交给陪审团。而在证人当庭证言与先前证言不一致时，审前形成的书面证言也可以交给陪审员自由心证。这意味着审前阶段获得的书面材料，绝大多数都可以进入庭审阶段。法典的规定，在挤压言词原则适用范围的同时，也昭示了传闻规则不可能形成的命运。此后，法国刑事司法实践渐渐走上依赖卷宗之路，直到20世纪末期才有改观。

第三节　言词原则在欧洲的广泛传播

一、德国：直接言词原则

法国将欧陆传统纠问式诉讼与英国对抗式诉讼结合起来创立的混合式诉讼制度对德国刑事诉讼理论和实践产生了深远影响。当时德国尚未统一，1808年《重罪法典》在德国的莱茵河左岸地区，尤其是普鲁士邦的莱茵地区被引进。相对于德国绝大多数地区适用的以书面、秘密为特征的纠问式诉讼程序，法国混合式诉讼的优越性显而易见。此后，德国境内的一些邦国开始仿照法国的《重罪法典》制定自己的刑事诉讼法典，包括言词原则在内的各种原则和理论也成为德国学者研究的对象。这些实践和理论为德国统一后制定刑事诉讼法典奠定了坚实的基础。[1]

最早号召在德国刑事诉讼法中引入言词原则的是费尔巴哈。他在1821年所著的《刍议公开和口头原则》一书在理论上对言词原则和书面原则进行区分。他认为："言词原则和书面原则概念的区别在于，思想从一个人传递到另一个人所使用的是哪个器官，是用听和说的方式，还是用读和写的方式。"[2]

然而，费尔巴哈对法国的言词原则却并不满意。他认为，尽管法国表面上采纳了言词原则，但审判过度依赖审前阶段获得的书面材料。"审前阶段获得的证据材料经常在审判阶段被使用，法官和陪审团以言词方式看到和听到的证据并非

〔1〕 参见[德]罗科信：《刑事诉讼法》，吴丽琪译，法律出版社2003年版，第624~625页。

〔2〕 See A. Feuerbach, *Betrachtung über die Öffentlichkeit und Mündlichkeit der Gerechtigkeitspflege*, Heyer, 1825, p. 196. 转引自李文伟：《论德国刑事诉讼中直接言词原则的理论范畴》，载《山东社会科学》2013年第2期。

作为裁决依据的唯一证据。而审前阶段以秘密方式获得的书面证言,可能是以阴谋诡计或强迫方法作出的;以秘密方式获得的片面的或虚假的证人证言,可能是通过诱导或暗示性询问以证人之口说出的,上述证据不仅影响着判决结果,甚至常常成为判决的唯一基础。"[1]因此,在法国尽管法官和陪审团以言词方式审判案件,但判决结果主要基于审前阶段获得的书面证言。费尔巴哈认为,解决此问题的唯一办法是要求证据必须在被告人在场情况下以言词方式在法庭提出,以便为被告人提供充足的机会去质疑该证据。[2]

米特迈尔认为,关键问题在于法官为作出判决,能够看见和听取证人证言以便提出补充性问题和获得证人是否可靠的印象。因此,使用审前阶段获得的证人书面证言不仅违反了直接性的概念,也违反了诉讼的言词性要求。为此,他主张审前阶段获得的书面证言只能被用于决定是否起诉。法官与证据之间应当具有"直接性"。[3] 他的看法得到了其他德国学者的响应。扎恰利亚认为,言词、直接的程序是真实发现最重要的基础和不可辩驳的保障。[4]

学者的观点最终反映在立法中。1848 年《普鲁士法令》第 15 条规定:刑事审判以言词方式在审理案件的法庭面前进行。法庭口头听取检察官、被告人及其律师陈述,证据以言词方式提出。《普鲁士宪法》第 178 条第 1 款规定:审判以公开和言词方式进行。[5] 普鲁士统一德国后于 1877 年通过的《刑事诉讼法典》规定了直接和言词原则。该法典将刑事诉讼分为预审和审判两大阶段,预审的任务并非决定被告有罪与否,而是确定进行追诉是否有足够的证据。在预审阶段,证人和专家证人在接受预审法官询问时,检察官和辩护律师都有在场权。在预审法官认为被告人在场可能阻止证人说实话时,可以限制被告人的在场权。在审判阶

---

[1] See S. Summers, *Fair Trials: The European Criminal Procedural Tradition and the European Court of Human Rights*, Portland, Hart Publishing, 2007, p. 55.

[2] See S. Summers, *Fair Trials: The European Criminal Procedural Tradition and the European Court of Human Rights*, Portland, Hart Publishing, 2007, p. 56.

[3] See S. Summers, *Fair Trials: The European Criminal Procedural Tradition and the European Court of Human Rights*, Portland, Hart Publishing, 2007, p. 56.

[4] See J. D. Jackson and S. J. Summers, *The Internationalisation of Criminal Evidence: Beyond the Common Law and Civil Law Traditions*, Cambridge, Cambridge University Press, 2012, p. 68.

[5] See T. Vormbaum and M. Bohlander eds., *A Mordern History of German Criminal Law*, trans. by M. Hiley, Berlin, Springer, 2014, p. 94.

段，法官必须始终听审案件。检察官提出的证人和专家证人首先被检察官和法官询问，然后由辩方询问。被告人有权提出有利于他的证人，并且可以先对该证人发问，法官有权进行补充性询问。原则上，证人的当庭证言不能被审前书面证言替代。但也有例外，如证人死亡、严重疾病、下落不明等。在证人失忆时，可以允许宣读其在审前阶段作出的书面证言以帮助其恢复记忆。

二、意大利：对抗辩论原则

法国1808年《重罪法典》对欧陆各国产生了重要影响，意大利也不例外。意大利王国于1861年实现统一之后，随即于1865年颁布了意大利第一部刑事诉讼法典，这部法典及之后的1913年法典，都深受拿破仑法典影响。即使在今天看来，百年前的1913年法典仍颇具进步意义。法典将刑事诉讼分为预审和审判两大阶段。预审阶段辩护律师拥有诸如参与鉴定、侦查实验、辨认程序的权利，参与住家搜查的权利，阅卷权，以及参与扣押、人身搜查、检查权利在内的广泛权利。在预审阶段，只有证人证言的内容辩护律师无法知悉。审判阶段在重罪案件中引入陪审团，陪审员负责事实问题，法官负责定罪后的量刑。然而，好景不长，1922年墨索里尼出任意大利王国首相，法西斯主义席卷意大利。在此背景下，1930年颁布了新的刑事诉讼法典，该法典延续了将诉讼分为预审和审判两大阶段的传统，强化了检察官的权力、限制了辩方权利、废除了陪审团。同时，将预审程序分为正式预审和简易预审。简易预审由检察官负责。检察官在简易预审中的角色类似法官，可以限制被告人的人身自由、收集证据以及决定将被告人移送审判。另外，检察官无须法官批准即可对告发的案件做撤案处理。考虑到当时的检察官由司法部长领导，上述两项改革无疑成为政府打击异见人士的利剑和保护政治盟友的金盾。法律规定审判阶段遵循直接言词原则。但法官可以直接查阅侦查卷宗并将之作为裁判基础。这使预审阶段成为诉讼的中心，审判阶段异化为仅仅是对预审结论的再次审查。实践中，审判仅仅是为侦查中获得的证据材料提供一个“官方宣读”的机会。[1] 总之，1930年法典总体特点是诉讼职权重叠、诉讼阶段

---

〔1〕 See G. Illuminati, “The frustrated turn to adversarial procedure in Italy”, *Washington University Global Studies Law Review* 4, 2005, p. 568.

混一。

第二次世界大战结束后，意大利在 1948 年通过了新宪法。受民主思潮影响的宪法与受法西斯主义影响的刑事诉讼法典之间产生“摩擦”也就在所难免。“摩擦”的后果自然是“修改”刑事诉讼法典。但重新制定法典的立法几经曲折，直到 20 世纪 80 年代，随着政府对恐怖犯罪打击力度的加强，恐怖犯罪逐渐销声匿迹，制定一部新法典的时机才慢慢成熟。1988 年 9 月 24 日，议会通过新的刑事诉讼法典，并于 1989 年 10 月 24 日正式生效。与 1930 年法典相比，新法典具有三个显著特征，即诉讼职权分离、诉讼阶段分离、诉讼简化。所谓诉讼职权分离，是指法官只负责在法庭上指挥证据调查与作出裁决，不再负责侦查；检察官只负责收集证据材料，不负责裁决。所谓诉讼阶段分离原则，是指将诉讼程序分为初步侦查、初步庭审和正式审判三个阶段。只有在审判阶段充分遵循了对抗辩论原则所收集的证据才能作为裁判的依据使用。审前阶段收集的证据材料一般不能直接在法庭上使用。所谓程序简化原则，是指法典设立了五种特别程序以提升诉讼效率。立法者希望通过新法典的实施，兼顾程序正义与诉讼效率，不仅充分保障被追诉者的诉讼权利，同时解决困扰意大利司法实践的案件积压问题。

然而，新法典实施伊始就面临着从书面上的法到行动中的法的难题。在理念层面，立法者相信只有通过贯彻对抗辩论原则才能保障程序权利，这导致审判前获得的大量书面证言不能作为证据使用。在操作层面，立法者给予新法典的准备时间过短，使新法典自始就面临着人力、物力短缺的尴尬局面。更重要的是，在心理层面，让司法官阶层去适用一个与之前法典基于相反理念制定的新法典，自然容易招致其反弹。而 20 世纪 90 年代初，意大利黑手党肆虐更让情况雪上加霜。1992 年 5 月 23 日，意大利黑手党血腥暗杀了以反黑手党著称的司法官乔瓦尼 · 法勒科内；同年 7 月 19 日，乔瓦尼 · 法勒科内的同事和朋友，反黑手党的另一位斗士司法官保罗 · 波勒塞里诺也被黑手党血腥暗杀。上述两起惨案引起举国震恸。而新法典基于对抗辩论原则规定侦查阶段获得的书面证言不得在审判中作为证据使用，成为制约新法典打击犯罪力度的阿基里斯之踵。作为应对，意大利宪法法院在 1992 年先后通过三个减损对抗辩论原则保障的重要判决，这三个判决在强化政府打击犯罪能力的同时，也使新法典的改革努力濒于崩溃。

面对宪法法院对新法典对抗辩论原则接二连三的“攻击”,议会迫于当时严峻的社会形势选择了不回应。5 年之后,黑手党的嚣张气焰被打压下去。议会于此时通过了针对法典第 513 条的一项修正案,即 1997 年 8 月 7 日第 267 号法律。此前,法典第 513 条规定共犯的审前陈述不得用作对抗被告人的证据,已被宪法法院 1992 年第 254 号判决宣告违宪。经议会修改后的第 513 条规定:“如果陈述人行使沉默权,法官只有经当事人同意才能决定宣读其陈述笔录。”事实上,很难期待被告人会同意使用共同犯罪人作出的不利于他的审前陈述,修改后的第 513 条实际上废了宪法法院判决的武功。在 1998 年第 361 号判决中,宪法法院宣布修改后的第 513 条违宪,因其过分限制了共犯审前陈述的可采性。最终,宪法法院认定,即使没有被告人同意,共犯的庭前陈述在可印证的情况下,仍可使用。[1]

这一判决成为压垮骆驼的最后一根稻草。同仇敌忾的议会快速通过了修改宪法第 111 条的议案。修改后的宪法第 111 条第 4 款规定:“刑事诉讼遵循形成证据的对抗辩论原则。被告人不能因某个出于自由意愿躲避被告人及其辩护人询问的人所作的书面证言而被判有罪。”至此,对抗辩论原则正式成为宪法原则。

此后,意大利议会着手修改刑事诉讼法典,使之与修改后的宪法相符合。2001 年 3 月 1 日,议会通过第 63 号法律,修改了大量的刑事诉讼法典条文,其中也包括前述被宪法法院宣布违宪的条文。对于涉及警察作为间接证人的法典第 195 条第 4 款,修改后的法典规定警察不能就在侦查阶段获得的证人证言的内容出庭作证。对于涉及先前不一致证言的法典第 500 条第 3 款,修改后的法典规定,证人先前证言与当庭证言不一致时,证人的先前证言只可用于评价该证人的可信性。对于涉及共犯审前陈述的第 513 条第 2 款,修改后的法典保留了之前的规定,即如果陈述人行使沉默权,法官只有经当事人同意才能决定宣读其陈述笔录。至此,议会通过修改宪法和刑事诉讼法典成功实现“复辟”。

在新宪法通过后,宪法法院的立场也迅速逆转。在 2000 年 10 月 25 日第 439 号判决中,宪法法院认为宪法第 111 条是对刑事诉讼法典条文进行合宪性审查的新标准。[2] 在同一天作出的第 440 号判决中,宪法法院承认新宪法所确立的对

---

〔1〕 Corte Cost. ,n. 361/1998.

〔2〕 Corte Cost. ,n. 439/2000.

抗辩论原则,宪法法院之前针对法典第512条所作的解释不再正确,因为这一解释不再符合新宪法的规定。[1] 至此,关于对抗辩论原则的宪法争论尘埃落定。随着宪法法院的"驯服",这一围绕对抗辩论原则的博弈以议会的胜出宣告终结。而对抗辩论原则,经历了漫长而曲折的争论之后,终于写进宪法,落实到行动。此后,对抗辩论原则所面临的,已经不是宪法争议,而是如何执行的问题。

三、欧洲人权法院:对质权

1948年12月10日,联合国大会通过第217A(Ⅱ)号决议并颁布《世界人权宣言》。受此文件影响,1949年5月5日成立的欧洲委员会矢志制定一部适用于欧洲的人权条约,此即后来的《公约》。据《公约》的准备性文件所载,第6条的起草过程可谓一波三折。

1949年8月,在欧洲委员会的咨询大会上,作为报告人的法国代表皮埃尔·亨利·特良向法律和行政问题委员会提出议案,认为公约中应当包含保障基本权利和自由的条款,据此居住于欧洲委员会成员国领土范围内的所有人,"根据《世界人权宣言》第9条、第10条、第11条,应当免于任意逮捕、羁押与放逐"。1949年9月5日,法律和行政问题委员会向咨询大会提交的《公约》草案第2条第3款规定:"根据本公约,成员国应当确保居住于其领土范围内的所有人……3.根据《世界人权宣言》第9条、第10条、第11条,免于任意逮捕、羁押与放逐或其他措施。"1950年2月2日至8日,在斯特拉斯堡举行的专家委员会第一次会议上,由专家委员会拟定的公约初步草案,采取了与《世界人权宣言》第9条、第10条完全相同的措辞。该草案第2条第3款规定:"a.任何人不得加以任意逮捕、拘禁或放逐。b.人人完全平等地有权由一个独立而无偏倚的法庭进行公正的和公开的审讯,以确定他的权利和义务并判定对他提出的任何刑事指控。"草案上述条文将羁押的合法性与公正审判权糅合在一起,文字表述也相对模糊。英国代表奥斯卡·道森爵士对草案十分不满,认为专家委员会草案没有"尽可能精准地对权利进行定义"。因此,英国政府向专家委员会提交了一份"精准的议案",这一议案的内

[1] Corte Cost.,n.440/2000.

容与《公约》第6条的内容大致相同。

英国的议案在专家委员会内部引起广泛争议，导致专家委员会无法达成一致意见。最后，专家委员会认为，无法在英国政府议案与专家议案之间进行调和，因为这两个版本的草案基于完全不同的制度而设计。但专家委员会感到，在这两种制度之间进行选择与其说是法律考量，毋宁说是政治考量，因此决定将两份议案都提交部长委员会。在部长委员会讨论时，英国代表霍尔认为英国政府的议案有两个主要依据。第一，公约会对实施该公约的成员国创设义务，成员国应当在精准的层面上知晓其义务。第二，如果公约权利以宽泛的措辞定义，则各成员国可以轻易不遵守公约权利。接下来的讨论基本围绕上述依据展开。最终采纳的文本，除对措辞进行细微修改外，基本采纳了英国代表的意见。[1]

《公约》第6条的起草过程表明，英国在第二次世界大战后的崇高地位及其在第6条起草过程中的重要作用，使依据英国政府议案起草的第6条具有了对抗制的内核。[2]

1950年11月4日，《公约》签署。1954年，《公约》生效。在1998年《公约》第11议定书实施之前，实行的是欧洲人权法院和欧洲人权委员会的双层审查机制。欧洲人权委员会的审查具有过滤功能，只有经过欧洲人权委员会审查决定受理的案件才交由欧洲人权法院裁决。

1963年12月16日，欧洲人权委员会作出有关对质权的第一个判例，但其决定不受理该申诉。[3] 这一判决非常具有典型意义，此后长达二十多年的时间，欧洲人权委员会及欧洲人权法院都没有判决成员国侵犯申诉人的对质权。欧洲人权委员会反复重申的观点是，《公约》第6条第3款(d)项目的在于确保刑事诉讼中的控辩平等，而非赋予被告人传唤证人出庭的不受限制的权利。各成员国可以

---

〔1〕 European Commission of Human Rights, "Preparatory Work on Article 6 of the European Convention on Human Rights", Accessed May 5 2015. http://www.echr.coe.int/Documents/Library_TravPrep_Table_ENG.pdf.

〔2〕 "作为唯一一个没有屈服于法西斯主义的欧洲大国，英国在制定《公约》时具有无与伦比的声望，普通法的法律人在公约起草过程中的主导地位自然也在意料之中。因此，尽管表面上看《公约》的条文对欧洲存在的对抗制与审问制刑事诉讼持不偏不倚态度，其实体现了对对抗制的偏爱。" See R. Vogler and B. Huber eds., *Criminal Procedure in Europe*, Berlin, Duncker & Humblot, 2008, p. 15.

〔3〕 European Commission on Human Rights, *X and the German Association of Z v. The Federal Republic of Germany*, No. 1167/61, 16/12/1963.

自行设定证据采纳和传唤证人的条件，只要这一条件平等地适用于控辩双方传唤的证人。同样的，有管辖权的国内法院可以自由决定不传唤辩方证人出庭，只要其认为该证人出庭无助于发现真实。同样，被告人没有询问不利于他的证人的不受限制的权利，上述权利的行使有赖于法庭对询问证人对真实发现而言是否有帮助且有必要所进行的审查。[1]

1976 年 6 月 8 日，欧洲人权法院在“恩格尔和其他人诉荷兰案”中第一次作出有关对质权的判决。在该案中，欧洲人权法院认为，《公约》第 6 条第 3 款（d）项并未要求每个有利于被告人的证人都出庭。该条款的本质目的，正如条文所用词组“相同条件下”所示，在于确保控辩双方平等武装。该条款将证据相关性问题留给国内法院决定，这与第 6 条规定的公正审判权不冲突。并最终判决申诉人受《公约》保障的对质权没有被侵犯。[2]

1986 年 11 月 24 日，欧洲人权法院在“安特派庭格诉奥地利案”中第一次作出成员国侵犯被告人对质权的判例。欧洲人权法院认为，鉴于对对质权的保障是公正审判的一个具体方面，有必要将对质权与公正审判权结合起来考察。宣读书面证言并不必然与《公约》规定的公正审判权和对质权冲突，但使用该书面证言不应侵犯被告人的权利；根据《公约》第 6 条第 3 款（d）项享有“询问或让人询问不利于他的证人的权利”的被告人，却在诉讼任何阶段都没有机会询问作出书面证言的证人时，尤为如此。固然，本案中两被害人的书面证言不是法院采纳的唯一证据，但很明显，上诉法院对申诉人的有罪判决主要基于两被害人向警察所作书面证言。[3]

3 年后，欧洲人权法院在“科斯托夫斯基诉荷兰案”中进一步阐释了上述观点。该案中，科斯托夫斯基的有罪判决基于两个未出庭的匿名证人的书面证言作出。欧洲人权法院认为，证据的可采性主要由国内法规范，原则上欧洲人权法院不对采纳和采信书面证言正确与否作出评价，而只确定包括证据取得方式在内的作为整体的诉讼程序是否公正。原则上，所有的证据都应当在被告人在场时在公

---

〔1〕 European Commission on Human Rights, *X v. Austria*, No. 4428/70, 01/06/1972.

〔2〕 ECHR, *Engel and others v. The Netherlands*, Nos. 5100/71; 5101/71; 5102/71; 5354/72; 5370/72, 8/6/1976.

〔3〕 ECHR, *Unterpertinger v. Austria*, No. 9120/80, 24/11/1986.

开的法庭上以对抗辩论的方式提出。但这并不意味着作为证据使用的证人证言一定要在公开的法庭形成,只要辩方的权利被尊重,将审前阶段获得的书面证言作为证据使用并不必然与《公约》保障的对质权和公正审判权冲突。一般来说,上述权利要求被告人应被给予充足且恰当的机会去质疑和询问不利于他的证人,要么是在证人作出陈述之时,要么在之后的诉讼阶段。如果被告人不清楚他要询问的证人的身份,则他就可能无法证明证人有偏见、有敌意或不可靠。虚假或错误的不利于被告人的证言可以被设计得滴水不漏,如果被告人缺乏足以质疑证人可信性或可靠性的信息,则其很难将上述证言的问题公之于众。上述情形所固有的危险显而易见。并且,审判案件的法庭也因匿名证人不出庭而无法观察他们的举止并形成对证人可信性的印象。考虑到申诉人的有罪判决定性地基于匿名证人的书面证言,不能认为对被告人造成的不利影响被其他平衡因素抵消。[1] “科斯托夫斯基诉荷兰案”第一次展示了欧洲人权法院在对质权问题上的完整立场,为欧洲人权法院后来的判决奠定了基调。

滥觞于“安特派庭格诉奥地利案”的唯一或决定性规则在“道森诉荷兰案”中被正式提出。在“道森诉荷兰案”中,欧洲人权法院认为,即使审判中的平衡因素足以抵消剥夺对质权给被告人带来的不利影响,有罪判决也不应当完全或决定性地基于匿名证人的陈述。[2] 在“路加诉意大利案”中,欧洲人权法院完整地提出了正反方面的论断,进一步明确了唯一或决定性规则的内涵。[3] 对唯一或决定性规则是否是没有例外的绝对规则曾产生过争议。欧洲人权法院在“艾尔·卡瓦贾和泰合瑞诉英国案”中认为,如果书面证言是不利于被告人的唯一或决定性证据,这并不会自动导致侵犯《公约》第 6 条第 1 款规定的公正审判权。同时,当有罪判决完全或决定性地基于不出庭证人的书面证言,欧洲人权法院必须对诉讼程序进行最严苛的审查,以确保被告人的公正审判权未被侵犯。[4]

综上所述,欧洲人权法院在对质权问题上的立场经历了缓慢的变迁过程。

第一,在证据采纳问题上,从袖手旁观到大胆介入。早期的欧洲人权法院,在

---

〔1〕 ECHR, *Kostovski v. The Netherlands*, No. 11454/85, 20/11/1989.

〔2〕 ECHR, *Doorson v. The Netherlands*, No. 20524/92, 26/03/1996.

〔3〕 ECHR, *Lucà v. Italy*, No. 33354/96, 27/02/2001.

〔4〕 ECHR, *Al-Khawaja and Tahery v. the United Kingdom*, Nos. 26766/05; 22228/06, 20/1/2009.

处理侵犯对质权获得的证据的证据能力问题时,采取极为审慎的态度。这种态度体现在欧洲人权法院经常重申的一句话:证据的采纳主要由国内法规范,原则上欧洲人权法院不对采纳和采信具体证据正确与否作出评价,有管辖权的国内法院可以自由决定不传唤辩方证人出庭,只要其认为该证人出庭无助于发现真实。这种审慎态度的另一种体现是,从1963年有关对质权的第一个案例开始,至1986年"安特派庭格诉奥地利案"为止,欧洲人权法院在长达25年的时间里竟从未判决成员国侵犯《公约》保障的对质权。这显然不是因为当时对被告人对质权保障程度更高。究其原因,部分是因为欧洲人权法院一贯将实施公约的主要责任交给各成员国,并将自身限定为辅助性的角色,避免成为横亘在各成员国之上的"第四审法院"。[1] 但更重要的原因恐怕在于,彼时的欧洲人权法院没有足够的权威去否定成员国的相关规定或做法。只有经过足够长时间的积累,欧洲人权法院才能通过判例聚集起足够的权威去对抗各成员国,才敢于判决成员国违反《公约》规定。"安特派庭格诉奥地利案"后,欧洲人权法院在处理成员国违反公约问题时,越来越从容,越来越大胆。尽管欧洲人权法院仍在重申证据的采纳问题主要由国内法规范,但实际上却常以公正审判权为由介入证据采纳问题。在"德尔塔诉法国案"中,法国政府辩称,《公约》规定的对质权并没有给予被告人不受限制的传唤证人的权利,决定是否传唤证人是国内法院根据是否有助于真实发现自由裁量的事项。其实这也是欧洲人权法院早期一再重申的观点。但欧洲人权法院认为自身的任务是确定包括证据取得方式在内的诉讼的整体是否公正,并依据唯一或决定性规则判处法国败诉。[2] 这意味着,尽管欧洲人权法院一直强调证据采纳问题主要由国内法调整,但与早期将其完全委诸国内法院审查不同,在近期的判例中欧洲人权法院完全可以通过审查包括证据取得方式在内的诉讼整体是否公正介入国内法院采纳证据的过程。

第二,在保障价值问题上,从真实发现到公正审判。尽管在早期判例中,欧洲人权委员会和欧洲人权法院经常在裁决中把控辩平等列为对质权保障的价值,但

---

〔1〕 See S. Trechsel and S. Summers, *Human Rights in Criminal Proceedings*, New York, Oxford University Press, 2006, p. 84.

〔2〕 ECHR, *Delta v. France*, No. 11444/85, 19/12/1990.

裁决的结果通常是赋予国内法院决定是否传唤证人的自由裁量权,而裁决的标准则是“是否有助于发现真实”。因此,早期的判例其实是将真实发现作为对质权保障的价值。但在真实发现问题上,国内法院拥有比欧洲人权委员会和欧洲人权法院有利得多的条件。因此,以真实发现为对质权保障的价值,注定了欧洲人权法院在保障对质权问题上难有作为。这种状况直到“安特派庭格诉奥地利案”才彻底改变。正是在该案中,欧洲人权法院鉴于对对质权的保障是公正审判的一个具体方面,将对质权与公正审判权结合起来考察。此后,在欧洲人权法院的判例中,对对质权的保障都是从公正审判角度进行审查。以“萨伊迪诉法国案”为例,法国政府辩称,本案中卷宗是完备的,这使对质对真实发现而言几乎起不到什么作用。因为在警察调查阶段和预审阶段收集的书面证言准确、前后一致、互相印证,有根据认为实体真实已被发现。但欧洲人权法院抛开了真实发现问题,认为书面证言本身构成有罪判决的唯一基础,而被告人及其律师在诉讼的任何阶段都没有机会询问证人。不能对质使被告人的公正审判权被侵犯。[1] 因此,欧洲人权法院置法国政府从真实发现角度进行的论证于不顾,专注于审查侵犯对质权是否同时侵犯了被告人的公正审判权。可以说,欧洲人权法院将对质权的保障置于公正审判权的视野中,赋予对质权保障一种新的视角和方法。

综上所述,欧洲人权法院对质权判例的发展过程,就是深植于《公约》第 6 条的对抗制内核的缓慢展开过程。在早期的判例中,《公约》第 6 条的对抗制内核并未被认真对待,随着欧洲人权法院权威的逐渐确立,这一对抗制内核渐渐展开,并持续发力。

第四节 言词原则发展历程评价

上文分析表明,言词原则系法国对英国刑事诉讼借鉴后所确立的审判原则,其后“风靡”欧洲,成为大陆法系国家普遍遵循的审判原则。但言词原则存在先

---

〔1〕 ECHR, *Saïdi v. Franc*, No. 14647/89, 20/09/1993.

天的不足，这种不足制约着言词原则的适用。而经由欧洲人权法院有关判例，言词原则保障的价值有了增加。

一、言词原则的适用

审前阶段的书面特征制约着审判程序中言词原则的适用。

法国1808年《重罪法典》将刑事诉讼程序分为审前程序和审判程序两个诉讼阶段，审前程序采书面、秘密原则；审判程序采言词、公开原则。这一程序设计固然有效地增强了在审前程序打击犯罪的能力，但也形成审判程序过度依赖审前程序的后遗症。一方面，作为中立的司法官，预审法官在审前程序中同样可以听取证人证言，并据此制作书面证言。而一旦证人当庭证言与审前书面证言不同，审前程序制作的书面证言就可以获得证据能力，共同作为陪审团自由心证的对象。另一方面，包括被告人审前供述在内的其他书面材料，甚至不需经过上述程序，就可以直接进入法庭。因此，审前阶段获得的书面材料进入法庭的路径宽广。考虑到证据材料主要是在审前阶段收集的，审判阶段能够获得的“原创性”的证据少之又少，审前阶段对审判结果自然会发挥决定性作用。因此，在法典通过后很长一段时间内，尽管审判阶段确立了言词原则，但真正决定审判结果的反而是审前阶段取得的书面材料。

法国的司法实践引起了德国学者的注意。费尔巴哈认为，尽管法国表面上采纳了言词原则，但审判过度依赖审前阶段获得的书面材料。但与法国类似，德国在制定《刑事诉讼法典》时，改革的中心也是审判程序。当然，为限制审前阶段之影响，1877年德国《刑事诉讼法典》第188条规定：侦查的范围以作出将案件移送审判或停止追诉的决定为限。并且，任何在审判阶段无法调查的证据及确保被告人辩护所必需的证据应当予以调查。但立法者的目的并未达到，德国司法实践中审前程序对审判结果仍具有实质影响。有学者认为，造成审前程序继续发挥决定性作用的因素有两个。一是预审法官过度调查，二是审判程序很大程度上依赖审前阶段获得的书面证据材料。[1]

---

〔1〕 See S. Summers, *Fair Trials: The European Criminal Procedural Tradition and the European Court of Human Rights*, Portland, Hart Publishing, 2007, p. 28.

总之，在19世纪，当时制定刑事诉讼法典关注的中心是实现言词和对抗的审判，但对审前程序的言词性则关注不够。当时认为，只要保证预审法官的中立性及审判程序中再次审查该材料就足以“监督”审前阶段。当时每个国家都允许审前阶段收集的书面证据材料进入审判阶段，尽管允许的范围因国而异。这意味着，在审前程序中收集和评价证据的工作已经开始，但与审判阶段不同，审前阶段提供的程序保障少之又少。因为审前阶段具有书面、秘密特征，被告人的参与几乎可以忽略。[1] 正如一位法国学者所言，在审判阶段，“我们一下子从暗无天日转变为艳阳高照。尽管审前程序是秘密、书面的，而且经常有利于控方，但审判程序是公开、言词的，并且既允许辩论也允许辩护人的自由参与”。[2] 正如一位德国学者所言，“依据《刑事诉讼法典》，辩方被排除在侦查程序之外，而其理由却很古怪”；[3]可以说，在审判阶段为被告人所提供的包括言词原则在内的制度保障的正当性，很大程度上被审前阶段缺乏上述保障所侵蚀。

第二次世界大战后，《公约》获得通过。《公约》制定过程表明其条文深受英国影响。而彼时英国的侦查程序极不发达。这导致《公约》条文中没有任何规范侦查程序的条文。为了对审前程序中被告人的权利进行保障，欧洲人权法院不得不将第6条公正“审判”规定的权利适用于“审前”阶段。“当然，第6条的首要目的在于确保有管辖权的‘法院’在决定‘任何形式指控’时能够公正审判，但这并非意味着第6条不能适用于审前阶段。……第6条尤其是其第3款即使在案件移送法院前也可以适用，并且最初不遵守这些规定很有可能会严重损害审判的公正性。”[4]但在言词原则问题上，欧洲人权法院步伐迈得过大。尽管欧洲人权法院一直重申，原则上所有的证据都应当在被告人在场时在公开的法庭上以对抗辩论的方式提出。但其也一直认为，如果在书面证言作出的诉讼阶段或之后的诉讼阶段，被告被给予充分且恰当的机会质疑该书面证言，则采纳该书面证言本身与

---

〔1〕 See S. Summers, *Fair Trials: The European Criminal Procedural Tradition and the European Court of Human Rights*, Portland, Hart Publishing, 2007, pp. 63 – 92.

〔2〕 See A. Esmein, *A History of Continental Criminal Procedure*, trans. by J. Simpson, Boston, Little Brown & Company, 1913, p. 510.

〔3〕 See S. Summers, *Fair Trials: The European Criminal Procedural Tradition and the European Court of Human Rights*, Portland, Hart Publishing, 2007, p. 92.

〔4〕 ECHR, *Pisano v. Italy*, No. 36732/97, 24/08/2002.

《公约》规定的对质权和公正审判权并不冲突。[1] 这意味着,《公约》在审前阶段保证了被告人询问证人的权利,尽管被告人在法庭上不能询问证人,仍然不会侵犯被告人的对质权。以"N. F. B. 诉德国案"为例,欧洲人权法院认为,申诉人的律师确实未能当庭询问被害人。但正如地区法院在1995年7月6日的判决中所言,该律师在1989年2月25日侦查法官询问被害人时提出了大量问题,询问持续了几个小时。可以认为申诉人的对质权通过这种方式得到保障。[2] 考虑到与审判阶段相比,审前阶段询问证人存在难以保障律师在场权、主持询问的司法官中立性存疑、主持询问法官并非审判法官等问题,欧洲人权法院的做法受到了批评。[3]

二、言词原则的保障价值

言词原则的保障价值从单纯保障真实发现到同时保障真实发现和公正审判。

法国1808年《重罪法典》同时确立了言词原则和自由心证原则。最初这两个原则都为法官的真实发现活动服务。正如沈家本在《奏〈刑事诉讼律草案〉告成装册成览》的奏折中认为:"摘发真实,其主义有三。一为自由心证。……一为直接审理。……一为言辞辩论。"[4] 日本学者冈田朝太郎在京师法律学堂讲解的《刑事诉讼法》中,也认为真实发现主义直接产生下列重要原则,一是自由心证主义,二是直接审理及口头辩论主义。[5]

但第二次世界大战后,言词原则保障的价值不再限于真实发现。而促成这种转变的关键在于欧洲人权法院。众所周知,对欧洲委员会的47个成员国具有约束力并对生活在上述国家中的8.2亿公民提供保障的《公约》被认为是"世界上最成功的人权条约"。其成功很大程度上缘于基于公约设立的欧洲人权法院通过判例对公约实施状况的监督。由于刑事诉讼法与人权法高度相关,欧洲人权法院

---

〔1〕 ECHR, *Lucà v. Italy*, No. 33354/96, 27/02/2001.

〔2〕 ECHR, *N. F. B. v. Germany*, No. 37225/97, 18/10/2001.

〔3〕 See S. Summers, *Fair Trials: The European Criminal Procedural Tradition and the European Court of Human Rights*, Portland, Hart Publishing, 2007, pp. 150 – 155.

〔4〕 邵羲:《1911年刑事诉讼律释义》,吴宏耀、种松志点校,中国政法大学出版社2012年版,第470页。

〔5〕 [日]冈田朝太郎:《刑事诉讼法》,汪庚年整理,吴宏耀点校,中国政法大学出版社2012年版,第12~16页。

已经成为欧洲刑事诉讼人权法领域最重要的权威。[1] 从1963年有关对质权的第一个判例算起,欧洲人权法院发展出处理对质权问题的复杂判例体系,这些判例不仅影响着《公约》各成员国及其居民,也在世界范围内发挥与日俱增的影响。而欧洲人权法院在处理对质权问题时,往往将其与公正审判权结合起来考察。此即双层分析模式。

所谓双层分析模式,是欧洲人权法院在处理公正使用证据问题时的分析路径。经由第一层分析,欧洲人权法院确定被告人受《公约》保障的权利是否被侵犯。这些权利自然包括《公约》第6条第3款(d)项规定的对质权,同时也包括《公约》第3条规定的不受酷刑不人道有辱人格待遇权、第8条规定的隐私权、第6条第3款(c)项规定的律师帮助权等。如果通过第一层分析,受《公约》保障的对质权等权利被侵犯,则进入第二层分析。经由第二层分析,欧洲人权法院确定,使用侵犯第一层分析中的权利获得的证据,是否会侵犯被告人受《公约》第6条第1款保障的公正审判权。在进行第二层分析时,欧洲人权法院采取总体平衡检测标准,即只要作为一个整体的诉讼程序是公正的,则允许对第一层分析中的权利进行限制。由于《公约》第6条内部的复杂结构,在进行总体平衡检测时,不可能提出清晰的一成不变的规则,必须视具体案件情况,进行个别分析。并且欧洲人权法院在分析案件时,考虑的权衡因素也不一定,可能在某些案件中考虑这些因素,在另外案件中考虑那些因素。总体而言,侵犯第一层权利对公正审判造成的威胁越大,考虑的权衡因素越多。换言之,使程序达到总体平衡需要补偿的因素越多。[2]

经由双层分析模式,对质权的保障应当纳入公正审判权的视野中予以考虑;经由双层分析模式,对质权所体现的言词原则同时保障公正审判这一价值。

最能体现这种转变的国家是意大利。1999年意大利议会主导的"正当程序改革",修改了宪法,在宪法中确立了"形成证据的对抗辩论原则"。此后,意大利

---

[1] See F. P. Ölçer, "The European Court of Human Rights the Fair Trial Analysis under Article 6 of the European Convention", in S. C. Thaman ed., *Exclusionary Rules in Comparative Law*, Berlin, Springer, 2013, p. 371.

[2] See F. P. Ölçer, "The European Court of Human Rights the Fair Trial Analysis under Article 6 of the European Convention", in S. C. Thaman ed., *Exclusionary Rules in Comparative Law*, Berlin, Springer, 2013, pp. 371 – 377.

议会着手修改刑事诉讼法典,使之与修改后的宪法相符合。据此,刑事诉讼的当事人应当有机会在审判中举示其所获得的证据材料,经当事人以对抗辩论的方式审查后,成为定案依据,并作为法官裁决的基础。由此可见,新宪法将对抗辩论原则作为一种真实发现机制。作为真实发现机制的对抗辩论,其功能主要体现在其否定性作用中,即作为一般性的证据排除规则,使审前阶段单方面获得的证据材料丧失证据能力。同时,意大利《宪法》第 111 条第 3 款的规定:被告人有权询问或让人询问作出对被告人不利陈述的人。意大利《宪法》第 111 条第 4 款规定:被告人不能因某个出于自由意愿逃避被告人及其辩护人询问的人所作的书面证言而被判有罪。上述两个宪法条款分别从被告人、陈述人角度保障被告人的对质权。其保障方式是陈述人逃避对抗辩论,会导致其在审前阶段所作的书面证言被禁止使用。可见,意大利《宪法》既将言词原则视为一种真实发现机制,也将言词原则视为一种保障审判公正的机制,赋予了言词原则同时保障真实发现和公正审判两种价值的功能。

第二章　言词原则的基本内容

第一节　言词原则的内涵

一、言词原则的概念

言词原则是大陆法系国家刑事诉讼法典中普遍确立的一项庭审原则。

法国《刑事诉讼法典》在重罪法院和轻罪法院的一审普通审判程序中规定了言词原则。法国《刑事诉讼法典》第427条第2款规定:法官只能依据庭审中在其面前以对抗辩论方式向其提出的证据作出裁决。依据第331条、第452条,证人口头作证。依据上述原则,在审判时,各方当事人处于平等地位,可以对提交法庭审理的所有材料进行辩论。法庭作出裁决前,各方当事人都有机会提出自己的看法。各方当事人都享有向证人提出问题的权利,每一方当事人都可以请求他认为适当的证据调查,任何一方当事人都可以提出抗辩、附带问题。[1] 法官只能以提交法庭辩论且经各方当事人自由争论过的材料作为自由心证的依据,而不得以只有其个人了解的事实作为依据,也不得以没有向对方当事人通知、传达的文件作为裁判依据。[2]

---

〔1〕 参见[法]布洛克:《法国刑事诉讼法》,罗结珍译,中国政法大学出版社2009年版,第487页。

〔2〕 参见[法]布洛克:《法国刑事诉讼法》,罗结珍译,中国政法大学出版社2009年版,第503页。

德国《刑事诉讼法典》在第一审普通审判程序中适用言词原则。尽管德国《刑事诉讼法典》并未明确规定言词原则,但德国《刑事诉讼法典》第261条规定:法庭应当依据庭审中获得的所有证据产生的内心确信作出裁决。根据这一原则,法庭作出裁判时只能使用庭审中在法庭面前口头提出和讨论的证据。[1] 换言之,判决只能建立在庭审中经过言词辩论的证据的基础之上。[2] 为此,提交法庭的书面证据应当当庭宣读。只有在书面文件十分冗长时,才允许法官在庭外私下阅读,但必须保证各方当事人都有机会阅读该文件。[3]

在德国,言词原则的概念包含三方面内容。[4] 第一,证据调查应在法庭面前以言词方式进行。以言词方式进行,并不局限于以声带发声为媒介进行的信息交流,以手势、哑语、当庭笔谈、当庭翻译方式,甚至用眼神、表情、姿势当庭交流均可。因此,言词方式的关键在于能够当庭询问以交流信息,即法官与其他诉讼参与人之间能够当庭进行追问和补充发言。第二,当事人有权当庭参与证据调查。当事人有权出庭。出庭的当事人有权知晓对方当事人的请求及证据,有机会进行辩护,有机会对对方当事人的观点予以反驳。第三,只有经当庭言词辩论的证据才能作为裁决依据。未经当庭言词辩论的证据被认为不具有证据能力,因此不得作为裁决依据。言词原则禁止法院将判决建立在未经法庭言词辩论的卷宗基础上。另外,当庭言词辩论由法官指挥,因此,刑事裁判只能由指挥证据调查的法官作出,不能由其他主体作出。

意大利《宪法》第111条规定了两种对抗辩论原则。

意大利《宪法》第111条第2款规定:每个诉讼程序都应当在中立无私的法官面前,以当事人地位平等、对抗辩论方式进行。此处的"对抗辩论"被称为基于证据的对抗辩论原则,指对于一方当事人向法官所提出的任何请求,受该请求影响的另一方当事人都应当知晓这一请求及其依据,并且有机会提出对自己有利的辩

---

[1] M. Bohlander, *Principles of German Criminal Procedure*, Portland, Hart Publishing, 2012, p. 28.

[2] 参见[德]托马斯·魏根特:《德国刑事诉讼程序》,岳礼玲、温小洁译,中国政法大学出版社2004年版,第137页。

[3] M. Bohlander, *Principles of German Criminal Procedure*, Portland, Hart Publishing, 2012, p. 29.

[4] 李文伟:《论德国刑事诉讼中直接言词原则的理论范畴》,载《山东社会科学》2013年第2期。

护和反驳。[1] 基于证据的对抗辩论原则具有三个特点：第一，适用程序广泛。《宪法》规定“每个诉讼程序”都应当适用基于证据的对抗辩论。因此，包括刑事诉讼、民事诉讼、行政诉讼在内的所有类型的诉讼都适用该原则。不仅刑事诉讼的正式审判程序要适用该原则，即使是具有附带性质的程序也要适用该原则。第二，功能在于保障程序参与权。其核心内涵在于，受审判结果影响的当事人应当有机会充分且有效地参与到裁决的制作过程中来，在裁决的制作过程中在场、知晓对方当事人的请求、有机会进行辩护、有机会对对方的观点进行反驳。第三，不涉及证据能力问题。基于证据的对抗辩论原则更多关注当事人是否参与到刑事程序中，至于当事人参与时依据何种材料则在所不问。证据材料，无论是言词的还是书面的、无论是直接的还是间接的，都可能拿到庭审中作为对抗辩论的依据。

意大利《宪法》第 111 条第 4 款规定：刑事诉讼遵循形成证据的对抗辩论原则。此即形成证据的对抗辩论原则，即刑事诉讼的当事人应当有机会在庭审中举示其所获得的证据材料，经当事人以对抗辩论方式审查后，成为证据结果，并作为法官裁决的基础。“证据材料”这一概念，出现在意大利《刑事诉讼法典》第 65 条第 1 款，是指从证据来源处取得的尚未被法官审查的“粗糙的”信息。证据材料系侦查阶段获得，还不是证据，只有在审判阶段经法官审查后才有可能成为证据。“证据结果”这一概念，出现在意大利《刑事诉讼法典》第 192 条第 1 款，是指经法官审查其可信性、可靠性后对案件裁决有用的证据材料。因此，警察在侦查阶段获得的只能是证据材料，只有法官审查后作为裁决依据的才能称为证据结果。所谓“形成证据”，是指审前阶段所获得的证据材料只有经过对抗辩论过程才能转变为证据结果，成为法官裁决的依据。形成证据的对抗辩论原则有三个特点：第一，只适用于刑事诉讼一审普通程序。即使刑事诉讼中，某些程序也不适用对抗辩论原则，如强制措施的决定程序、依当事人请求适用刑罚程序、某些上诉审判程序。对抗辩论原则主要适用于普通刑事审判的一审程序，但这并不妨碍其对整个刑事诉讼程序都具有约束力。第二，针对言词证据。并非所有类型的证据都要通过对抗辩论才能获得证据能力，只有言词证据这种可以通过辩论“产生”的证据

[1] See M. Scaparone, *Procedura Penale Volume* 1, Milano, G. Giappichelli, 2008, p. 85.

才适用形成证据的对抗辩论原则。对于实物证据,只能“基于”这些证据进行对抗辩论。第三,涉及证据能力问题。形成证据的对抗辩论原则有效切断了审前阶段和审判阶段的直接联系。由于形成证据的对抗辩论原则,侦查阶段获得的证据材料,除非符合法律明确规定的例外,不能再径行进入审判阶段获得证据能力。正如意大利宪法法院所言:“在《宪法》第 111 条第 4 款中,立宪者正式将对抗辩论原则作为庭审中真实发现的方法。这是一条一般性的证据排除规则,基于本规则,除了第 5 款所规定的三种例外情形,侦查阶段单方面取得的任何书面证言都不能被用作证明案件事实的证据。”[1] 意大利《刑事诉讼法典》第 526 条第 1 款是这一宪法原则的具体体现,该款规定:“法官不能使用庭审中合法调查的证据之外的证据作为裁决依据。”

综上所述,法国、德国、意大利都在刑事诉讼中确立了言词原则,但既有共同点也有差异。

相同之处有以下四点:

第一,言词原则适用于刑事诉讼的一审普通程序。根据法国《刑事诉讼法典》,言词原则及与之相关的法条被规定于重罪法院、轻罪法院一审的法庭审理程序之中。根据德国《刑事诉讼法典》,与言词原则相关的法条被规定于第一审程序的审判程序之中。根据意大利《刑事诉讼法典》,言词原则及与之相关的法条被规定于第一审普通程序的法庭审理程序之中。这意味着,审前阶段不适用言词原则。在一审程序中,如果是简易程序、认罪协商程序等特别程序,也不适用言词原则。上诉审程序及再审程序等救济程序也并不必然适用言词原则。

第二,言词原则作用的时空范围为“庭审中”,即法庭审理时在法庭面前。即使是一审普通程序中,言词原则也不是一直适用,审前准备程序就不适用言词原则。言词原则只在法庭调查和法庭辩论中适用。并且,言词原则只适用于诉讼参与人在法庭调查和法庭辩论中在庭上的行为。如果是诉讼参与人在法庭外的行为,则不适用言词原则。至于何为“庭审中”,各国解释不尽相同。根据法国《刑事诉讼法典》,言词原则适用的时空范围为重罪法院、轻罪法院一审审理程序的提

〔1〕 Corte Cost. ,n. 293/2002.

出证据与辩论阶段。根据德国《刑事诉讼法典》,言词原则适用的时空范围为法院第一审程序的证据调查和辩论过程中。根据意大利《刑事诉讼法典》,言词原则适用的时空范围为第一审普通程序的法庭调查和终局辩论阶段。

第三,言词原则约束的主体是法官。言词原则限制了能够成为法官自由心证对象的证据的范围,从而约束法官的心证过程。如法国《刑事诉讼法典》第427条第2款规定:法官只能依据庭审中在其面前以对抗辩论方式向其提出的证据作出裁决。即只有经过对抗辩论的证据才能成为法官裁决的依据,未经对抗辩论的证据不能成为法官裁决依据。德国《刑事诉讼法典》第261条规定:法庭应当依据庭审中获得的所有证据形成的内心确信作出裁决。即法官只有依据经由言词方式获得的证据形成内心确信。意大利《刑事诉讼法典》第526条第1款规定:法官不能使用庭审中合法调查的证据之外的证据作为裁决依据。即凡是未经言词方式调查的证据都不能成为法官的裁决依据。当然,上述规定也暗示,裁决只能由指挥言词辩论的法官作出,只有经历了言词辩论的法官才是作出裁决的合法主体。

第四,言词原则适用的核心对象是言词证据。[1] 从言词原则的发展历程中可以看出,言词原则解决的核心问题是言词证据的提交方式问题,即言词证据原则上应当以口头方式提交还是以书面方式提交。从各国法典中关于言词原则的规定可以看出,对言词原则贯彻情况而言,至关重要的是哪些言词证据应当当庭口头提交,哪些言词证据可以当庭以书面方式提交。正如意大利形成证据的对抗辩论原则所示,只有言词证据这种可以通过辩论"产生"的证据才适用形成证据的对抗辩论原则。对于实物证据,只能"基于"这些证据进行对抗辩论。

不同之处有以下两点。

第一,各国通过言词原则保障的重心不同。法国侧重于保障法庭辩论过程的言词性,德国、意大利侧重于保障法庭证据调查过程的言词性。法国要求刑事法庭要严格执行法庭辩论的言词原则。[2] 这种言词辩论采取对抗辩论方式进行,要求各方当事人都可以对提交法庭审理的所有材料进行辩论。[3] 换言之,言词

---

〔1〕 有鉴于此,本文对言词原则及其贯彻情况的分析主要围绕言词证据进行。

〔2〕 参见[法]布洛克:《法国刑事诉讼法》,罗结珍译,中国政法大学出版社2009年版,第486页。

〔3〕 参见[法]布洛克:《法国刑事诉讼法》,罗结珍译,中国政法大学出版社2009年版,第487页。

辩论“基于”向法庭提交的所有证据材料进行,而非“通过”言词辩论这些证据材料才能获得证据能力。因此,在法国审判长可以根据《刑事诉讼法典》第310条规定的自由裁量权,命令宣读未出庭证人的书面证言,即使任何一方当事人都未提出该请求时,仍可依职权作出上诉决定。[1] 这些书面证言,只要在法庭上经过当事人的对抗辩论,就可作为裁决依据。可以说,法国确立言词原则重在保障各方当事人以言词方式基于证据进行辩论,但对该证据是否必须经过言词辩论才能获得证据能力则在所不问。换言之,这是一种“基于证据的言词辩论”,主要保障各方当事人的程序参与权,使当事人能够出庭、对证据知情,可以提出辩护和反驳。德国和意大利则不同。如上文所述,在德国,言词原则要求证据调查应在法庭面前以言词方式进行,当事人有权当庭参与证据调查,只有经当庭言词辩论的证据才能作为裁决依据。所以,在德国不仅证据调查以言词方式进行,当事人有权参与其中,而且当事人还有权参与基于该证据进行的言词辩论。在意大利,与言词原则相关的条文全部被置于意大利《刑事诉讼法典》中的“证据调查”一节。根据意大利《宪法》,只有经过当事人间的对抗辩论,审前阶段收集的不具有证据能力的证据材料才能转化为具有证据能力的证据结果,成为法官裁决依据。意大利《刑事诉讼法典》要求,只有“合法调查的证据”,才能成为法官裁决依据。而“合法调查”就以当事人对抗辩论为前提。意大利《宪法》同时保障当事人能够参与就证据进行的法庭辩论,即基于证据的对抗辩论。所以,德国和意大利所确立的言词原则同时保障当事人参与证据调查过程及法庭辩论过程。从前文对意大利的论述可以看出,保障当事人参与证据调查过程对贯彻言词原则而言更为根本,因此更为重要。

第二,程序性制裁方式不同。不遵守言词原则会面临何种程序性制裁呢?在法国,未遵守言词原则可能面临程序无效;在德国和意大利,则主要通过剥夺未经言词辩论证据的证据能力予以制裁。在法国,所谓程序无效,是指“依法律明文规定或法律虽未作规定但某一行为已严重损及公共秩序或当事人利益的,法官经当

---

[1] 参见[法]布洛克:《法国刑事诉讼法》,罗结珍译,中国政法大学出版社2009年版,第498页。法国重视言词原则对言词辩论的保障,不重视对证据调查的保障的另一个后果是简单信息在司法实践中大行其道。参见本书第三章第一节内容。

事人之请求或在损及公共秩序情况下可主动裁定该程序及之后的程序无效”。[1] 据此,对于未遵守法律有关言词原则之规定,当事人可以申请认定该诉讼行为无效,特定情形下法官也可依职权宣布某些诉讼行为无效。德国和意大利则不同。在德国,言词原则与直接原则都属于严格证明需遵循的规定。违反言词原则会导致违反严格证明程序。而证据材料,必须未被禁止使用,并且又经严格证明程序调查后,才能取得证据能力,并成为裁决依据。[2] 因此,违反言词原则会导致证据材料不具有证据能力。在意大利1988年《刑事诉讼法典》第191条特别引入证据使用禁止制度以贯彻新法典确立的对抗辩论原则。意大利1988年《刑事诉讼法典》第191条规定:(1)违反法律的禁止性规定取得的证据不能被使用。(2)证据使用禁止可以在程序的任何阶段和审级中依职权提出。依据这一规定,审前获得的证据材料,除极少数的例外,一般不能在庭审中作为证据使用,只有经过庭审时当事人的对抗辩论,才能获得证据能力。未经过当事人对抗辩论的证据材料,不具有证据能力,不能成为法官裁决依据。[3]

大陆法系国家在此问题上的不同做法也影响了中国学者对言词原则概念的界定。一些学者认为,言词原则既适用于庭审中诉讼参与人从事的各种诉讼行为,也适用于证据调查行为。[4] 但另一些学者认为,言词原则只适用于庭审中的证据调查行为。[5]

可见,学者对言词原则适用于庭审中的证据调查行为不存在争议,但对其是否还适用于庭审中诉讼参与人的其他诉讼行为存在争议。将言词原则适用局限于庭审中的证据调查行为,未经言词辩论的证据不得作为定案依据,这是将剥夺证据的证据能力作为程序性制裁。将言词原则适用于庭审中的诉讼行为,未经言词辩论的诉讼行为无效,这是运用诉讼行为无效制度作为程序性制裁。如上文所

---

〔1〕 施鹏鹏:《法国刑事程序无效理论研究——兼谈中国如何建立“刚性”的程序》,载《中国法学》2010年第3期。

〔2〕 林钰雄:《严格证明与刑事证据》,法律出版社2008年版,第15~20页。

〔3〕 正如有些学者所言,在这个意义上,对抗辩论原则转化成为一种程序性制裁机制。而证据使用禁止成为一种过滤装置,以决定哪些证据材料能够成为庭审的裁决基础。See P. Tonini, *Manuale di procedura penale*, Milano, Giuffrè Editore, 2010, p. 207.

〔4〕 参见陈瑞华:《刑事审判原理论》,北京大学出版社1997年版,第183页。

〔5〕 参见龙宗智:《论书面证言及其运用》,载《中国法学》2008年第4期。

述,从诉讼行为视角与从证据能力视角规范言词原则适用范围的模式目前并存于大陆法系国家。因此,在界定言词原则概念时这两种模式都应当考虑。

综上所述,言词原则又称口头原则,是指刑事案件的一审普通程序中,法官只能依据庭审中以言词方式调查或辩论的证据作出裁决。以言词方式指诉讼参与人在庭审中以口头方式进行陈述、询问、辩护、反驳等交流信息行为。

各国关于言词原则的共同规定成为言词原则的底色,确定了言词原则的"性质";各国关于言词原则的不同规定导致对言词原则保障"程度"的差异。

具体而言,自法国大革命后,言词原则代替书面原则成为真实发现的一大原则,其默认的前提即为言词方式较之于书面方式能更好地发现真实。因此,刑事案件的审判应当以言词为原则,书面为例外。同时,各国都将言词原则置于刑事案件的一审普通程序的庭审中,则表明各国都认为刑事诉讼的真实发现,应当以一审普通程序为中心,应当以一审普通程序中的庭审程序为中心,应当以指挥该庭审活动的法官的自由心证为中心。而不应当以审前程序或上诉审为中心、不应当以庭前准备程序或庭下活动为中心、不应当以法官外的主体的心证活动为中心。这既是言词原则的题中应有之义,也为各国法典所确认。

各国对言词原则保障的侧重点不同,则导致对言词原则保障程度不同。总体而言,法国侧重于保障庭审时对证据进行言词辩论。意大利、德国既保障此点,又保障庭审时以言词方式调查证据。借用意大利的说法,证据材料只有经过对抗辩论才能转化为证据。因此,法国重在保障当事人以出庭权、知情权、辩护权、反驳权为代表的程序参与权,而德国、意大利则重在保障当事人在证据材料获得证据能力过程中的证据参与权。德国、意大利对言词原则的保障力度明显高于法国。

二、言词原则与相关概念

(一)言词原则与直接原则

言词原则经常与直接原则相提并论。直接原则最早规定于1877年德国《刑事诉讼法典》。德国在法典中确立直接原则的最主要原因是为弥补法国言词原则的不足。当时的德国学者认为,法国在确立言词原则之后,审前书面证言仍大行其道,归根结底在于没有明确法官与证据之间的“直接性”。[1] 根据该法典，原则上对证人的当庭询问不能被宣读审前阶段的书面证言所代替，审判须在审判者不间断在场情况下进行。[2] 上述规定直到现在仍被遵循。根据德国《刑事诉讼法典》第226条的规定，庭审应在裁决者、检察官、书记员不间断在场情形下进行。德国《刑事诉讼法典》第250条第2款规定：禁止用宣读先前证言笔录或书面证言代替对该人之询问。

直接审理原则的内涵可以从形式直接原则与实质直接原则两个角度阐释。

所谓形式直接原则，是指法官应亲自参与审理程序，只能依据自身对待证事实的直接印象形成心证，即作出裁决的法官必须是直接审理案件的法官。[3] 德国《刑事诉讼法典》第226条就是这一原则的体现。形式直接原则要求进行证据调查的法官、进行自由心证的法官、作出裁决的法官应当是同一人。如果审理案件的法官因死亡、疾病或其他不可克服的因素无法继续审理时，不能由其他法官代其接着审理，而应当重新启动调查程序。因此，形式直接原则被有的学者称为“禁止接力赛”原则。[4]

所谓实质直接原则，是指在包含同一待证事实信息的多种证据载体中，应选择最接近待证事实的证据载体作为心证对象。[5] 德国《刑事诉讼法典》第250条第2款就是这一原则的体现。实质直接原则要求用最接近待证事实的证据证明待证事实，法官应尽可能使用原始证据、第一手证据。能够提供第一手信息的证据才是直接的证据，反之由该证据派生出来的证据则是间接的证据，是“证据的替代品”。因此，实质直接原则被有的学者称为“禁止证据替代品”原则。[6]

言词原则与直接原则的要求存在重合之处。首先，言词原则与直接原则都要求审理主体和判决主体同一。形式直接原则要求法官只能依据自身对待证事实的直接印象形成心证，即作出裁决的法官必须是直接审理案件的法官。而言词原则也要求，裁决只能由指挥言词辩论的法官作出，只有经历了言词辩论的法官才

---

〔1〕 参见本书第一章第三节内容。

〔2〕 See S. Summers, *Fair Trials: The European Criminal Procedural Tradition and the European Court of Human Rights*, Portland, Hart Publishing, 2007, p. 53.

〔3〕 参见李文伟：《论德国刑事诉讼中直接言词原则的理论范畴》，载《山东社会科学》2013年第2期。

〔4〕 参见林钰雄：《严格证明与刑事证据》，法律出版社2008年版，第43页。

〔5〕 参见李文伟：《论德国刑事诉讼中直接言词原则的理论范畴》，载《山东社会科学》2013年第2期。

〔6〕 参见林钰雄：《严格证明与刑事证据》，法律出版社2008年版，第43页。

是作出裁决的合法主体。其次,言词原则与直接原则都禁止以宣读先前书面证言代替当庭询问证人。就言词原则角度而言,证据调查应当以言词方式进行。对于证人证言,只有证人出庭作证才能以言词方式对其进行调查。在宣读书面证言时,由于无法与作为诉讼参与人的证人以口头方式交流信息,因此有违言词原则。就实质直接原则角度而言,与证人书面证言相比,证人当庭证言与待证事实的关系更近。宣读书面证言有违实质直接原则。

尽管如此,言词原则与直接原则也存在不同之处。首先,言词原则强调的是与书面相对的证据的提供形式,直接原则强调的是法官的亲历性和证据的原始性。[1] 言词原则要求,诉讼参与人应当以口头方式表达想法、交流思想,其规范的重点在于信息交流的方式。而直接原则要求,应当让最接近待证事实的法官使用最接近待证事实的证据载体形成心证,其规范的重点在于为更好地证明待证事实所进行的信息的取舍及有权取舍信息的主体。其次,言词原则目的在于保障诉讼参与人有效参与庭审,直接原则目的在于实现最好的证明。言词原则可以保障诉讼参与人以口头方式质疑不利于他的证据并提出有利于他的证据。而直接原则可以保障作为心证对象的证据和作为心证主体的法官最接近待证事实,从而实现最好的证明。

(二)言词原则与传闻规则

如前文所述,法国引入言词原则之时,英国的传闻规则正在形成。[2] 此后传闻规则逐步成形。对传闻规则所做的经典定义是,当庭口头作证者之外的人所作陈述不能用作证明案件事实的证据。[3]

传闻规则实际上包含四个不同的组成部分:证人当庭口头证言不能被证人所作书面证言及证人陈述的录音录像所代替;当庭作证的证人不能向法庭陈述其从别人那里听来的事实;反对自我印证规则,即证人当庭作证的内容不能被其先前证言所补充或证实;不能用书面证言证明争议事实。[4] 传闻规则的依据有两个:其一,传闻证据可能是不可靠的。当证人说他从别人那里听来的事实时,证人有

---

[1] 宋英辉、李哲:《直接、言词原则与传闻规则之比较》,载《比较法研究》2003 年第 5 期。

[2] 参见本书第一章第二节。

[3] 可参见英国《1995 年民事证据法》第 1 条第 2 款及美国《联邦证据规则》第 801 条对传闻证据的定义。

[4] See J. R. Spencer, *Hearsay Evidence in Criminal Proceedings*, Portland, Hart Publishing, 2008, p. 5.

可能是在编造事实。与评价在被告人面前作证且经受交叉询问的证人所作陈述的证明力相比，如何评价传闻证据的证明力是件难事，很难保证陪审团不赋予传闻证据过高的证明力。[1] 其二，传闻证据不能保障被告人交叉询问的权利，使用这种证据对被告人是不公正的。传闻规则保证了未经宣誓和交叉询问的证据被排除在陪审团视野之外，确保被告人有机会询问不利于他的证人，也确保了审判的言词性。[2]

但过于严苛的传闻规则有时也不适当地阻碍了真实发现。如尽管先前书面证言明显比当庭证言可靠，该书面证言也要依据传闻规则被排除。有时，适用传闻规则导致明显有罪的被告人被无罪释放。[3] 英国《1968 年民事证据法》施行后，民事诉讼中的传闻规则被废除。在刑事诉讼中，《2003 年刑事审判法》尽管没有正式废除传闻规则，但却大大扩展了传闻规则的例外。[4]

上文描述表明，英国的刑事审判具有言词性。有英国学者认为，英国刑事审判中也确立了言词原则。[5] 因此，传闻规则可以被视为言词原则的“第二个自我”。[6]

但在传闻证据问题上，确立言词原则的大陆法系国家态度差异较大。与英国类似，在意大利，根据《刑事诉讼法典》第 500 条，原则上传闻证人的证言仅能用于证明直接感知案件事实的证人的可信性与可靠性。而在德国，传闻证人可以出庭作证。传闻陈述不面临证据能力问题，只面临证明力问题。经常在法庭上作出传闻陈述者是警察，其被要求就被告人或其他人在审前阶段陈述内容出庭作证。[7] 法国并不存在传闻证据规则，与犯罪事实有关的间接陈述在必要时都可以作为证据。[8]

言词原则与传闻规则有何关系？宋英辉教授认为，直接、言词原则与传闻规

---

[1] R. v. Horncastle[2009]UKSC 14.

[2] See J. R. Spencer, *Hearsay Evidence in Criminal Proceedings*, Portland, Hart Publishing, 2008, p. 6.

[3] R. v. Horncastle[2009]UKSC 14.

[4] See J. R. Spencer, *Hearsay Evidence in Criminal Proceedings*, Portland, Hart Publishing, 2008, p. 1.

[5] See P. Roberts and A. Zuckerman, *Criminal Evidence*, New York, Oxford University Press, 2010, p. 291.

[6] See P. Roberts and A. Zuckerman, *Criminal Evidence*, New York, Oxford University Press, 2010, p. 292.

[7] See M. Bohlander, *Principles of German Criminal Procedure*, Portland, Hart Publishing, 2012, pp. 145 – 146.

[8] R. Volgler and B. Huber, eds., *Criminal Procedure in Europe*, Berlin, Duncker & Humblot, 2008, p. 244.

则在发挥作用的诉讼模式、内涵及适用范围、发挥作用方式、规范的关系、侧重点、对证据能力的影响等方面存在差异,但二者具有共同的理念基础。[1] 何邦武教授认为,直接言词原则和传闻规则制度设计的出发点不同、是否涉及被告人对质询问权不同、发挥作用的方式不同。但现代法治国家庭审中都贯彻着直接言词原则精神,传闻规则可以被理解为由直接言词原则派生出来的规则。保障被告人与不利于他的证人对质,是直接言词原则与传闻规则的共同要求。[2] 龙宗智教授认为,刑事诉讼中必须贯彻言词原则,但直接言词原则与传闻规则在法律模式、立法意旨与调整对象、规制内容、规制程度上有差异。[3]

综上所述,现代法治国家庭审中都贯彻言词原则。英国作为言词原则滥觞之地,其刑事审判处处体现出言词原则的精神。从这个角度来看,认为传闻规则贯彻言词原则意旨,将传闻规则视为言词原则的"第二个自我"大体是正确的。并且,言词原则与传闻规则本质上都是原则性规定,因此都存在例外。实际上,大陆法系各国都确定了言词原则的例外——书面证言宣读制度。在各大陆法系国家的《刑事诉讼法典》中,往往既规定证人、鉴定人出庭制度,也规定书面证言宣读制度。当然可以宣读的书面证言的范围则因国而异。另外,言词原则与传闻规则保障的目的和价值逐渐趋同。从历史来看,言词原则的确立与自由心证原则一起,是为法官的真实发现服务的。但随着第二次世界大战之后大陆法系国家受英美法系影响日深及欧洲人权法院日趋重要的影响力,大陆法系国家的言词原则也在保障公正审判方面发挥日益重要的作用。意大利最明显,德国、法国也在缓慢改变中。历史上,英国确立传闻规则主要是为保障公正审判。传闻规则一向扮演保障公正审判的"守门员"的角色。但英国近期的发展趋势却是为了真实发现目的扩展传闻规则例外的范围。从这个角度看,言词原则和传闻规则同时具有保障公正审判和真实发现的功能,二者保障的目的和价值日益趋同。

当然,言词原则与传闻规则也存在差异。第一,调整范围不尽相同。言词原则规范的是审判方式,传闻规则规范的是庭外证言的证据能力。言词原则不仅适

---

〔1〕 参见宋英辉、李哲:《直接、言词原则与传闻规则之比较》,载《比较法研究》2003 年第 5 期。

〔2〕 参见何邦武:《刑事传闻规则研究》,法律出版社 2009 年版,第 177 ~ 178 页。

〔3〕 龙宗智:《论书面证言及其运用》,载《中国法学》2008 年第 4 期。

用于证据,也调整诉讼参与人参与庭审的诉讼行为。因此,言词原则调整的范围更广。第二,严格程度不同。从上文可以看出,确立言词原则的大陆法系国家中很多都承认传闻证据的证据能力。当庭口头作证的证人,即使向法庭陈述其从别人那里听来的事实,也并不必然违反言词原则。但这种情形却是典型的传闻证据,依据传闻规则应当排除。因此,传闻规则更为严格。第三,对裁决作出者是否信任不同。确立言词原则的大陆法系国家往往同时确立自由心证原则。自由心证原则要求裁决作出者依据良心达到内心确立。之前的法定证据制度,为防止裁决作出者滥用权力设置了一系列规则,其出发点是对裁决作出者的不信任。但自由心证制度,完全废除了有关证明力的规则,只要求裁决作出者依据良心形成心证,其出发点是对裁决作出者的信任。传闻规则也是在对作为裁决作出者的陪审员不信任的背景下发展起来的。正如英国最高法院所言:"英国刑事诉讼是对抗式的,其核心是作为刑事诉讼司法环节的审判。普通法下公正的刑事审判有两大根基:一是赋予业余人士组成的法庭决定被告人有罪与否的权力。重罪案件中由陪审团负责,轻罪案件中由治安法官负责。二是不愿相信业余人士组成的法庭能够正确判断证据的可采性。"[1] 正因"不愿相信业余人士组成的法庭能够正确判断证据的可采性",所以包括传闻规则在内的一系列证据规则才被创设。

(三)言词原则与对质权

对质权,是指被告人有与不利于他的证人面对面对质和询问该证人的权利。[2] 对质权是一项古老的权利,可以上溯至古罗马。[3] 但现代意义的对质权则来自于英国的普通法。[4] 受此影响,美国《联邦宪法第六修正案》规定:"在所有刑事诉讼中,被告应享有下述权利:……与不利于他的证人对质。"这一规定又被称为对质权条款。尽管这一权利如此重要,长期以来却被传闻规则的光芒所掩盖。[5] 正如威格莫尔所言:"在普通法中,根本没有任何独立于交叉询问的不可

---

〔1〕 R. v. Horncastle[2009]UKSC 14.

〔2〕 See B. A. Garner ed. ,*Black's Law Dictionary*,Eagan,West Publishing,2009,p. 342.

〔3〕 ECHR,*Al-Khawaja and Tahery v. the United Kingdom*,nos. 26766/05;22228/06,20/1/2009.

〔4〕 *Crawford v. Washington*,541 U. S. 36(2004).

〔5〕 See J. Jackson et al. ,*Crime,Procedure and Evidence in a Comparative and International Context Essays in Honour of Professor Mirjan Damaška*,Portland,Hart Publishing,2008,p. 261.

缺少的被称作对质的权利。"[1]这种掩盖导致美国联邦最高法院很长一段时间内对对质权的概念都没有清晰的认识。[2] 罗伯斯案即是例证。在该案中,美国联邦最高法院认为,在证人未出庭时,通常对质权条款要求证明该证人无法寻获;即便如此,包含该人陈述内容的传闻证据只有在具备足够的"可信性情况"时才可采。[3] 在这一判例中,对质权的作用仅仅是确定传闻证据是否具备"可信性情况"。但2004年的克劳福德案标志着美国联邦最高法院在对质权问题上的转型。在该案中,美国联邦最高法院认为:"对质权条款的终极目的是确保证据具有可信性,但这种可信性与其说是实体意义上的不如说是程序意义上的。对质权条款要求的不是证据具有可信性,而是证据的可信性经过了交叉询问的检验。"[4]对质权条款适用的首要对象是证言性陈述,未出庭证人的证言性陈述不具有证据能力,除非被告人先前被提供了交叉询问的机会。[5] 克劳福德案将对质权解释为规范证人出庭的程序条款,并以此区分对质权与传闻规则。美国联邦最高法院确认,对质权条款关注的并非所有传闻陈述,而只是证言性陈述。[6] 然而,美国联邦最高法院的解释并未获得其他英美法系国家和地区的认可。[7] 在包括英国在内的其他英美法系国家和地区,对对质权的探讨往往被对传闻规则的探讨代替。[8]

对质权的影响范围不限于英美法系国家。意大利《宪法》中也有关于对质权的规定。意大利《宪法》第111条第3款规定,被告人有权询问或让人询问作出对他不利陈述的人。另外,意大利《宪法》第111条第4款规定,被告人不能因某个出于自由意愿逃避被告人及其辩护人询问的人所作的书面证言而被判有罪。上

---

〔1〕 See J. H. Wigmore, *Evidence in Trials at Common Law*, Boston, Little Brown, 1974, p. 158.

〔2〕 See J. Jackson et al., *Crime, Procedure and Evidence in a Comparative and International Context Essays in Honour of Professor Mirjan Damaška*, Portland, Hart Publishing, 2008, p. 265.

〔3〕 *Ohio v. Roberts*, 448 U. S. 56(1980).

〔4〕 *Crawford v. Washington*, 541 U. S. 36(2004).

〔5〕 *Crawford v. Washington*, 541 U. S. 36(2004).

〔6〕 See J. Jackson et al., *Crime, Procedure and Evidence in a Comparative and International Context Essays in Honour of Professor Mirjan Damaška*, Portland, Hart Publishing, 2008, p. 266.

〔7〕 See J. Jackson et al., *Crime, Procedure and Evidence in a Comparative and International Context Essays in Honour of Professor Mirjan Damaška*, Portland, Hart Publishing, 2008, p. 267.

〔8〕 ECHR, *Al-Khawaja and Tahery v. the United Kingdom*, Nos. 26766/05; 22228/06, 20/1/2009.

述两个宪法条款分别从被告人、陈述人角度保障被告人的对质权。另外,《公约》第6条第3款规定:“凡受刑事追诉者享有下列最低限度的权利……(d)询问或让人询问不利于他的证人,且在与不利于他的证人相同条件下,让有利于他的证人出庭接受询问……”这一规定对欧洲范围内保障对质权及言词原则发挥着与日俱增的影响。[1]

对质权与言词原则关系如何?熊秋红教授在比较英美法中的对质权和大陆法中的直接言词原则后,认为二者在保障被告人与不利于他的证人对质方面达到了相同或相似效果。二者之间区别有以下几点。第一,英美法将对质权作为公正审判权的组成部分规定于宪法之中,大陆法的直接言词原则核心在于保证发现真实。第二,英美法对对质权例外进行了严格限制,大陆法直接言词原则设置了大量例外。第三,二者规范的具体内容并不完全重合或对接。[2] 其部分观点值得商榷。不仅有英美法国家将对质权规定于宪法之中,大陆法的意大利也已将对质权规定于宪法之中。发展至今,大陆法的言词原则保障的价值已经不仅限于真实发现,尤其是在依据公正审判权作出判决的欧洲人权法院的地位与日俱增之后。英美法并未明确规定对质权的例外,对质权的例外规定隐藏于传闻规则的例外之中。大陆法言词原则例外数量也因国而异,不可一概而论。

综上所述,言词原则与对质权在确保不利于被告人的证人出庭方面功能相同。首先,基于言词原则,双方当事人都有权询问不利于己方的证人,这自然包括被告人一方。基于对质权,被告人可以让不利于他的证人出庭。其次,言词原则包含对质权内容。作为规范审判方式的言词原则,既是一种法院真实发现的方法,也内在地包含了诉讼参与人包括被告人询问证人的权利。正如意大利宪法法院所言,就对象层面而言,言词原则表现为一种真实发现机制,此即“通过对抗辩论方式形成证据”的规定之意义;从主体层面言,言词原则表现为询问证人的权利,包括被告人的对质权,此即“被告人有权询问或让人询问作出对他不利陈述的人”的规定之意义。[3]

---

〔1〕 参见本书第三章第四节内容。

〔2〕 熊秋红:《刑事证人作证制度之反思——以对质权为中心的分析》,载《中国政法大学学报》2009年第5期。

〔3〕 Corte Cost.,n. 440/2000.

但言词原则与对质权也存在差异。言词原则是对法官权力的一种约束,它并不是针对当事人,而是要求法官必须听取言词陈述和证言形成关于案件事实的判断,而不能仅仅依赖书面证言或者案卷材料,以便尽可能地发现实体真实;而对质权重在对公诉权力进行限制,要求控方原始证人必须亲自出庭作证,接受被告人及其辩护律师的反询问,以便充分保障被告人获得公正审判的权利。

(四)言词原则与自由心证原则

自由心证,是指法律不预先规定证据的证明力,由裁判者依据经验法则和伦理法则,对经合法调查的证据进行合理判断,以形成内心确信。[1] 自由心证制度诞生于法国。法国大革命爆发后,制宪会议颁布的1791年9月16日和29日的法律,决定废除纠问式诉讼引入陪审制时,发现陪审员是法律门外汉,不能期待其像职业法官那样适用复杂精细的法定证据制度。由此该法废除了法定证据制度,代之以自由心证制度。[2] 该法要求陪审员"依据指控和辩护作出裁决,听从你们作为无私和公正的自由人的内心确信"。[3] 这种要求陪审员依据良心达到"内心确信"的证明标准的证据制度,迅速"俘获"了法国人。以至于在1808年《重罪法典》制定过程中,所有的人都反对回归法定证据制度,主张保留自由心证制度。[4] 此后,自由心证制度成为法国刑事诉讼制度的重要组成部分。自由心证原则对法国刑事诉讼的影响如此之深,以至于从法国大革命到整个20世纪,法国陪审团审判时,几乎没有任何证据规则。在陪审团审判中,几乎没有有关证言相关性及证人作证能力的规定,而且传闻证据普遍具有证据能力。法官不能就陪审员应当考虑的证据形式给陪审员指导,每个陪审员自己决定证据是否具有相关性,只能以其良心作指导。[5] 此后,自由心证原则传播至其他大陆法国家。

自由心证原则与言词原则关系如何?从确立历史上看,二者关系密切。法国

---

〔1〕 参见秦宗文:《自由心证研究:以刑事诉讼为中心》,法律出版社2007年版,第27页。

〔2〕 See J. M. Donovan, *Juries and the Transformation of Criminal Justice in France in the Nineteenth & Twentieth Centuries*, Chapel Hill, The University of North Carolina Press, 2010, pp. 29–30.

〔3〕 See J. M. Donovan, *Juries and the Transformation of Criminal Justice in France in the Nineteenth & Twentieth Centuries*, Chapel Hill, The University of North Carolina Press, 2010, p. 30.

〔4〕 See A. Esmein, *A History of Continental Criminal Procedure*, trans. by J. Simpson, Boston, Little Brown & Company, 1913, p. 484.

〔5〕 See J. M. Donovan, *Juries and the Transformation of Criminal Justice in France in the Nineteenth & Twentieth Centuries*, Chapel Hill, The University of North Carolina Press, 2010, p. 31.

大革命中引入言词原则很大程度上是为保障陪审员有效地进行自由心证。[1] 并且在19世纪末,当德国国内探讨究竟是引入法国的言词原则还是英国的传闻规则时,因为当时德国学者认为英国的传闻规则与自由心证原则冲突,所以最终引入了言词原则。[2] 另外,这两个原则都为法官的真实发现服务。

但这两个原则在法官真实发现过程中不是同时适用的,而是先适用言词原则确定证据的证据能力,再适用自由心证原则评价有证据能力证据的证明力。如法国《刑事诉讼法典》第427条第2款规定:法官只能依据庭审中在其面前以对抗辩论方式向其提出的证据作出裁决。德国《刑事诉讼法典》第261条规定,法庭应当依据庭审中获得的所有证据产生的内心确信作出裁决。只有经过法庭的对抗辩论或言词的证据调查之后,法官才能进行自由心证并作出裁决。因此,言词原则是自由心证原则适用的前提。

然而,自由心证原则倾向于让尽可能多的证据进入裁判者的视野,而言词原则有时会人为限制可供自由心证的证据,有时这两个原则也会发生冲突。如意大利宪法法院曾经认为,自由心证原则要求法官根据自己的内心确信审慎地自由评价证据,但言词原则却武断地限制审前书面证言进入法官视野。如果审前书面证言可以进入法官视野,并经过当事人言词辩论将其与证人当庭证言对比,最后将审前证言和当庭证言都交由法官自由心证,则制度会更合理。[3] 在法国,自由心证原则可能更为强势,言词原则限制法官自由心证视野的能力不强。在意大利,经过宪法修改,言词原则更为强势,只有经对抗辩论后获得证据能力的证据才能成为法官自由心证的对象。

第二节　言词原则的价值

如前所述,传统上言词原则主要为法官的真实发现活动服务,但二战后言词

---

〔1〕 See A. Esmein, *A History of Continental Criminal Procedure*, trans. by J. Simpson, Boston, Little Brown & Company, 1913, pp. 415 - 425.

〔2〕 See J. R. Spencer, *Hearsay Evidence in Criminal Proceedings*, Portland, Hart Publishing, 2008, p. 22.

〔3〕 Corte Cost., n. 255/1992.

原则保障公正审判的价值日益凸显。

一、真实发现

所谓真实,按照《布莱克法律词典》的解释,是指对事件完全准确的描述。[1] 而《韦氏新世界法律词典》则将真实解释为对事实完全准确的描述。[2] 对真实的理解离不开事件、事实的概念。根据《布莱克法律词典》,事实不仅包括实际存在之事,也包括实际的或宣称的事件、情况,还包括犯罪行为。[3] 可见事实包括事件。据此,可以将真实理解为对事实完全准确的描述。真实发现,就是事实裁决者发现真实的过程。

真实发现是刑事诉讼的当然目的。在大陆法系,“查明真相是刑事诉讼在本质上要求的第一理念。这称为‘实体的真实发现主义’”。[4] 实体真实主义可以分为积极性的与消极性的两种。积极性真实主义通过实现刑罚权的方式实施,是指查明犯罪事实不使有罪的人逃脱刑罚制裁。消极性真实主义则是指不得错误地认定犯罪事实而将无罪者认定有罪。积极性真实主义重视发现的“真实”,消极性真实主义重视发现真实的“方法”。[5] 德国学者沃尔克·克雷认为,刑事诉讼的首要目的是查明事实,包括使有罪者被定罪以及使无罪者被判无罪两个方面。正如联邦宪法法院和联邦最高法院在判例中所申明的,一方面,尽可能全面地发现真实是法治的要求和刑事诉讼正义实现的必要;另一方面,刑事诉讼禁止不计代价的真实发现,刑事诉讼的真实发现有其宪法界限。[6] 在法国,刑事诉讼制定的目的是防止无罪的人成为错误审判的受害者以及为有罪的人提供足够的辩护手段使最终的刑罚是公正的。[7] 意大利宪法法院认为:“有必要强调,新法典受言词原则启发构建了新的制度,但这并不意味着法庭审理时只能依据言词原

---

〔1〕 See B. A. Garner ed. ,*Black's law dictionary*,Eagan,West Publishing,2009,p. 342.

〔2〕 See S. E. Wild,*Webster's New World Law Dictionary*,Danvers,Wiley Publishing,2006,p. 262.

〔3〕 See B. A. Garner ed. ,*Black's law dictionary*,Eagan,West Publishing,2009,p. 697.

〔4〕 [日]土本武司:《日本刑事诉讼法要义》,董璠舆、宋英辉译,台北,五南图书出版公司 1997 年版,第 15 页。

〔5〕 参见[日]田口守一:《刑事诉讼法》,刘迪等译,法律出版社 1999 年版,第 10 页。

〔6〕 See Volker Krey,*German Criminal Procedure Law*(*Volume I Basics. Procecution Authorities. Glossary*),Berlin,W. Kohlhammer Publishing Company,2009,p. 7.

〔7〕 See R. Volger et al. ,*Criminal Procedure in Europe*,Berlin,Duncker & Humblot,2008,p. 178.

则。需要牢记的是,刑事诉讼首要的和不可避免的目的是真实发现。"[1]英美法系亦然。美国联邦最高法院在"方克诉美国案"中认为,证据法中的所有证据规则如果有依据的话,其依据就是这些证据规则有助于发现真实。[2] 英国最高法院也认为,刑事审判有两个主要目的,一是无辜的被告人被判无罪,二是有罪的被告人被判有罪。前者是为保障个人利益,后者是为保障一般的社会利益及被害人的利益。有时两个目的会冲突,冲突时前者优先。[3] 总之,无论大陆法系国家还是英美法系国家,真实发现都是刑事诉讼的当然目的。为查明事实真相,要同时注意两个侧面,既让有罪之人罚当其罪,又对无罪之人不予处罚。这句话从消极的层面来说,就是不能让有罪之人逃脱刑事制裁,不能让无罪之人被判有罪,前者是"不纵",后者是"不枉"。

历史上,曾出现过两种真实发现的方式,一种是书面方式,另一种是口头方式。纠问式诉讼坚持书面原则,诉讼的每一个过程的细节都要制作相应的文书,无论是已经进行的勘验、查证,还是听取证人及当事人的陈述,甚至判决和执行,无不采用书面形式。[4] 当时普遍认为"卷宗无记录,视为不存在"。而现代法治国家在刑事诉讼中无不坚持以言词方式发现真实。与书面方式相比,口头方式更有利于真实发现。首先,口头方式能提供更多信息。书面卷宗中保留的信息,包括证人书面证言所提供的信息,都是人工裁剪过的信息。与裁剪前的原始信息相比,信息量必然减少。而口头方式所提供的正是原始信息。口头方式实际是"以五声听狱讼",可以进行辞听、色听、气听、耳听、目听。[5] 而书面方式只能进行部分"辞听",当然不及口头方式提供的信息多。其次,口头方式失真风险低。众所周知,信息传递的环节越多,其失真可能性就越大。口头方式提供的是一手信息,书面方式提供的是二手信息,失真风险大小不言自明。最后,书面方式更易造假。即使是虚假或错误的证人证言,也可以被"设计"得很好,使其表面看来有说服力、不得不接受,"很容易勾引"法官得出案件没有任何问题的结论。然而,私下

---

〔1〕 Corte Cost. ,n. 255/1992.

〔2〕 *Funk v. United States*,290 U. S. 371(1933).

〔3〕 R. v. Horncastle[2009]UKSC 14.

〔4〕 参见[法]布洛克:《法国刑事诉讼法》,罗结珍译,中国政法大学出版社 2009 年版,第 39 页。

〔5〕 《周礼·秋官·小司寇》。

里作出不利陈述是一回事,在公开的法庭重复这一陈述却是另外一回事。经验显示,证据的可靠性,包括表面看来有说服力的和不得不接受的证据的可靠性,在经受口头辩论之后,会与之前截然不同。[1] 综上所述,与口头方式相比,书面方式在发现真实问题上存在天然劣势。正因如此,言词原则被誉为是"对真实发现而言最为根本和无可置疑的保障"。[2]

具体而言,言词原则通过两种方式保障真实发现。一种是积极方式,即证据经过言词辩论之后,即可成为法官裁决依据;另一种是消极方式,即未经言词辩论的证据不得成为法官裁决依据。积极方式确保法庭裁决建立在经过充分言词辩论检验的证据基础上,规定了发现真实的方式;消极方式避免未经言词辩论检验的证据材料成为法官裁决依据,设定了真实发现的边界。

二、公正审判

公正审判这一概念源于普通法的正当程序概念。通常认为,正当程序这一概念来自于1215年的《大宪章》。《大宪章》第39条规定:任何自由人,非经其同侪之依法审判或依据国法,不得被逮捕、监禁、没收财产、剥夺法律保护权、流放或加以任何其他损害。1354年爱德华三世重新签署《大宪章》时,"法律的正当程序"代替了"国法"的措辞。此后经过爱德华·柯克的强调和坚持,法律的正当程序成为英国普通法的一部分。美国建国后,将正当程序的精神外化为《联邦宪法第五修正案》:未经法律的正当程序,不得剥夺任何人的生命、自由和财产。南北战争后通过的《宪法第十四修正案》将此要求适用于所有州。

第二次世界大战后,正当程序的思想被联合国《世界人权宣言》吸收。1948年联合国大会通过的《世界人权宣言》第10条规定:人人完全平等地有权由一个独立而无偏倚的法庭进行公正的和公开的审讯,以确定他的权利和义务并判定对他提出的任何刑事指控。此后,"公正审判"这一措辞为其他国际公约吸收。1950年在欧洲理事会主持下签署的《公约》第6条第1款规定:在决定某人的公民权利

---

〔1〕 ECHR, *Al-Khawaja and Tahery v. the United Kingdom*, nos. 26766/05 and 22228/06, 15/12/2011.

〔2〕 See S. Summers, *Fair Trials: The European Criminal Procedural Tradition and the European Court of Human Rights*, Portland, Hart Publishing, 2007, p. 49.

和义务或针对某人的刑事审判时,任何人有权在合理期限内受到依法设立的独立且公正的法院的公正且公开的审理。可见,公正审判,即被告人的公正审判权,是世界范围内普遍接受的诉讼价值。[1] 正如欧洲人权法院反复重申的那样,"公正审判权在民主社会中的地位如此显赫,以至于对第6条第1款的任何限定性解释皆属无效"。[2]

欧洲人权法院在"拜祖科诉波兰案"中,明确了公正审判的内涵,"平等武装原则只是公正审判概念的一部分,公正审判还包括对抗式审判的基本权利"。[3] 据此,公正审判由对抗式审判权和平等武装原则组成。两个概念之间并不好区分,有些案件中欧洲人权法院依据平等武装原则作出判决,但其争议问题实际是程序的对抗性。[4]

对抗式审判权,根据欧洲人权法院的定义,是指在刑事诉讼中,每方当事人必须被给予对另一方提交的意见和提出的证据知晓和评论的机会。[5] 无论另一方当事人提交的材料有关案件事实、案件涉及的实体法律还是程序法事项,这一权利都适用。[6] 这一权利本质是参与权,即可能受裁决不利影响的个人在裁决作出前都应被给予表达观点的机会。对法院而言,这意味着其有义务考虑被告人所提的意见。[7] 对抗式审判权包括两个主要方面内容,一是被告人审判时的在场权,二是被告人能够知晓、评论和质疑对方当事人的证据并提出己方证据。[8] 对抗式审判权有诸多益处。第一,对抗式审判权可以增进裁决品质。受裁决不利影响之人往往是案件的知情人,且其观点可能影响判决结果,让其参与可以帮助法官真实发现。第二,受裁决影响之人参与审判可以增加判决的接受性。第三,受

---

[1] 鉴于与本文主题的相关性,下文对公正审判的分析主要围绕欧洲人权法院判决进行。

[2] ECHR, *A. B. v. Slovakia*, No. 41784/98, 04/03/2003.

[3] ECHR, *Belziuk v. Poland*, No. 23103/93, 25/03/1998.

[4] See S. Trechsel and S. Summers, *Human Rights in Criminal Proceedings*, New York, Oxford University Press, 2006, p. 85.

[5] ECHR, *Belziuk v. Poland*, No. 23103/93, 25/03/1998.

[6] ECHR, *Kamasinski v. Austria*, no. 9783/82, 19/12/1989.

[7] See S. Trechsel and S. Summers, *Human Rights in Criminal Proceedings*, New York, Oxford University Press, 2006, p. 89.

[8] See S. Summers, *Fair Trials: The European Criminal Procedural Tradition and the European Court of Human Rights*, Portland, Hart Publishing, 2007, p. 113.

裁决影响之人参与审判可以强化其主体意识，避免成为诉讼客体。

平等武装原则，根据欧洲人权法院的定义，是指每方当事人都应当被给予合理的机会提出他的证据和意见，以避免与对方相比处于不利境地。[1] 正如“平等武装”一词所暗示，这一标准是相对标准，需要比较控辩双方在诉讼中所受待遇才能得出结论。相对而言，“对抗式审判”以“对抗”为前提，其概念更为具体。[2] 刑事诉讼中的绝对平等不可能实现。正因如此，欧洲人权法院使用的措辞一般是平等武装“原则”“要件”“概念”，但从未使用过“平等武装权利”的表述。[3] 如果控辩双方被“平等”剥夺了某些有用的证据材料，不会违反平等武装原则。[4] 但针对辩方的不平等待遇如果使辩方处于“不利境地”会导致违反公正审判，无论辩方是否因此受实际影响。

言词原则的要求与对抗式审判权的要求一致。如前文所述，言词原则既保障当事人的程序参与权，也保障其证据参与权。言词原则要求，受审判结果影响的当事人应当有机会充分且有效地参与到裁决制作中来，在裁决制作过程中在场、知晓对方当事人的请求、有机会进行辩护、有机会对对方的观点进行反驳。有的国家还要求，只有经过当事人间的对抗辩论，审前阶段收集的不具有证据能力的证据材料才能转化为具有证据能力的证据结果，成为法官裁决依据。言词原则对平等武装原则的贯彻体现在，言词原则为控辩双方提供了平等的言词辩论的机会，并未仅允许一方言词辩论而剥夺另一方言词辩论的机会。具体到证人出庭问题，依据言词原则，被告人享有询问不利于他的证人的权利，促使审判以对抗式方式进行；依据言词原则，在相同条件下，被告人能让有利于他的证人出庭作证，可以确保控辩双方平等武装。

---

[1] ECHR, *Bulut v. Austria*, No. 17358/90, 22/02/1996.

[2] See S. Trechsel and S. Summers, *Human Rights in Criminal Proceedings*, New York, Oxford University Press, 2006, p. 85.

[3] See S. Trechsel and S. Summers, *Human Rights in Criminal Proceedings*, New York, Oxford University Press, 2006, p. 97.

[4] ECHR, *Jasper v. the United Kingdom*, no. 27052/95, 16/02/2002.

第三章　言词原则的比较法考察

对于贯彻言词原则而言，证人、鉴定人等人出庭作证与审前收集的证言笔录的当庭宣读是一枚硬币的两面。二者都关系到言词原则的适用范围及实施情况。下文主要围绕上述两项制度论述。

第一节　法国

法国现行的《刑事诉讼法典》制定于 1958 年。该法典很大程度上继承了 1808 年《重罪法典》的规定。刑事诉讼程序分为审前程序和审判程序两个阶段。审前程序具有书面、秘密特征，由司法警察、检察官与预审法官分别负责；审判程序具有言词、公开特征，依据刑罚不同，案件分别由重罪法院、轻罪法院和违警罪法院审理。但违警罪一般仅处罚金刑，由于刑罚很轻，一般适用简易程序书面审，对言词原则研究而言，不具有理论研究价值，因此下文从略。考虑到法国并未有鉴定人出庭作证的专门规定，因此有关鉴定人的相关内容从略。

一、证人出庭作证制度

法国实行预审法官制度，且 2000 年 6 月 15 日第 516 号法律规定了预审法官询问证人制度。因此在法国，接受预审法官询问也属于证人出庭作证制度的一部分。而在审判阶段,证人出庭作证因案件由重罪法院或轻罪法院审理而有不同规定。尽管证人在不同法庭出庭作证的程序规定不同,但关于证人资格及其权利义务的规定大体相同。

(一)证人资格与权利义务

1.证人资格

在法国,广义的证人,是指能够对案件事实或者被告人精神状况及品格提供有用信息者,狭义的证人,仅指那些经过宣誓并出庭作证的证人。广义的证人包括狭义的证人及简单信息提供者。简单信息提供,是者指未经宣誓,但提供了一定的有用信息者。[1] 在司法实践中,未经宣誓并不能阻止法庭给予某项证据或简单信息其认为适当的证明力。[2] 法官可以采信简单信息,可以采信证人证言,并且可以认定简单信息的证明力优于证人证言。[3]

一般而言,了解案情的人都有作证义务。证人不仅可以就案件事实作证,还可以就被告人的人格及道德品质作证。法国并不存在传闻规则,与犯罪事实有关的间接陈述在必要时都可以作为证据。[4] 根据法国《刑法典》第434-1条,任何人了解某一重罪却不将此种情况告知司法机关的,可能构成犯罪。如果某人作证义务与特定职责之间存在冲突,也要履行作证义务。如依据法国《刑事诉讼法典》第291条的规定,担任证人者不得再担任陪审员。法国《刑事诉讼法典》第344条第3款和第407条第3款分别规定,重罪法院和轻罪法院中,翻译人员不得从证人中指定。同理,审理案件的法官、书记员和办理案件的检察官,如果知晓案件事实,也要以证人义务优先,不得再担任上述职务。司法实践中还有一种特殊证人,即办理案件的司法警察、检察官和预审法官有时会以证人身份出庭作证。[5] 被告人本人虽然不能同时作证人,但特定情形下,共犯也可作证人。如果本案分案审理,且一名共犯已获得生效判决且并未被褫夺出庭作证权利,或该共

---

〔1〕 施鹏鹏:《法国刑事诉讼证人作证制度研究》,载《证据学论坛》(第10卷),中国检察出版社2005年版,第536页。

〔2〕 See R. Volger et al., *Criminal Procedure in Europe*, Berlin, Duncker & Humblot, 2008, p. 243.

〔3〕 参见[法]布洛克:《法国刑事诉讼法》,罗结珍译,中国政法大学出版社2009年版,第370页。

〔4〕 See R. Volger et al., *Criminal Procedure in Europe*, Berlin, Duncker & Humblot, 2008, p. 244.

〔5〕 施鹏鹏:《法国刑事诉讼证人作证制度研究》,载《证据学论坛》(第10卷),中国检察出版社2005年版,第538页。

犯被不予起诉,则该共犯可以在审理其他共犯时出庭。[1]

特定人员也可能丧失证人资格。如法国《刑事诉讼法典》第 109 条第 2 款规定,预审法官侦查案件时,记者就其因职业活动收集的信息,有不透露消息来源之自由。但一般而言,丧失证人资格仅仅意味着该人不能经宣誓后作证,即该人仍然可以不经宣誓提供简单信息。丧失证人资格通常是由证人的诉讼事实认知能力或其公正性存疑导致的。诉讼事实认知能力有缺陷之人的最典型代表即儿童。根据法国《刑事诉讼法典》第 108 条、第 335 条、第 447 条的规定,在预审法官、重罪法院、轻罪法院办理案件时,16 周岁以下的儿童接受询问时,无须宣誓。公正性存疑的证人首先是被褫夺出庭作证权利之人。被褫夺出庭作证权利之人,不能在宣誓后作证,只能提供不经宣誓的简单信息。[2] 依据法国《刑事诉讼法典》第 335 条、第 448 条的规定,公正性存疑的证人也包括被告人的近亲。公正性存疑的证人还包括与诉讼结果有利害关系之人。如根据法国《刑事诉讼法典》第 335 条,被害人如果同时是本案的民事当事人,则应不经宣誓提供简单信息。法国《刑事诉讼法典》第 337 条第 2 款规定,因告发被告人获得金钱奖励,且一方当事人或检察官对其作证提出异议者,不能宣誓作证,但可提供简单信息。

2. 证人义务与权利

证人作证时有三项义务:出庭义务、宣誓义务、如实陈述义务。

证人应当出庭作证。法国《刑事诉讼法典》第 101 条、第 324 条、第 435 条分别规定了预审法官、重罪法院、轻罪法院传唤证人的方式。证人经传唤后不出庭,则可能被拘传到庭。根据法国《刑事诉讼法典》第 110 条的规定,对不出庭的证人,预审法官应检察官请求,可以强制其出庭。据法国《刑事诉讼法典》第 326 条,受传唤的证人不出庭,重罪法院应检察官请求或依职权,可以强制该证人出庭。另外,证人可能因不出庭承担刑事责任。根据法国 2000 年 6 月 15 日法律,如果证人没有或拒绝在预审法官面前作证,可能被法院判处轻罪,并科以罚金。预审法官本人也可判处该证人五级违警罪。根据法国《刑事诉讼法典》第 326 条、第

[1] 施鹏鹏:《法国刑事诉讼证人作证制度研究》,载《证据学论坛》(第 10 卷),中国检察出版社 2005 年版,第 538 页。

[2] 法国《刑法典》第 131 - 26 条规定:褫夺公权、民权与亲权包括……4. 出庭作证的权利,但仅提供简单信息者除外。

438 条的规定，如果证人不出庭，重罪法院、轻罪法院可以应检察官请求，对其科以 3750 欧元罚款。尽管有此规定，很多法国人都尽量避免出庭作证。司法实践中也很少有人因此被追究责任。[1]

出庭证人应当宣誓。在法国，宣誓具有重要的程序意义，宣誓是将证人与简单信息提供者区别开来的一个重要标志，理论界也认为，宣誓可以确保当事人相信证人所作陈述。根据法国最高法院判例，在审判阶段，在庭审结束前发现证人未经宣誓提供证言的，可通过让证人宣誓并重新作证来弥补；在庭审结束尚未作出判决时发现证人未经宣誓提供证言的，则可重新开庭；如果判决已经作出，则只能宣布程序无效。宣誓还具有实体法意义。在法国，伪证罪成立的前提是证人经过宣誓，未经宣誓之人不会涉嫌伪证罪。[2] 根据法国《刑事诉讼法典》第 103 条的规定，在预审法官面前宣誓的誓词为"说出全部真相，只说真相"。在重罪法院的宣誓则更为庄重，根据法国《刑事诉讼法典》第 331 条，誓词为"不怀仇恨、无所畏惧，说出全部真相，只说真相"。庭审笔录中应当明确记载证人是否已经宣誓及不宣誓的理由。证人不能拒绝宣誓。拒绝宣誓的惩戒与拒绝出庭相同。

宣誓之后，证人要如实陈述。换言之，证人不能拒绝陈述，也不能作虚假陈述。证人不得拒绝陈述，这自然不存在争议。但法国的各个行业有保守职业秘密或职责秘密的规定，法国《刑事诉讼法典》并未明确承认证人因职业原因享有拒证权。但判例认为，律师、医生、公证人及牧师可以拒绝陈述。但在上述人员拒绝陈述前，仍须出庭并宣誓。[3] 拒绝陈述的惩戒与拒绝出庭和拒绝宣誓相同。如果证人作虚假陈述，根据法国《刑法典》第 434－14 条的规定，伪证罪可被判处 7 年监禁并处 10 万欧元罚金。指使他人作伪证的，也应当承担刑事责任。根据法国《刑法典》第 434－15 条的规定，在诉讼中，使用许诺、奉送、馈赠、施压、威胁、暴力、花招、诡计等手段，使证人作出虚假陈述等，即使该行为并未产生危害结果，仍可被处以 3 年监禁并处 45000 欧元罚金。

---

〔1〕 See R. Volger et al., *Criminal Procedure in Europe*, Berlin, Duncker & Humblot, 2008, p. 243.

〔2〕 施鹏鹏：《法国刑事诉讼证人作证制度研究》，载《证据学论坛》（第 10 卷），中国检察出版社 2005 年版，第 543 页。

〔3〕 施鹏鹏：《法国刑事诉讼证人作证制度研究》，载《证据学论坛》（第 10 卷），中国检察出版社 2005 年版，第 544 页。

证人有受补偿的权利和受保护的权利。

证人有权获得一定数量的经济补偿。证人的经济补偿由传唤证人的一方当事人负责。[1] 另外,根据法国《刑事诉讼法典》,在重罪或至少当处3年监禁刑的轻罪的案件中,如证人作证可能使该人或其家庭成员、近亲属的生命或身体面临严重危险,则自由与羁押法官依据检察官或预审法官附理由的申请,可以附理由决定不在本案卷宗中出现该证人的身份。该决定附于该证人的书面证言笔录,该笔录要隐去证人的签字。有关该人身份事项及其住址,均在另一笔录记载,并将另一笔录归入不同于诉讼卷宗的另一卷宗。但如考虑犯罪实施的具体情节或证人的人格,为行使辩护权必须知晓证人身份时,则不适用上述规定。另外,被告人可以请求本人或辩护律师通过技术设备远距离听取证人证言或与证人对质,此时证人的声音应当作适当的技术处理,以免被辨认出身份。

(二)证人出庭作证的程序规定

1. 预审阶段

根据法国《刑事诉讼法典》第101条的规定,凡是预审法官认为能够提供有用信息的人,均可以将其传唤出庭。因此,预审阶段证人出庭由预审法官依职权决定,而非当事人或检察官提交申请。但预审法官不能传唤那些存在重大、相互吻合的线索或迹象表明其参与实施了预审法官正在办理的犯罪之人作为证人出庭,只能将其作为受审查人进行讯问。

依据法国《刑事诉讼法典》第102条的规定,证人可以分别接受询问,且受审查人不得在询问时在场。但预审法官在询问后可以让证人与受审查人对质,甚至让证人与证人相互对质。预审法官应问明证人的姓名、年龄、身份、职业、住所,并且询问证人是否系本案当事人的血亲或姻亲、属第几亲等、是否为当事人雇佣之人等问题。之后,由证人宣誓并接受询问。

证人在预审法官面前应当口头作证,但因预审程序为书面程序,故证人所作陈述、预审法官的提问与证人回答都应当制作成证言笔录。通常预审法官会归纳证人证言内容,并口述给负责记录的书记员,由后者制作笔录。因此,笔录内容是

---

[1] 施鹏鹏:《法国刑事诉讼证人作证制度研究》,载《证据学论坛》(第10卷),中国检察出版社2005年版,第545页。

证人证言的主要内容,并非逐字逐句的全部照录。[1] 为避免证人的意思被曲解或歪曲,证人应当复读该书面证言笔录,如果证人认为笔录确为其真实意思表达,则在笔录上签字。如证人认为有必要更改,可以作必要的补充说明,以增加或变更已经表达的意思。证人不能阅读的,由书记员向其宣读笔录内容。证人不能或不愿签字的,应在笔录中予以注明。笔录每一页均应由预审法官、书记员、证人签字。必要时,笔录每一页均应有翻译人员签字。笔录的每一页均应书写,不留空白。禁止在笔录中增添字句。任何对笔录的改动与增删,均应有法官、书记员、证人的同意和签字,必要时须获得翻译人员的同意和签字。未经上述程序而对笔录进行的修改、增删,笔录无效。未按规定签字的笔录,也无效。

2. 审判阶段

依据法国《刑事诉讼法典》第427条的规定,法官只能以在审理过程中向其提出的、并在其面前经对抗辩论的证据作为裁决依据。

庭审一开始,即对证人进行点名。点名之后,所有证人退庭,到专门的候传室等候。必要时,审判长可以采取一切有益措施防止证人串证。审判长按照确定的顺序依次传唤证人出庭。证人应当分开作证。出庭证人应当对法庭忠实,证人应当宣誓作证。证人宣誓前,应审判长要求,报明自己的姓名、年龄、职业、住所或居所,以及在本案指控的事实发生前是否认识被告人,与被告人或本案的民事当事人是否系亲属、属何亲等,是否存在雇佣关系。之后,证人宣誓并口头作证。但经审判长准许,证人可以借助书面文件进行陈述。一般而言,证人陈述过程中不应被打断。但这并不妨碍审判长在证人作证过程中向陪审员出示、传阅能具体佐证证人证言的文件或照片。证人的陈述只能涉及被告人的犯罪事实及该人人格和道德品质。证人陈述完毕后,审判长可以向证人发问。其他法官、陪审员、检察官、各方当事人的律师在向审判长申请后,可以向证人提问,而被告人及民事当事人应当借由审判长之口提问。审判长依职权或依检察官、当事人申请,可以指示书记员对证人当庭证言与先前证言之间可能存在的增加、更改或变化的内容制作笔录。该笔录附于庭审笔录。诸证人之间可能对质,证人与被告人之间也可能对

[1] 参见[法]布洛克:《法国刑事诉讼法》,罗结珍译,中国政法大学出版社2009年版,第370页。

质,因此,证人作出陈述后,仍应留在审判庭中,直至庭审结束或审判长令其退庭。对于从未与被告人进行对质,而其陈述对发现真实又至关重要的证人,重罪法院必须听取其口头陈述。重罪法院只有具体说明这些证人遇到的不能克服的困难时,才能免于传唤这些证人。不能克服的困难包括几经查找终无下落、证人在外国羁押等。

依据法国《刑事诉讼法典》第310条的规定,审判长可以采取其认为有利于查明事实真相的一切措施。该条赋予审判长查明事实真相的自由裁量权。对于那些并未按照规定手续传唤之人、受回避申请之人、不具有证人资格之人,审判长也可以听取其当庭证言,由于上述人员可以不经宣誓陈述,因此提供的是简单信息,但并不妨碍法庭给予简单信息其所认为恰当的证明力。

二、书面证言笔录宣读制度

在法国,审前获得的包括证人证言笔录在内的各种笔录对审判发挥着举足轻重的作用。笔录,是指司法机关以特定形式制作并附有制作日期和制作者签名的书面证言。笔录必须提供丰富的程序细节,如被告人、证人及其他在场者的姓名,预审法官遵守了要求辩护律师到场的规定,询问和讯问的时间和地点等。笔录必须"像照片一样"准确描述询问和讯问过程。每一份书面笔录都在诉讼中承担一定的证明功能,但其证明功能也受制作主体影响。[1]

司法警察制作的笔录,根据法国《刑事诉讼法典》第429条的规定,只有在形式符合法律规定,制作人是在履行职责并且是在其管辖权限内,就亲见、亲闻或所查证的事实所作时,才能证明案件事实。根据法国《刑事诉讼法典》第537条的规定,在违警罪案件中,除法律另有规定,司法警察制作的笔录可以证明犯罪事实存在,有相反证据时除外。相反证据,仅能以书面证据或证人证言方式提出。但在轻罪案件中,根据法国《刑事诉讼法典》第430条和第431条的规定,司法警察的笔录一般仅能提供简单信息,只有司法警察依据法律规定或某些轻罪可以用司法警察笔录证明时,该笔录才能证明案件事实。但预审法官制作的笔录,则可以用

[1] See R. Volger et al. , *Criminal Procedure in Europe*, Berlin, Duncker & Humblot, 2008, p. 246.

作证明在预审法官面前所言和所行之事的证据。该笔录可以用于证明笔录中所描述的言语和行动确实发生,除非笔录内容前后矛盾。另外,笔录中未提到之事视为不曾发生。例如,如果预审法官曾经通知辩护律师在讯问被告人时到场,但笔录中未予注明,则视为该预审法官没有通知辩护律师,尽管该辩护律师在讯问时确实在场。[1]

书面笔录进入法庭的另一个途径是通过审判长的自由裁量权。审判长在行使这一权力时,甚至可以不顾某些法定的手续。审判长可以责令向法庭提交并未受到扣押的特定的文件、材料,或者派人查找特定的材料。尽管审判要坚持言词原则,但审判长仍然可以命令宣读未出庭证人的书面证言,并且在任何一方当事人都未提出该请求时,依职权作出上述决定。另外,审判长可以命令宣读鉴定人提交的鉴定报告。

证人审前的书面证言宣读具有特殊性。根据法国《刑事诉讼法典》第 331 条、第 452 条的规定,证人应当口头作证。在证人出庭时,如果当庭证言与审前证言一致,自然不会产生争议。如果当庭证言与审前证言不一致。审判长可以依职权,或者应检察官或当事人的申请,指示书记员对证人的当庭证言与先前证言之间可能存在的增加、更改、变动制作笔录。该笔录附于庭审笔录。此时,审前证言与当庭证言都成为法官自由心证的对象,由法官自由决定采信哪份。证人不出庭时,如何处理未出庭证人审前书面证言成为法国司法实践中的难题。为此,法国最高法院刑事庭采取如下处理办法:如果证人出庭作证明显多余、被告人请求证人出庭明显不合实际、证人出庭作证可能受暴力或胁迫,则法院可以拒绝传唤证人出庭,但必须明确阐释理由,否则判决将被撤销。被告人应当证明其要求证人出庭有充分理由。在收到辩方请求后,法院应当采取各种有效措施确保证人出庭作证。如果直至庭审结束,该证人还未找到或不能出庭,则法院在听取被告人和检察官的陈述后,决定是否延期审理。如果法院决定不延期审理,则必须阐明证人不出庭原因及该证人对查明案件事实已不必要。然后审判长依据自由裁量权,当庭宣读该证人在审前阶段作出的书面证言。[2]

---

[1] See R. Volger et al., *Criminal Procedure in Europe*, Berlin, Duncker & Humblot, 2008, p. 246.

[2] 施鹏鹏:《法国刑事诉讼证人作证制度研究》,载《证据学论坛》(第 10 卷),中国检察出版社 2005 年版,第 551 ~ 552 页。

第二节 德国

一、证人、鉴定人出庭作证制度

在德国,证人被分为狭义的证人与鉴定人两种,针对二者适用的规定差异显著,有必要分别考察。

（一）证人出庭作证制度

德国联邦最高法院将证人定义为在刑事诉讼中就其自身感官感知的非不利于自身的案件事实作证之人,该事实只要与针对被告人的刑事诉讼相关即可。[1] 传闻证人可以出庭作证,但德国法上的传闻证人专指就另一人所说内容向法院作证之人,另一人是不是直接感知案件事实之人则在所不问。就与另一人交流这一事实,传闻证人是直接证人,但并不保证交流内容的真实性与准确性。是否以及在何种程度上使用传闻陈述发现真实属于法官自由心证的范围。在德国,传闻陈述不面临证据能力问题,只面临证明力问题。经常在法庭上作出传闻陈述者是警察,其被要求就被告人或其他人在审前阶段陈述内容出庭作证。[2]

1. 证人资格与拒证特权

原则上,所有人均有资格作证人。即使精神病人及儿童也可为证人,被告人之亲友仇敌或其雇主下属均可作证。即使审理案件的法官,如果在审判中表明其知晓案件事实,则也要以证人义务优先,不得再担任法官。[3] 被害人可以作为证人,除非其以自诉人身份参与诉讼。[4] 但本案中的被告人及共同被告人不得作为证人,因为证人如实陈述义务与被告人的沉默权冲突,而让被告人在沉默或作证之间选择是不公正的。但这种禁止只适用于合并审理的案件中的共同被告人。如果案件被分离审理,一名共犯先被审理且其案件判决已经生效,则可以在其他

---

〔1〕 See M. Bohlander, *Principles of German Criminal Procedure*, Portland, Hart Publishing, 2012, p. 145.

〔2〕 See M. Bohlander, *Principles of German Criminal Procedure*, Portland, Hart Publishing, 2012, pp. 145 – 146.

〔3〕 参见[德]罗科信:《刑事诉讼法》,吴丽琪译,法律出版社 2003 年版,第 240 页。

〔4〕 参见[德]托马斯·魏根特:《德国刑事诉讼程序》,岳礼玲、温小洁译,中国政法大学出版社 2003 年版,第 169 页。

共犯的案件中作为证人出庭。此时该名证人不能再援引证人的不被强迫自证其罪特权,因为其案件判决已经生效。有时法院会将共犯中一人分离审判,待有罪判决生效后,再让其作为证人在其本人没有参与但共犯参与的犯罪的审判中作为证人。[1] 司法实践的上述做法争议极大,学者痛斥其为"一种不磊落的诡计"。问题的关键在于实体法上的共犯与程序法上的共同被告人概念不同一。越来越多的人主张,应当采取"程序—实体见解",即从侦查启动开始,就不得将被追诉者之一作为证人看待,而应视为共同被告人。[2]

与被告人有特定关系之人有拒证权。拒证权可分为无限制拒证权与有限制拒证权。根据德国《刑事诉讼法典》第 52 条第 1 款的规定,下列人员享有无限制拒证权:"1. 与被告人订婚之人或被告人承诺将与其缔结同性婚姻之人;2. 被告人的配偶,即使婚姻关系不再存续;2a. 被告人的同性配偶,即使同性婚姻不再存续;3. 被告人的直系血亲或姻亲,三代以内旁系血亲或两代以内旁系姻亲。"此规定目的在于避免上述人员作证所面临的伦理和法律之间的艰难取舍。另外,即使强迫上述人员作证,其证言价值也不高。上述人员可自行决定是否放弃此项权利选择作证,但作出决定前上述人员必须被告知此项权利。上述人员的拒证权必须在每次询问之前都用其能理解的语言进行告知。如果未予告知,则构成第三审上诉事由。如果上述人员最初愿意作陈述,但在询问中行使拒证权,则其行使拒证权之前的陈述可作为证据使用。如果由于年龄幼小、精神疾病或精神缺陷,上述人员不能理解拒证权的重要性,则放弃拒证权不仅要有该人的意愿还要有其法定代理人的同意。如果其法定代理人就是被告人,其法定代理人无权表示同意。根据德国《刑事诉讼法典》第 252 条的规定,在证人行使亲属拒证权后,向警察、侦查法官、鉴定人所作的书面证言或在其他审判中作出的书面证言在审判时不能被宣读。但在司法实践中,此禁令适用范围有限。因其不适用于法官,在审前阶段询问证人的法官可以就证人书面证言的内容出庭作证。[3]

特定职业之人也有拒证权,这是一种有限制的拒证权,即仅就其因职务获知

---

〔1〕 See M. Bohlander, *Principles of German Criminal Procedure*, Portland, Hart Publishing, 2012, p. 146.

〔2〕 参见[德]罗科信:《刑事诉讼法》,吴丽琪译,法律出版社 2003 年版,第 241 页。

〔3〕 See R. Volger et al., *Criminal Procedure in Europe*, Berlin, Duncker & Humblot, 2008, p. 337.

的秘密有拒证权。根据德国《刑事诉讼法典》第 53 条的规定，特定职业人员包括神职人员、被告人的辩护律师、法律事务代理人、专利代理人、公证人、会计师、宣誓过的天主教法官、税务咨询师、税务代理人、医生、牙医、心理治疗师、儿童及未成年人的心理治疗师、药剂师、助产士、毒瘾顾问、联邦议会各州议会的议员等。上述人员的助理及因学徒而参与上述职业活动的人员也就上述职务行为行使拒证权。值得注意的是，参与定期出版物、广播纪录片的准备、制作及发行的媒体从业人员，对于文稿与资料的作者、参与者或信息来源者的情况也有拒证权，以这些情况涉及的文稿、资料和报道为限。但在涉及推翻政体、叛国罪、性犯罪、洗钱罪等犯罪时，该拒证权失效。对于上述人员，无须告知拒证权，因为法律假定即使不告知，上述人员也知晓该项权利。另外，公务员、法官、经选举产生的联邦政府或州政府成员，就其因职务原因获得的保密事实有拒绝提供证言义务，只有在获得上级官员批准后才能陈述。联邦总统如果认为作证会给联邦或者德国带来不利影响的，可以拒绝作证。

证人不被自证其罪的特权也可使其拒绝作证。根据德国《刑事诉讼法典》第 55 条，对于针对他或第 52 条第 1 款涉及的他的亲属的问题，回答后有面临因刑事犯罪或行政违法而被追究的风险时，任何证人都有权拒绝回答。根据德国《刑事诉讼法典》第 56 条，证人据此权利拒绝作证时，要对原因进行解释。但该解释无须清晰到使该证人有被追诉的危险，也不能仅仅是一种猜测的或理论上的追诉可能性，其解释要能形成犯罪的初步嫌疑才足够。[1] 但实践中，证人不被自证其罪的主张经常促使检察官对其进行调查。[2] 询问证人之前要告知其享有此项拒证权。但即使询问前没有告知此项拒证权，联邦最高法院认为由此获得的证言仍可采，因为德国《刑事诉讼法典》第 55 条是保护证人的，不是保护被追诉者的。[3] 如果证人只在法庭上行使了不被自证其罪特权，则其未行使特权时所作证言完全可采，即使在先前询问时其没有被告知该项权利。此时，先前询问他的人员可以

---

〔1〕 参见[德]罗科信：《刑事诉讼法》，吴丽琪译，法律出版社 2003 年版，第 250 页。

〔2〕 参见[德]托马斯·魏根特：《德国刑事诉讼程序》，岳礼玲、温小洁译，中国政法大学出版社 2003 年版，第 176 页。

〔3〕 See R. Volger et al., *Criminal Procedure in Europe*, Berlin, Duncker & Humblot, 2008, p. 338.

被法庭传唤出庭就陈述内容作证。先前证言的笔录也可以被当庭宣读。[1]

2. 证人义务与权利

证人作证时有三项义务:出庭义务、如实陈述义务、宣誓义务。

依据德国《刑事诉讼法典》第 48 条第 1 款的规定,证人有义务在规定的日期在法官面前出庭接受询问。如果证人经合法传唤后不出庭,证人要负担因其不出庭所产生的费用,并且还要被科以罚款。如果证人拒交罚款,则要被司法拘留。证人也可以被拘传到庭。司法实践中,对证人不出庭的处罚较轻,且司法拘留也只是在不得不用的时候才用。[2] 依据德国《刑事诉讼法典》第 57 条的规定,询问前应当告诫证人应当如实陈述以及虚假陈述和不完全陈述面临的刑事处罚。如实陈述的义务意味着证人既不能拒绝陈述也不能作虚假陈述。根据德国《刑事诉讼法典》第 70 条的规定,证人无合法理由拒绝作证的,要负担因拒绝作证所产生的费用,并且还要被科以罚款。如果证人拒交罚款,则要被司法拘留。为强迫证人作证,甚至可以将证人羁押,但此种羁押既不能超过该审级的审限,也不能超过 6 个月。证人作伪证的,则可依据德国《刑法典》第 153 条追究刑事责任。证人在结束作证时宣誓。证人是否宣誓,由法庭自由裁量,通常陈述如果对判决有决定性作用或为获得真实陈述时有必要宣誓。但德国《刑事诉讼法典》第 60 条规定了禁止宣誓的情形:未满 18 周岁之人及因智力缺陷、精神疾病、精神或情感缺陷不足以理解宣誓重要性之人;有实施本案调查的犯罪行为嫌疑之人或有参与、庇护、藏匿犯人或者赃物嫌疑之人及已因上述嫌疑被判刑之人。德国《刑事诉讼法典》第 61 条规定了免于宣誓的情形,即德国《刑事诉讼法典》第 52 条第 1 款规定的亲属有权在作出陈述后拒绝宣誓。如果证人表明他出于信仰、良知方面的原因不愿发誓,他应当对陈述的真实性具结。具结等同于宣誓。证人拒绝宣誓或具结会面临与拒绝作证相同的处罚。在实践中,宣誓已经成为例外情况,因为法庭和当事人经常同意接受未经宣誓的陈述。[3] 有法官甚至承认,他当了 13 年法官,证人宣誓的案件不超过 10 件。[4]

---

〔1〕 See R. Volger et al., *Criminal Procedure in Europe*, Berlin, Duncker & Humblot, 2008, p. 338.

〔2〕 参见[德]罗科信:《刑事诉讼法》,吴丽琪译,法律出版社 2003 年版,第 250 页。

〔3〕 参见[德]托马斯·魏根特:《德国刑事诉讼程序》,岳礼玲、温小洁译,中国政法大学出版社 2003 年版,第 171 页。

〔4〕 See M. Bohlander, *Principles of German Criminal Procedure*, Portland, Hart Publishing, 2012, p. 150.

证人作证时有三项权利。首先,根据德国《刑事诉讼法典》第 69 条第 1 款的规定,证人有权获得来自法官的对其连贯地陈述被询问事实的指导,以及本案案由和被告人姓名。其次,根据德国《刑事诉讼法典》第 68 条 b 的规定,证人有权获得律师的帮助和在询问时在场。最后,根据德国《刑事诉讼法典》第 71 条的规定,证人有权获得补偿。

3. 证人作证程序

在询问证人之前,法官应当告知证人如实陈述义务,以及宣誓的重要性,宣誓种类,拒绝陈述、虚假陈述、拒绝宣誓可能面临的后果。

询问证人应当个别进行,尚未被询问的其他证人不得在场。但这一规则有例外,即当证人与其他证人对质时,两名证人均可在场。

询问开始时,要先询问证人的姓名、年龄、身份或职业及住所。因其公职权力了解案情的证人可以陈述办公地点而非住所。如果有理由担心证人或他人会因证人陈述自己的住所而有危险,可以准许证人告知其业务地点、工作地点或者可以送达文书的其他地点,而不告知住所地。在此条件下,审判长可以准许证人在审判程序中不明示自己的住所。询问证人时,只有在必要时才能问及有损证人或德国《刑事诉讼法典》第 52 条第 1 款规定的亲属的名誉事实或者涉及他们个人生活的事实。只有在必要时,才能提问有关证人可信性的事实,特别是有关他与被告人或被害人关系的事实。只有在确定符合德国《刑事诉讼法典》第 60 条第 2 款规定的禁止宣誓条件或确定其可信性时,才可问及证人前科。

询问案情时,应当指示证人连贯地陈述其所知道的全部案件事实。在询问之前,应当告知本案案由及被告人姓名。为使陈述清晰、完整,以及为认定证人了解案情的根据,法官在必要时可以进一步发问。作为被害人的证人应当被提供机会提出犯罪对其造成的影响。询问证人时也应当遵守德国《刑事诉讼法典》第 136 条 a 规定的禁止以意志自由方式询问的规定。

询问证人时,如果担心当着被告人的面证人不会如实陈述,法庭可以命令被告人在询问证人期间离开法庭。询问未满 18 岁的证人,被告人在场会给该证人造成不利影响的;或者其他证人,被告人在场有严重损害该证人健康之虞时,也适用上述规定。被告人回到法庭时,审判长应当告知他离开法庭期间所进行的程序的主要内容,包括证人证言主要内容。如果出庭接受询问可能对证人造成严重的不利影响,法庭可以命令证人在异地接受询问,只要为发现真实有必要如此行事。对此裁决不可申请不服。法庭通过同步视听传输进行异地询问。

（二）鉴定人出庭作证制度

鉴定人通常指由法官因正在审判中的判决的某个特殊问题任命的具有专门知识的人,其被要求就该特殊问题给出鉴定意见。[1] 此处的特殊问题通常是有关医学或心理学的问题。对这些问题,法官、检察官一般缺乏必要的知识储备。比如,有关特定的伤口是否是用被告人住所发现的刀划出,被害人的子弹是否由被告人的手枪射出,等等。上述问题一般需要鉴定人借助特定仪器及知识才能解决。鉴定人不同于证人,鉴定人对案件的了解全部来源于执行任务的过程,而证人则是通过自身感知案情之人。鉴定人通常可以替换,而证人对过去事件的了解是独一无二的,不可替换。[2] 但某些鉴定人也可能成为证人。具有特定专业知识的鉴定人,既未被法院选任也未被任何一方当事人聘任,在犯罪现场或被告人、被害人身上注意到只有鉴定人才能注意到的事实,此即鉴定人证人。根据德国《刑事诉讼法典》第 85 条,鉴定人证人适用证人作证规则,因系通过经验感受不可替代。

1. 鉴定人选任

依据德国《刑事诉讼法典》第 73 条,由法官选任鉴定人及决定其人数。但大多数学者认为该条款仅在审判阶段适用,根据德国《刑事诉讼法典》第 161 条 a 第 1 款的规定,审前阶段检察官也可以选任鉴定人。但检察官作为控方,其选任的鉴定人会面临来自辩方的质疑。特别是在涉及精神病鉴定的案件中,有时检察官会根据鉴定人已经发表或公开的观点是否有利于自己来选择鉴定人。考虑到时间和财力因素,法院通常不会更改鉴定人。[3] 此时被告人处于不利地位。但德国《刑事诉讼法典》对被告人是否有权聘请鉴定人并未规定。而联邦最高法院则认为,法院选任的鉴定人因其明显的中立性,有别于私人聘请的鉴定人,但德国

---

〔1〕 See M. Bohlander, *Principles of German Criminal Procedure*, Portland, Hart Publishing, 2012, p. 147.

〔2〕 参见[德]托马斯·魏根特:《德国刑事诉讼程序》,岳礼玲、温小洁译,中国政法大学出版社 2003 年版,第 178 页。

〔3〕 参见[德]托马斯·魏根特:《德国刑事诉讼程序》,岳礼玲、温小洁译,中国政法大学出版社 2003 年版,第 179 ~ 180 页。

《刑事诉讼法典》未规定拒绝听取被告人的鉴定人出庭作证。总之,法院越来越倾向于承认被告人聘请的鉴定人出庭,但其地位与法院聘请的鉴定人有何区别,仍存在不确定性。[1]

是否选任鉴定人属于法院自由裁量范围,但在下列情形下通常会选任鉴定人。依据德国《刑事诉讼法典》第 80 条 a 的规定,如果预计要把被告人送至精神病医院、戒毒所或保安管束所,在审前阶段就应当为鉴定人提供鉴定机会以便其在审判程序中提出鉴定意见。依据德国《刑事诉讼法典》第 81 条,为鉴定被指控人的精神状况,法院在听取鉴定人和辩护人的意见之后,可以命令将被指控人移送至公立精神病医院留院观察。依据德国《刑事诉讼法典》第 87 条,在勘验和解剖尸体之时,应由医师负责进行。依据德国《刑事诉讼法典》第 91 条,有中毒嫌疑时,应由化学鉴定人或专门机构检查从尸体或其他地方发现的可疑物质,也可命令在医师的协助或指导下进行此种检验。依据德国《刑事诉讼法典》第 92 条,如果存在伪造货币或者有价证券的嫌疑,在必要时应当将该货币或有价证券送交发行真货币、证券的机构,并听取该机构的意见。依据德国《刑事诉讼法典》第 93 条,为查实文件的真伪及其作者,可以在鉴定人的协助下比对笔迹。

2. 鉴定人的义务与权利

与证人类似,鉴定人也有出庭义务、鉴定义务、宣誓义务。

像证人一样,鉴定人也应出庭接受询问。根据德国《刑事诉讼法典》第 77 条的规定,鉴定人不出庭将承担因此产生的费用。同时还应对他科以罚款。如果再次不服从命令,除了要缴纳费用之外,可再次科以罚款。但在例外情形下,鉴定意见也可以在法庭宣读。比如,控辩双方都同意宣读鉴定意见的情形以及鉴定人死亡、疾病或因其他事由阻碍无法出庭的情形。另外,如果鉴定意见是由具有高度可信性或高水平机构或个人作出,也通常被当庭宣读。这些机构如公立医院、大学的法医学机构、公共健康机关、公共化学物质检查机构、联邦刑事调查局等。另外,如血液酒精浓度等常规性测试的鉴定意见,通常当庭宣读以节约时间。[2] 被选任的鉴定人,必须服从任命,此为鉴定义务。根据德国《刑事诉讼法典》第 75 条

---

[1] See M. Bohlander, *Principles of German Criminal Procedure*, Portland, Hart Publishing, 2012, p. 153.

[2] See R. Volger et al., *Criminal Procedure in Europe*, Berlin, Duncker & Humblot, 2008, p. 341.

的规定,被选定的鉴定人,如果是鉴定特定事项的公职鉴定人,或者公开地、商业性地从事具有作为鉴定结论前提条件的知识的科学、艺术或行业,或者被官方指派或授权从事该职业,必须服从任命。根据德国《刑事诉讼法典》第77条,鉴定人拒绝鉴定将承担因此产生的费用。同时还应对他科以罚款。如果再次不服从命令,除了要缴纳费用之外,可再次科以罚款。如果鉴定人拒绝在约定的时间内得出鉴定意见或未得出鉴定意见,可以对其科以罚款。但在科以罚款之前,必须告诫其可以设定延展期限。再次违反期限规定的,可以再次科以罚款。依法定规则,鉴定人并非必须宣誓。法院可自由裁量决定鉴定人是否宣誓。但检察官、被告人、辩护律师申请的,鉴定人应当宣誓。宣誓通常在发表鉴定意见之后进行。

鉴定人在特定条件下有拒绝鉴定的权利。根据德国《刑事诉讼法典》第76条的规定,鉴定人可以基于与证人拒绝作证同样的理由拒绝鉴定,也可依据其他理由免除其作证义务。其他理由,例如,鉴定人工作负担很重,恐难在约定时间完成鉴定;鉴定人马上要休假很长时间等。同时,鉴定人在准备鉴定过程中有特定权利。根据德国《刑事诉讼法典》第80条的规定,为了准备鉴定,鉴定人可以查阅卷宗,以及在询问证人、讯问被告人时在场,并可以直接发问。当然,为避免鉴定人受卷宗影响产生偏见,应将阅读卷宗限定在绝对必要的情形。另外,根据德国《刑事诉讼法典》第84条,鉴定人享有因鉴定行为获得补偿的权利。

3. 鉴定人鉴定程序

鉴定人在法庭上提出鉴定意见的程序与证人作证程序大致相同,不同的是当事人可以申请鉴定人回避以及法官可以决定重新鉴定。

由于鉴定意见对审判结果往往具有重要意义,当事人有权申请鉴定人回避。根据德国《刑事诉讼法典》第74条的规定,鉴定人回避的理由与法官回避理由相同。回避理由大致包括与本案当事人关系密切者、曾参与过本案的司法官员或律师、有偏袒之虞三种情形。但鉴定人曾作为证人接受询问不是回避事由。当事人在申请鉴定人回避时要提出理由予以佐证,单纯宣誓不是佐证方式。

如果法官认为鉴定意见不充分,可以命令同一鉴定人或其他鉴定人重新鉴定。同样,在鉴定人得出鉴定意见而被申请回避后,法官也可以命令另一名鉴定人进行鉴定。

二、书面证言笔录宣读制度

德国《刑事诉讼法典》确立了言词原则，对可以阅读书面材料的主体也进行了限制。职业法官可以知晓卷宗内容，但为避免参审员受卷宗内容影响产生偏见，原则上不允许参审员知悉卷宗内容。另外，德国《刑事诉讼法典》对可以宣读的对象也予以限制。根据德国《刑事诉讼法典》第250条的规定，如果对事实的证明基于人的观察，该人应在审判中接受询问。不能用宣读先前证言笔录或书面证言代替对该人之询问。但这一原则也存在例外。

首先，官方证明文件和某些鉴定意见可以宣读。依据德国《刑事诉讼法典》第249条第1款，作为证据的官方证明及其他官方文件，应当在审判中宣读。本规定特别适用于先前的刑事判决书、前科、教会档案、出生记录、死亡记录、婚姻登记的摘录以及司法勘验笔录。因有时上述记录非常长，德国《刑事诉讼法典》第249条第2款允许法庭命令采取"自读程序"。即必要时，只要保证了其他诉讼参与人的阅读机会，可以让参审员在休庭期内完整阅读上述材料。[1] 但"自读程序"不能用于恢复证人、鉴定人、被告人记忆的情形，也不能用于消除上述人员陈述前后矛盾的情形。另外，检察官、被告人及其辩护律师也可以对此程序的适用立即提出异议。

依据德国《刑事诉讼法典》第256条的规定，可以宣读的鉴定意见包括："1. 下述来源获得的不包括犯罪记录证明在内的证明文件和意见：a）公共机构 b）作出一般性宣誓的鉴定机构得出的有关鉴定意见，以及 c）法院法医部门的医师。2. 有关轻微身体伤害的医学证明。3. 采集的血液样本的医学分析报告。4. 涉及工作日志的评估、血型和血液酒精含量及其变化的确定的鉴定意见。5. 包含在证明文件中有关侦查行为的来自于刑事追诉机关的笔录和书面证言，只要其对象不是证人询问"。上述鉴定意见属于常规的鉴定意见，对其进行书面宣读是为了加快诉讼的进行，避免诉讼在细节问题上纠缠。

其次，证人不出庭时，若当事人同意或不出庭系客观障碍，可以宣读书面证

---

〔1〕 See M. Bohlander, *Principles of German Criminal Procedure*, Portland, Hart Publishing, 2012, p. 157.

言。根据德国《刑事诉讼法典》第 251 条的规定,在被告人及其辩护律师和检察官都同意的情况下,对证人、鉴定人、共同被告人的询问可以被宣读上述人员的书面证言或鉴定意见代替。这是考虑到诉讼程序具有对抗性,如果当事人双方对宣读证人书面证言没有异议,则法院也无必要再传唤证人出庭。但如果法院基于德国《刑事诉讼法典》第 244 条第 2 款规定的澄清义务,认为为发现真实证人必须出庭时,也可以禁止宣读书面证言,而强令证人必须出庭。另外,若当事人双方都已同意宣读书面证言,法院必须在庭审笔录中注明原因。至于同意的表达方式,联邦最高法院认为,被告人可以以沉默方式表明。[1]

德国《刑事诉讼法典》第 251 条也规定了证人因客观障碍不能出庭时,法庭可以宣读其先前证言的情况。在该先前书面证言是由法官获得时,如果证人、鉴定人、共同被告人在可预见的将来,因疾病、身体虚弱或者其他不能克服的障碍无法出庭作证,或者因路途遥远考虑到上述人员陈述的重要性不能预期他们出席审判时,可以宣读该先前书面证言。在该先前书面证言并非由法官获得时,如果证人、鉴定人、共同被告人在可预见的将来,因死亡或其他原因无法出庭作证,或者书面证言及出庭陈述只与财产损失有关时,可以宣读书面证言。值得注意的是,因客观障碍不到场不可作广义解释,只有实在无法到场接受询问,才能用宣读书面证言代替。如果证人及其亲属因出庭作证将面临生命或身体健康危险时,可以认为不出庭的客观障碍存在。但在比较重要的案件中,要证人从美国到德国出庭,则不属于客观障碍。如果证人的陈述是不利被告的唯一证据,则原则上证人必须出庭接受询问。[2] 在诸如交通肇事类案件中,证人出庭只是为了证明财产损失金额,为避免给证人生活造成不便,可以当庭宣读其审前书面证言。[3] 如果宣读书面证言不是为作出判决,而主要是为了作出是否需要传唤和询问某人的裁决,也可以宣读上述书面证言。

再次,证人出庭时,为恢复记忆或消除矛盾,可以宣读书面证言。德国《刑事诉讼法典》第 253 条规定:(1)如果证人、鉴定人表示不能回忆起事实,先前证言

---

〔1〕 参见[德]罗科信:《刑事诉讼法》,吴丽琪译,法律出版社 2003 年版,第 433 页。

〔2〕 参见[德]罗科信:《刑事诉讼法》,吴丽琪译,法律出版社 2003 年版,第 431 页。

〔3〕 See M. Bohlander, *Principles of German Criminal Procedure*, Portland, Hart Publishing, 2012, p. 157.

中有关的部分可以被宣读,以帮助他恢复记忆。(2)如果先前证言与当庭证言存在矛盾,且无法通过不中断审判的方式予以确定或消除,则适用与前款同样的程序。据此,当证人出庭时,为了消除与先前证言之间的矛盾,先前证言的笔录可以被宣读。在法庭适用德国《刑事诉讼法典》第 253 条规定之前,法院必须先进行"提醒程序"以帮助证人、鉴定人恢复记忆。提醒程序是由法院发展出来的方法,在提醒程序中,法院通过告知先前证言的概要或阅读先前证言中的有关部分,以激活证人的记忆。提醒程序与德国《刑事诉讼法典》第 253 条规定的区别在于,如果在提醒程序中证人仍不能恢复记忆,用于提醒的材料不能用作证据;如果证人恢复记忆,则只有证人当庭证言才能用作证据。并且,提醒程序并不记入庭审笔录。[1] 德国有学者主张,第 253 条第 2 款的规定,并非意味着审前证言被用作裁决依据,被用作裁决依据的只有证人基于宣读在法庭上所作的当庭证言。但德国《刑事诉讼法典》并未明确作出此种区分。相反,通说与判例主张,通过宣读,将先前证言引入诉讼程序,使之成为法官自由心证的客体。至于先前证言与当庭证言何者为真,则属于法官自由心证的事项。[2] 综上所述,在德国,经由宣读,先前不一致证言获得了与当庭证言相同的证据能力,法官可以通过自由心证决定将哪份陈述作为裁决依据。因此,因前后证言不一致而使用的先前证言,既可以用作弹劾证据,也可以用来证明案件事实。[3] 依据德国《刑事诉讼法典》第 253 条宣读先前书面证言的,如果检察院或被告人提出申请,则要在庭审笔录中对宣读及其理由予以注明。

最后,通过播放视听资料代替询问。依据德国《刑事诉讼法典》255 条 a 第 2 款,在审理《刑法典》第 174 条至第 184 条 g 规定的侵犯性自主权利的案件、第 211 条至第 222 条规定的侵犯生命权的案件、第 225 条规定的虐待被保护人案件、第 232 条至第 233 条 a 规定的侵害人身自由权的案件时,如果证人未满 18 周岁,可以用播放先前录制的视听资料代替证人出庭询问,条件是被告人及其律师参与了该先前询问。对于上述类型案件的受害人,如果案件发生时未满 18 周岁,也适用此规定。在作出决定时,法官应当考虑证人受保障的权利并给出播放视听资料

---

〔1〕 See M. Bohlander, *Principles of German Criminal Procedure*, Portland, Hart Publishing, 2012, p. 160.

〔2〕 参见[德]罗科信:《刑事诉讼法》,吴丽琪译,法律出版社 2003 年版,第 433 页。

〔3〕 参见龙宗智:《论书面证言及其运用》,载《中国法学》2008 年第 4 期。

的理由。同时允许对证人进行补充询问。为与该规定配套，德国《刑事诉讼法典》第 58 条 a 规定了申请阶段对询问证人进行视听录制的程序。根据德国《刑事诉讼法典》第 58 条的规定，在考虑案件有关情节后，下列案件中的询问证人的过程可以通过视听媒介进行录制：为了保护 18 周岁以下之人及德国《刑事诉讼法典》第 255 条 a 第 2 款所涉及的犯罪侵害的儿童或未成年人；有理由担心审判阶段当庭询问证人不可能且录制视听资料对真实发现而言有必要。只有为追诉犯罪之目的，且只有在真实发现所需的限度内，才许可录制视听资料。视听资料的副本应当提供给有阅卷权的主体观看，但既不能复制，也不能带走。在有阅卷权的主体使用完毕后，应尽快退回检察机关。如果录制该视听资料的证人不同意将记录询问过程的视听资料被有阅卷权的主体观看，则应将该视听资料的书面抄本给予有阅卷权的主体。制作书面抄本之人应在抄本附录中签字确认抄本的准确性。

第三节 意大利

一、证人、专家证人出庭作证制度

在意大利，证人被分为狭义的证人与专家证人两种，针对二者适用的规定差异显著，有必要分别考察。

（一）证人出庭作证制度

按照意大利学者的定义，证人是指知晓案件事实并被传唤出庭作证之人。[1] 当证人对案件事实的知晓是来自他人，即证人为传闻证人时，其是否可以作证是一个复杂问题。原则上，根据意大利《刑事诉讼法典》第 500 条的规定，传闻证人的证言仅能用于证明直接感知案件事实的证人的可信性与可靠性。但作为信息来源的直接感知案件事实的证人因死亡、生病或下落不明而无法询问时，传闻证人可以出庭，但对传闻证人证言的审查要格外仔细。并且，如果传闻证人拒绝或不能指出信息来源时，其陈述无论如何不能使用。另外，根据意大利《刑事诉讼法

---

〔1〕 See M. Scaparone, *Procedura Penale Volume* 1, Torino, G. Giappichelli Edidore, 2008, p. 325.

典》第62条的规定,获知被追诉者在诉讼过程中陈述的传闻证人所作陈述也不得使用。根据意大利《刑事诉讼法典》第195条第4款的规定,司法警察不能就证人或牵连案件中的被告人陈述摘要的内容作证,也不能就告发、告诉、追诉请求的内容及被追诉者自愿陈述的内容作证,其他情况下侦查人员可以作为传闻证人出庭作证。但宪法法院判决这一规定违宪,认为法典只规定在前述方式下警察不能作为间接证人出庭,但在不遵守上述方式下的警察反而能够出庭,这一规定不合理且有违宪法的正当程序原则。[1] 因此,根据宪法法院判决,只要符合制作书面材料的情形,不论是否制作了上述书面材料,司法警察都不能出庭作证。

1. 证人资格与拒证特权

根据意大利《刑事诉讼法典》第196条第1款的规定,所有人均具有证人资格。未成年人可以作证,尽管法典对询问未成年人的方式进行了特殊规定。精神病人可以作证,但在作证前法官需要审查证人的身体和心理状况是否适宜作证。根据意大利《刑事诉讼法典》第209条的规定,受害人也可以像证人一样接受询问。

但意大利《刑事诉讼法典》第197条明确规定了不得担任证人之人。第197条规定不得担任证人之人可以分为两类,一类是在诉讼中担任法官、检察官之人及其助理以及从事了调查取证活动的辩方律师,另一类是没有如实陈述义务的主体。同案共同被告人及同案的牵连诉讼的被告人不能作为其他被告人案件中的证人。但获得终审判决的被告人由于一事不二罚原则再次作证不具有风险,可以出庭作证。实施某犯罪的被告人与为执行或掩盖该犯罪而实施犯罪的被告人及待证事实有重合的不同案件中的被告人,不能作其他被告人案件中的证人,但这一规定有两个例外。一是获得生效判决的被告人可以作为其他被告人案件中的证人;二是司法警察讯问时供出本人未参与但其他被告人参与的犯罪事实的被告人,可以作为证明该犯罪事实的证人。另外,民事责任人和罚金刑的民事责任人也不得担任证人。

被告人近亲属有拒证权。[2] 但若告发、告诉、追诉请求由被告人近亲属提出

---

〔1〕 Corte Cost. ,no. 305/2008.

〔2〕 意大利《刑法典》第307条第4款规定,近亲属指直系尊血亲、直系卑血亲、配偶、兄弟姐妹、同亲等之姻亲、叔伯姑舅姨、侄儿侄女外甥外甥女。但若配偶去世,则姻亲不再属于近亲属。

或被告人近亲属是被害人时,则有作证义务。根据意大利《刑事诉讼法典》第199条第3款,近亲属的拒证权也适用于类似近亲属关系之人。对于被告人近亲属或有类似近亲属关系之人,法官应当告知其享有拒证权并询问其是否行使拒证权,否则作证行为无效。

从事特定职业或职务之人因职业秘密或职务秘密也有拒证权。根据意大利《刑事诉讼法典》第200条第1款的规定,牧师、律师、私家侦探、技术顾问、公证人、医师、外科医师、药剂师、产科医师及其他从事医疗卫生职业之人,就其因职业或职务原因知晓的事实没有作证义务,但有义务向司法机关汇报的情况除外。根据意大利《刑事诉讼法典》第200条第3款的规定,职业记者就其在职业活动中因信赖关系获得的信息来源没有作证义务。但若该信息为查证犯罪所必不可少,且只能通过信息来源者查实该信息真伪,则法官应当命令记者指明信息来源。如果有理由怀疑上述人员拒绝作证的声明无根据,法官可以进行必要的调查。确实无根据的,命令其作证。根据意大利《刑事诉讼法典》第203条,法官不得强迫司法警察及情报、军事或国家安全机关人员泄露线人姓名。但未作为证人询问的线人,其提供的信息既不能采纳也不能使用。

证人享有不自证其罪特权。[1] 但证人在使用不自证其罪特权时,必须提供理由,当然也不能提供过多不利于自己的细节。另外,根据意大利《刑事诉讼法典》第63条第1款的规定,如果证人向司法警察、检察官、法官所作陈述表明其具有犯罪嫌疑,司法警察、检察官、法官首先应当中断对证人的询问,然后告知该证人这一陈述会导致不利于他的犯罪侦查,并要求该证人任命一名辩护律师协助其进行询问。该证人的先前证言不能用作不利于他的证据。

2. 证人义务

证人有出庭义务、具结义务、如实回答义务。

根据意大利《刑事诉讼法典》第198条第1款的规定,证人有出庭义务。根据意大利《刑事诉讼法典》第133条第1款的规定,如果证人经合法传唤,无正当理由不在规定时间出庭,法官可以命令将其拘传到庭并且可以裁定处以51～516欧

---

〔1〕 意大利《刑事诉讼法典》第198条第2款规定:证人没有就可能导致其承担刑事责任的事实作证的义务。

元的罚款和因其不出庭导致的诉讼费用。如果证人仍旧拒绝出庭,则根据意大利《刑法典》第366条的规定,涉嫌拒绝履行法定义务罪,可被判处6年以下监禁刑并处30~516欧元的罚金。

根据意大利《刑事诉讼法典》第198条第1款的规定,证人有具结义务。根据意大利《刑事诉讼法典》第497条第2款的规定,具结内容为:“我已清楚作证的道德和法律责任,我保证全讲真话且毫不隐瞒。”如果证人拒绝具结,也会触犯意大利《刑法典》第366条规定的拒绝履行法定义务罪。

根据意大利《刑事诉讼法典》第198条第1款的规定,证人有如实回答义务。根据意大利《刑事诉讼法典》第207条的规定,如果证人拒绝陈述,法官应告诫证人如实陈述。如果证人坚持拒绝陈述,则法官立即将相关文件移送检察官。如果证人证言自相矛盾、不完整或与已经获得的证据相冲突,法官应告知其如实陈述。如果证人仍然坚持所言,则法官立即将相关文件移送检察官。根据意大利《刑法典》第372条的规定,证人在接受询问时所言为假或否认真实情况,以及沉默不语,都将构成伪证罪,可能判处2年至6年有期徒刑。

3. 证人作证程序

在意大利,证人一般需要在正式审判中出庭作证,但在特殊情况下,也可以在侦查阶段作证,此即附带证明制度。

所谓附带证明,是指法官在侦查终结前按照正式庭审的规定以当事人对抗辩论的方式收集证据的程序。附带证明的庭审笔录将在庭审中被宣读,且具有完全的证据能力。[1] 换言之,附带证明就是将本该在审判中发生的对抗辩论提前至侦查阶段以保全证据。特定情况下的证人证言可以通过附带证明予以保全。根据意大利《刑事诉讼法典》第392条第1款的规定,如果确有理由认为证人将因疾病或其他重大阻碍不能在正式审判中出庭作证,或者依据具体、特定材料确有理由认为证人可能遭受暴力、威胁、引诱使其不作证或作伪证,可以进行附带证明。另外,特定案件类型中的未成年证人与成年被害人,即使不存在上述情形,仍可以依检察官、被追诉者、受害人请求,进行附带证明。特定的案件类型包括意大利

[1] See M. Scaparone, *Procedura Penale Volume* 1, Torino, G. Giappichelli Edidore, 2008, p. 56.

《刑法典》第572条规定的虐待家庭成员或共同生活者罪,第600条规定的强迫维持奴役罪,第600-2条规定的未成年人卖淫罪,第600-3条规定的未成年人色情活动罪,第600-4条规定的持有色情材料罪,第600-4-1条规定的虚构色情罪,第600-5条规定的利用未成年人卖淫的旅游协议罪,第601条规定的贩卖人口罪,第602条规定的接收、转卖奴隶罪,第609-2条规定的性暴力罪,第609-4条规定的与未成年人实施性行为罪,第609-5条规定的腐蚀未成年人罪,第609-8条规定的团伙性暴力罪,第609-11条规定的教唆未成年人罪,第612-2条规定的虐待罪。

附带证明的请求应由检察官或被告人提出。被害人不能直接向法官请求进行附带证明,但可以要求检察官提出请求,检察官如果拒绝提出请求,应当作出附理由的决定。根据意大利《刑事诉讼法典》第393条的规定,附带证明的请求必须包括下述内容,否则不予接受:(1)请求收集的证据,该证据要证明的事实,该事实对判决结果的重要性及理由;(2)该证据的待证事实所针对之人;(3)第392条规定的该证据不能推迟到审判阶段收集的原因。检察官提出的请求中还应当指出被追诉者的辩护律师、被害人及其律师。附带证明的请求及相关物品、文件会被存放在法院的文书室,并由提出请求者负责向有关主体送达。后者可以就该请求的可接受性及理由提出书面反驳。法官据此作出同意请求、不接受请求、驳回请求的裁定,该裁定不能上诉。在同意附带证明请求时,法官应当确定庭审的时间、地点和参加人员。在涉及上文所述特定案件类型时,法官还可以决定不在法庭开庭,并且询问证人的完整过程必须进行同步录音录像。之后,依据该同步录音录像会制作一份摘要笔录,只有在当事人请求时才将摘要笔录副本给当事人。

附带证明的庭审在评议室举行,检察官和辩护律师必须出庭。若辩护律师未出庭,法官应当另行指定一名辩护人。被害人的代理律师也有权出庭。在应当询问证人时被追诉者及被害人有权到场,其他情况下需要法官预先批准才能到场。若被追诉者在应当出庭的情形下未出庭,法官可以决定将其拘传到庭。庭审时不得再重新讨论附带证明请求是否可接受和有理由。附带证明程序依照审判阶段庭审的规定收集证据。被害人的代理律师可以请求法官向被追诉者提出问题。附带证明收集证据的活动不得涉及其辩护律师不在场的被追诉者的犯罪事实,且在任何情况下禁止将涉及此被追诉者的陈述记入笔录。附带证明程序获得的笔录、物品、文件会被移送给检察机关,但辩护律师有权查阅和取得副本。在正式庭审中,附带证明程序收集的证据只能针对其辩护律师参与了该程序的被告人使用。对其辩护律师没有参与附带证明,但被告人的有罪嫌疑出现在附带证明之后,而重新进行附带证明已经不可能的情况,附带证明程序收集的证据也可以使用。

一般情况下,证人要出庭作证。在询问证人之前,法官应告诫证人要如实陈述。对于 14 周岁以上的证人,法官还要告诫作伪证及沉默要承担的刑事责任,然后要求证人具结。证人作证采取交叉询问方式。交叉询问分为主询问、反询问、再主询问三个步骤。主询问由请求证人出庭一方当事人提出,反询问由没有请求证人出庭的当事人提出,再主询问由请求证人出庭一方当事人提出对该证人提出新的问题。主询问目的在于展示证人所感知的案件事实及证明该证人的可信性与可靠性。主询问禁止问诱导性问题。与主询问当事人存在利益冲突的当事人提出反询问,其既可以反驳证人所陈述的事实,也可以反驳证人的可信性。反询问中可以提诱导性问题。再主询问的功能在于"修复"因反询问而被"破坏"的事实及证人的可信性。交叉询问不能被打断,在交叉询问中未询问证人的当事人只能提出异议,由法官立即决定是否接受异议。询问证人的当事人有权结束对证人的询问,法官不得干涉。法官只有在所有当事人都结束询问后才能向证人补充发问。

意大利《刑事诉讼法典》第 499 条规定了询问及回答时的规则以保证发现真实。询问要就具体事实提出。这一规则不禁止询问者请求证人叙述他的感受,只禁止证人陈述"从记忆学到的教训",即询问只能围绕特定事实进行,不能围绕证人对事实的评价。只有在无法区分事实与评价时,才允许证人作出评价。禁止询问有损回答真诚性的问题,即询问时不得威胁和说服证人。禁止询问有损证人人格尊严的问题,即损害证人荣誉或名誉的问题。但在反询问中,因要攻击证人的可信性,此时保障反询问权利具有优先性。另外,询问过程中,法官要保证问题的相关性、回答的真实性、询问过程的真诚性、反驳的正确性。

在必须对未成年人进行询问时,法典规定了特殊方式。此时不进行交叉询问,而由当事人通过审判长之口向该未成年证人发问。询问时,审判长可以让未成年的家人或儿童心理学的专家在旁协助该未成年人作证。另外,在性侵害案件及类似案件中,询问未成年受害人或有精神疾病的成年受害人时,如果该受害人或其律师提出请求,则应当使用单面镜及声音转换设备。

(二)专家证人作证制度

在意大利,刑事诉讼中的鉴定,是指法官批准开展的需要特定技术、科学和技艺能力的侦查活动。[1] 为了从事鉴定,需要委托专家证人。意大利的专家证人大体分为两类,一种是由法官任命的鉴定人,另一种是由各当事人任命的技术顾问。

1. 鉴定人作证制度

法官应当从鉴定人名册中任命一名相关领域的专家。每个法院都会有一本不同领域的鉴定人名册,名册中必须包含法医学、精神病学、会计学、工程学、交通事故学、城市交通学、弹道学、化学、笔迹学领域的专家。如果所任命的鉴定人是鉴定人名册外的人,则法官应当在任命鉴定人的裁定中注明理由。如果鉴定事项特别复杂或者需要不同学科知识,法官可以任命数名鉴定人。当某项鉴定被宣布无效时,法官任命其他鉴定人重新开展鉴定工作。

特定人员不能担任鉴定人。一种原因是不具有鉴定能力,包括未成年人、禁治产人、无民事权利能力之人、精神病人、被褫夺或暂时褫夺公权之人、被禁止或暂时禁止从事某一职业或技艺之人、被处以保安处分或人身预防措施之人。另一种原因是身份冲突。如在诉讼中担任证人或翻译之人、在牵连诉讼中被任命为技术顾问之人。

鉴定人有履行鉴定职责的义务。根据意大利《刑法典》第366条的规定,如果法官任命的鉴定人以欺诈方法使自己免于出庭作证或免于履行鉴定职责,或者出庭时拒绝提供自己身份,或拒绝履行其职责,将被处以6个月以下监禁刑或者30~516欧元的罚金。根据意大利《刑法典》第373条,鉴定人如果说谎或肯定虚假事实,则要被处以2~6年监禁刑。

---

〔1〕 See M. Scaparone, *Procedura Penale Volume* 1, Torino, G. Giappichelli Edidore, 2008, p. 355.

法官可以依当事人申请批准开展鉴定,也可以依职权决定开展鉴定。赋予法官决定权的依据在于鉴定常常是评价在诉讼中获得的证据材料的一种机制,而法官有权评价证据,因此允许法官依职权开展鉴定属于法官证据决定权的一部分。[1] 当法官依职权决定开展鉴定时,要作出附理由的裁定。裁定应包含鉴定对象的概要说明、任命的鉴定人、鉴定人出庭日期、时刻和地点。鉴定人出庭时,法官应审核鉴定人的身份,询问鉴定人是否具有不能担任鉴定人的情形,告诫鉴定人其负担的义务及不履行义务要承担的刑事责任,要求鉴定人具结,在听取鉴定人、检察官、辩护律师、技术顾问意见后向鉴定人提问。此时,鉴定人、检察官、辩护律师可以就鉴定人应否回避提问。鉴定人的回避遵循法官回避的相关规定。如果符合回避事由,应当更换鉴定人。另外,在法官认为不应同意鉴定人提出的鉴定期限,不应同意鉴定人延长鉴定期限的申请及鉴定人不能在预定的时间得出鉴定意见时,也可以更换鉴定人。

鉴定人被任命后,对于法官提出的问题,如果能够立即作出回答,则该回答作为鉴定意见应被记入笔录。如果问题复杂,不能立即回答,鉴定人应当请求一定期限以得出鉴定意见。如果法官认为不是必须因此更换鉴定人,则可以规定不超过 90 日的期限。鉴定人指明开始鉴定的日期、时刻和地点,法官将之记入笔录。若鉴定事项特别复杂,鉴定人可以提出附理由的请求申请延期,法官依据该请求决定是否延期。延期可多次进行,每次不超过 30 日。但无论如何,鉴定的总期限不得超过 6 个月。鉴定人为完成鉴定经法官批准可以进行必要的活动,可以查阅庭审卷宗、文件以及当事人提交的物品,也可以参与询问当事人及调取证据活动,可以委任助手协助其从事不包含评价工作的活动,在必须用文字阐释其鉴定意见时可以提交书面鉴定意见。

在庭审中,询问鉴定人遵循有关询问证人的可适用的规定。

2. 技术顾问作证制度

刑事诉讼中的当事人,包括犯罪嫌疑人和被害人,可以任命一名或多名技术顾问以便对需要特定技术、科学或技艺知识的证据和数据作出自己的分析与评

---

[1] See M. Scaparone, *Procedura Penale Volume* 1, Torino, G. Giappichelli Edidore, 2008, p. 358.

价。检察官一般从鉴定人名册中任命技术顾问。其他当事人则不须受此限制。技术顾问适用与鉴定人同样的鉴定能力和身份冲突规定。

在未开始鉴定之前,任何一方当事人最多可以任命两名技术顾问。检察官和被告人在此时任命技术顾问一般出于两种目的。一是核查体貌特征,进行需要特定能力的如素描拍照或其他技术活动。二是进行不可重复的技术调查,即对状态可能发生改变的人、物品或地点进行技术调查。

如果法官已经批准开展鉴定活动,任何一方当事人可以任命的技术顾问的数量不得超过法官任命的鉴定人的数量。此时技术顾问可以参与任命鉴定人的程序并向法官提出请求、评论和保留意见。技术顾问的请求、评论和保留意见必须在笔录中注明。在任命鉴定人之后,技术顾问可以参与鉴定人的鉴定活动,向鉴定人提议进行特定的调查活动,提出评论和保留意见。技术顾问的评论和保留意见鉴定人必须在鉴定意见中注明。在鉴定活动已经结束后任命的技术顾问,可以查阅鉴定意见,并请求法官批准询问作为鉴定对象的人、物品和地点。并且可以以口头或书面方式向法官表达自己对鉴定意见的看法。

在庭审阶段,询问技术顾问遵循有关询问证人的可适用的规定。

二、书面证言笔录宣读制度

意大利《宪法》第 111 条第 5 款规定,须由法律明确规定因被告人同意或客观上不能证明或被证实的非法行为而通过对抗辩论之外的方式形成证据的情形。意大利允许宣读书面证言笔录的情形主要围绕宪法规定的上述例外展开。

(一)被告人同意的例外

在特定情形下,如被告人同意,则可不适用对抗辩论原则,审前取得的某些证据材料可以直接成为法官裁决的基础。被告人放弃进行对抗辩论可能是由于控方证据材料中所包含的信息与经过对抗辩论之后得到的信息相同。被告人同意可以在获得相同结果的前提下省却对抗辩论所需花费的时间,对被告人而言未必是坏事。换言之,被告人同意不适用对抗辩论,主要是出于诉讼效率的考量。[1]

---

〔1〕 See F. Zavaglia, *La prova dichiarativa nel"giusto processo"*, Lansing, Cedam, 2007, p. 19.

当然,被告人的同意必须是自愿作出的。至于表示同意的方式,被告人可以亲自或通过其律师或特别代理人,以口头或书面方式明确表达意愿。如根据意大利《刑事诉讼法典》第 438 条的规定,被告人请求适用简易审判程序的,可以以书面或口头方式提出,被告人要亲自或通过特别代理人的方式表达意愿。根据意大利《刑事诉讼法典》第 446 条的规定,对请求适用刑罚的当事人也有类似规定。被告人的沉默或不置可否视为被告人不同意放弃对抗辩论原则。意大利《刑事诉讼法典》将刑事诉讼程序分成初步侦查、初步庭审、正式审判三个阶段。被告人明示的同意在与该证据形成有关的诉讼阶段终结之前都可以提出。如根据意大利《刑事诉讼法典》第 438 条第 2 款的规定,被告人可以请求在初步庭审阶段以简易审判程序终结刑事诉讼,但是要在初步庭审结论作出之前提出请求。

被告人的同意会产生一定的程序法效果和证据法效果。

就程序法效果而言,被告人预先放弃对抗辩论原则可以开启简易审判程序和依当事人请求适用刑罚程序,被告人在刑事处罚令作出之后表示的同意使刑事处罚令获得效力。被告人的意愿还会对上述特别程序产生其他明显的影响。一方面,上述特别程序中,法官可以基于侦查阶段收集的证据材料直接作出裁决;另一方面,被告人也因放弃了对抗辩论的保障而获得法定的量刑折扣。被告人同意对上述特别程序的"塑造"产生了如此大的影响,以至于将被告人同意视为上述几种程序的宪法基础也不为过。在简易审判程序中,根据意大利《刑事诉讼法典》第 438 条的规定,其启动条件是:"被告人请求在初步庭审阶段根据收集的证据材料终结刑事诉讼。"[1] 在法官接受该请求时,即适用简易审判程序进行审理,并通常根据初步侦查获得的证据材料作出裁决。[2] 在量刑时,法官要对被告人进行一定的量刑减让。[3] 判例认为,这一量刑减让,本质上属于由被告人程序选择引

---

〔1〕 意大利《刑事诉讼法典》最初版本要求被告人启动简易程序的请求要获得检察官的同意。但 1999 年第 479 号法律删除了有关检察官同意的规定,此后被告人垄断了启动简易审判程序的申请权。宪法法院在 2001 年第 115 号判决中认定,不允许检察官请求开启简易审判程序与宪法不冲突。

〔2〕 根据意大利《刑事诉讼法典》第 438 条第 5 款,在简易审判程序中,被告人还可以提出补充必要证据的请求。法官为作出裁决,在兼顾程序效率的情况下可以补充调取必要的证据。因此,法官作出裁决不必然全部依据之前诉讼阶段已经获取的证据材料。

〔3〕 意大利《刑事诉讼法典》第 442 条第 2 款规定:在量刑时,法官在考虑案件所有情节确定刑罚后,要减轻三分之一。应当判处普通无期徒刑的,应当替换为 30 年有期徒刑。在共同犯罪或连续犯的情况下被判处白天禁闭的无期徒刑的,应当替换为普通无期徒刑。

起的程序性减让，与意大利《刑法典》第69条规定的减轻情节性质不同。因此，在适用意大利《刑法典》第69条规定的加重情节与减轻情节竞合并确定刑罚之后，法官才能适用这一程序性减让。[1] 在依当事人请求适用刑罚程序中，根据意大利《刑事诉讼法典》第444条第1款的规定，需要被告人与检察官共同请求才能启动该程序。被告人的同意成为启动该程序的必要非充分条件。在法官接受该请求时，法官要依据侦查阶段获得的证据材料作出裁决，不能进行新的取证活动。与简易审判程序类似，在量刑时，法官要对被告人进行1/3的量刑减让。在刑事处罚令程序中，对于应当仅适用罚金刑的案件，检察官会预先将案卷材料移送给法官，并附理由地请求法官作出刑事处罚令。检察官可以请求适用相对于最低法定刑减轻一半的刑罚。法官接受检察官请求并适用刑事处罚令的，自被送达刑事处罚令之日起15日内，被告人可以提出异议。若未提出异议或异议不被接受，则执行该刑事处罚令。与先取得同意再开启程序的简易审判程序和依当事人请求适用刑罚程序不同，刑事处罚令程序将被告人的同意置于刑事处罚令作出之后。宪法法院认为，这一做法并不违宪，“刑事处罚令程序所表现的是一种可能的和延迟的对抗辩论，即先作出刑事处罚令，再赋予被告人辩护的权利，这一权利紧随刑事处罚令的送达而至：一旦被告人提出异议，刑事处罚令就实际失效，异议也因此成为反驳起诉的手段”。[2]

就证据法效果而言，被告人的同意可以使审前单方收集的陈述在法庭审判中被使用。一个重要的例子即共犯作证问题。意大利《刑事诉讼法典》为共犯作证设定了两个条件。一是根据意大利《刑事诉讼法典》第197条第1款a的规定，某被告人获得终局判决，才能在其他共犯的未结案件中以证人身份出庭作证。司法实践中，实施同一共同犯罪的被告人，如诉讼分离进行，可能分别以无罪判决、依当事人请求适用刑罚判决、有罪判决等方式结案，且其各自诉讼的进度也不尽相同。二是根据意大利《刑事诉讼法典》第64条第3款c的规定，被告人就犯罪事实所作陈述，涉及其他人的刑事责任，就其陈述的此项事实可以作为证人出庭作证。符合上述条件的陈述人在出庭时，要么保持沉默，要么作为证人接受询问。

[1] Cass., Sez. Un., 25 - 10 - 2007, Volpe, in Cass. pen. 2008, p. 927.

[2] Corte Cost., n. 504/2000.

如果其保持沉默,则审前获得的该人的陈述禁止使用、禁止宣读。唯一的例外就是双方当事人协商一致同意使用该陈述。鉴于共犯审前证言一般都包含对本案被告人不利的内容,且大多被控方作为证据使用,检察官一般都会同意使用该证据。因此,本条中当事人协商一致同意使用,关键点就在被告人同意使用该项证据。当然,如果本案中有两个以上的被告人,未能一致同意使用该陈述,则该陈述仍不能被使用。另外一个重要的例子是1999年第479号法律所规定的"协商取证"。这一法律修改了意大利《刑事诉讼法典》第431条第2款、第493条第3款、第555条第4款,规定当事人可以协商一致,将包含于控方卷宗之中的证据材料以及某些初步侦查文书移至庭审卷宗,使之具备与经庭审对抗辩论形成的证据相同的证据能力。这一规定无疑是对抗制诉讼影响下的产物,同时也是不堪重负的意大利刑事司法体制对诉讼效率原则的妥协,这会增加对抗辩论原则例外的范围,并导致大量的审前收集的证据材料进入庭审卷宗。当然,这一规定同时增强了当事人的证据决定权。考虑到收集于控方卷宗内的证据多对被告人不利这一因素,协商取证的规定仍然是对宪法对抗辩论原则被告人同意这一规定的贯彻。毕竟在对抗制的逻辑下,当事人被赋予了更多的证据"权力",对于当事人双方都认可的证据,再通过法庭审判去调取一次,似乎也没必要。

(二)客观上不能证明的例外

在某些情况下,由于客观事由出现,诉讼行为不能重新实施,则可不适用对抗辩论原则,审前获得的证据材料可以直接成为法官裁决的基础。

客观上不能证明的例外根据发生时机不同可分为两种类型,一种是原发不能,另一种是突发不能。原发不能重新实施的诉讼行为,是指因诉讼行为本身性质,在实施时就决定了其会被置于庭审卷宗之中,其具体体现是意大利《刑事诉讼法典》第511条第1款。突发不能重新实施的诉讼行为,是指突发的不可预见的客观事由使原本可以重新实施的诉讼行为不能重新实施,其具体体现是意大利《刑事诉讼法典》第512条第1款。换言之,前者不能重新实施是由本身原因造成,后者不能重新实施是由不能预见的外在因素造成。

意大利《刑事诉讼法典》第511条第1款规定,法官依职权决定完整或部分宣读包含在庭审卷宗中的证据材料。根据意大利《刑事诉讼法典》第431条第1款,庭审卷宗中包含的证据材料有："a)有关提起刑事诉讼和实施民事诉讼的文书；b)由司法警察实施的不能重新实施的诉讼行为的笔录；c)由检察官和辩护人实施的不能重新实施的诉讼行为的笔录；d)通过国际委托在国外获得的文件以及以同样方式获得的不能重新实施的诉讼行为的笔录；e)在附带证明中实施的诉讼行为的笔录；f)不同于 d)项规定方式，辩护人以意大利法律允许的方式协助或实施的国际委托获得的诉讼行为的笔录；g)司法档案的一般证明以及 236 条规定的其他文件；h)犯罪的实物证据以及与犯罪有关的物品，只要上述物品无须另地保管。"对于上述诉讼行为，由于保全于专门为法庭审判准备的卷宗中，无需经过对抗辩论，只需经过庭上宣读，即可获得证据能力。究竟哪些诉讼行为属于第 511 条所涉及的"不能重新实施"的诉讼行为？其中，司法警察实施的不能重复实施的笔录类证据包括搜查、扣押、开启邮件检查、意大利《刑事诉讼法典》第 354 条规定的紧急情况下对场所、物品、人身所进行的必要的核查和提取等诉讼行为所形成的笔录。检察官实施的不能重复实施的笔录类证据包括搜查、扣押、勘验、检查、提取以及法典第 360 条规定的不能重复实施的技术核查等诉讼行为形成的笔录。辩护人实施的不能重复实施的笔录类证据包括进入特定地点、对地点和物品的检查、提取、不能重复实施的技术核查等诉讼行为形成的笔录。[1]

意大利《刑事诉讼法典》第 512 条规定："由于不能预见的事实或情况，使诉讼行为不能重新实施，法官应当事人请求，决定宣读由司法警察、检察官、辩护人、初步庭审法官所收集的证据材料。"所谓"不能预见"，是指在实施该诉讼行为时不能预测到该诉讼行为之后不能重新实施。对于在实施该诉讼行为时，能够预测到该诉讼行为不能重新实施的情况，立法者规定了附带证明制度。所谓"事实或情况"，是指独立于人的意志之外的客观事由，类似于意外事件和不可抗力。如果是出于主体意愿导致诉讼行为不能重复，如陈述人在法庭上行使沉默权无法进行询问，则不属于"事实或情况"。对哪些诉讼行为属于"不能重新实施"的诉讼行为，意大利最高法院认为应具备两个条件，一是该诉讼行为不能在庭审时重新实施，二是该诉讼行为是真实可靠的。[2] 前一条件显示只有在庭审时重新实施不

---

〔1〕 See M. Scaparone, *Procedura Penale Volume* 1, Torino, G. Giappichelli Edidore, 2008, p. 100.

〔2〕 Cass., Sez. Un., 18 - 12 - 2006, Greco, in G. Dir., 2, 2007, p. 78.

能够保证诉讼行为完整性时，才属于不能重复实施的诉讼行为；后一条件则出于真实发现需要。意大利《刑事诉讼法典》第195条第3款规定的证人死亡、患病、下落不明，是突发不能的典型情形。其中证人下落不明是意大利司法实践中一个备受关注的问题，指在侦查阶段作出陈述的证人，在庭审中因不能预见的客观事由下落不明，使对其进行的询问无法进行的一种情形。此时，证人在审前阶段所作的书面证言可以获得证据能力。当然，证人下落不明不能出于该证人的意愿，因为这种情况不属于法典所规定的客观的"事实或情况"。[1]

（三）被证实的非法行为的例外

被证实的非法行为的例外，是指对抗辩论被"污染"的情形，即当出庭作证的证人的可靠性可能受到"污染"，法官可以使用其在审前未经对抗辩论作出的书面证言。这一例外针对妨害证人在庭审据实作证的行为。使用审前证言的依据则是经验法则，"当证人被强迫在法庭上就全部或部分事实默不作声时，其审前作出的书面证言就极有可能是可靠的或至少是对查明事实真相有用的"。[2] 这一规定其实是为了平衡刑事诉讼法所保护的两种价值，即对抗辩论所体现的程序正义与最大限度发现真实所体现的实体正义，而对抗辩论是为真实发现服务的，当无法通过对抗辩论发现真实，就有必要通过其他方式发现真实。

意大利《刑事诉讼法典》第500条第4款规定，如果存在具体的证据材料，也包括庭审中出现的情形，证明证人受到暴力、威胁，被给予或承诺给予金钱或其他利益，其目的在于使证人不作证或作伪证，那么包含在控方卷宗中的证人在审前所作的书面证言要被置于庭审卷宗中。

"非法行为"既包括暴力、胁迫方式，也包括给予或承诺给予证人好处。而实施上述非法行为的主体并非一定是被告，或者为被告利益而实施，即使是其他主体为第三人利益而实施也可。但证人自身却不能成为实施非法行为的主体，即上述行为只能针对证人实施，不能由证人本人实施。意大利宪法法院认为，意大利《宪法》第111条第5款所使用的"非法行为"不能作无所不包的理解，不能被理

[1] 采纳该证人的审前证言也违反《宪法》第111条第4款，被告人不能因某个出于自由意愿躲避被告人及其辩护人询问的人所作的书面证言而被判有罪。

[2] C. Conti et al., "Commento all'art. 111 cost.", in A. Giarda ed., *Codice di procedura penale commentato*, Paris, Ipsoa, 2001, p. 23.

解为既包括针对证人实施的诸如暴力、威胁或贿赂等行为,也包括由证人本人在对抗辩论的法庭上实施的诸如伪证或沉默等行为。[1] 因针对证人实施的非法行为影响的是证人的意志自由,而证人本人实施的非法行为则出于其自由意志。

意大利《刑事诉讼法典》要求“存在具体的证据材料”证明存在非法行为,同时规定“也包括庭审中出现的情形”。那么,非法行为的证明是否仅凭庭审中出现的情形也可?意大利最高法院持肯定见解,认为意大利《刑事诉讼法典》中的“也”应当被理解为庭审中出现的情况本身也能达到意大利《刑事诉讼法典》要求,无需其他证据材料也可。[2] 至于证明标准,司法实践中一般认为,具体的证据材料需要让法官能够合理相信存在非法行为,能够推测存在有效实施的非法行为导致证人在庭审中作证的真实性受影响。而非仅仅是模棱两可的猜测或纯粹的怀疑。[3] 比如,被告人系黑手党领导人这一事实本身不能成为具体的证据材料。[4] 但意大利最高法院认为,在性侵害案件中,被害人和被告人重新和好的事实却可以构成认为被害人会推翻先前控告陈述的“具体的证据材料”。[5]

意大利《刑事诉讼法典》第 500 条第 5 款规定,为查明是否存在第 4 款规定情形,法官在当事人请求下,进行必要的法庭调查工作,并无迟延地作出裁决。提出请求的当事人可以提供认定证人受到暴力、威胁、给予或承诺给予金钱或其他利益的具体的证据材料。这一款规定了一个以查明是否存在非法行为为目的的微型的附带程序。这一程序启动的前提是当事人提出请求,但当事人提出请求时不需要提供任何证据,即提出请求的当事人不承担“提出证据责任”。法典并未对当事人提出请求的时间作出限制,当事人可以在询问证人之后提出请求,甚至在本诉讼阶段终结之前都可提出。一旦此附带程序启动,法官需要先中止以被告人定罪量刑为目的的主程序,待附带程序终结,再重新开始主程序。需要注意的是,在此附带程序中,同样应当保证当事人之间以对抗辩论方式形成证据。考虑到与正式庭审程序不同,这一程序更为简略,司法实践中通常并不严格遵守正式庭审

---

〔1〕 Corte Cost. ,n. 453/2002.

〔2〕 Cass. ,7 – 6 – 2004,Foriglio,in C. E. D. ,n. 230115.

〔3〕 Cass. ,8 – 7 – 2005,Garacci,in Cass. pen. ,2006,p. 2534.

〔4〕 Trib. Milano,12 – 1 – 2004,in Giur. mer,. 2004,p. 756.

〔5〕 Cass. ,3 – 10 – 2006,Garacci,in Dir. e giust. ,n. 47,2006,p. 75.

的规定,庭审通常以比较自由的方式进行。[1] 程序结束之后,法官会作出附理由的裁定,告知当事人是否存在第500条第4款规定的使用审前证言的条件。

第四节 英国

作为言词原则的滥觞地,英国虽没有成文的刑事诉讼法典,也未在有关法律中明确规定言词原则,但司法实践却处处贯彻着言词原则的精神。正如德夫林爵士所言:"对抗制的中心是言词审判。"[2]尽管在刑事审判中,文书证据与实物证据也能起到作用,但对抗式审判主要靠公开法庭上的口头证言来运转。[3] 对抗式审判主要依赖宣誓的口头证言,并更愿意采纳宣誓口头证言,而不是书面证言和其他传闻证据。[4] 并且,相当多的英国学者认为对口头证言的情有独钟属于英美法系特有的传统。如詹妮·麦克埃文认为:"证人当庭证言的优越性并非普世认可。正如历史学家所指出的,大陆法系更喜欢书面证言。"[5]斯潘塞也认为:"英语世界对口头提供的证据的偏爱纯属文化使然,并不被英语世界外的其他文化所承认。"[6]鉴于此,有必要对英国的相关制度予以分析,为我国构建言词原则提供参考。

一、证人出庭作证制度

在英国,证人被分为狭义的证人与专家证人两种,针对二者适用的规定差异不大,因此一并考察。

(一)证人作证能力与强制出庭

与证人出庭有关的最为基础的问题是证人作证能力与强制出庭问题。作证

---

[1] Cass.,21-9-2004, Arena, in Arch. n. proc. pen.,2005, p. 470.

[2] Devlin, *The Judge*, Oxford, Oxford University Press, 1979, p. 54.

[3] See J. Doak and C. McGourlay, *Criminal Evidence in Context*, Abingdon, Routledge-Cavendish, 2009, p. 25.

[4] 参见[英]詹妮·麦克埃文:《现代证据法与对抗式程序》,蔡巍译,法律出版社2005年版,第129页。

[5] McEwan, "Documentary Hearsay Evidence-Refuge for the Vulnerable Witness?", *Crimna Law Riview* 629, 1989, p. 631.

[6] Spencer et al., *The Evidence of Children*, London, Blackstone, 1993, p. 267.

能力涉及一个特定的证人是否能够作证,而强制出庭涉及法庭能否强制一个特定证人履行作证义务。[1] 一般情况下,所有的证人既有作证能力又可被强制出庭。

《1999 年青年司法与刑事证据法》是规范证人作证能力与强制出庭问题的基本法律。该法第 53 条第 1 款规定:"在刑事诉讼的任何诉讼阶段,所有人无论其年龄为何均有作证能力。""在刑事诉讼的任何诉讼阶段"意味着证人不仅可以在陪审团面前作证,也可以在初步侦讯程序、聆讯程序、量刑程序等程序中作证。"无论其年龄为何"意味着幼童也可以成为证人。但《1999 年青年司法与刑事证据法》第 53 条第 3 款规定:"若在法庭看来,某人不能(a)作为证人理解向其提出的问题,且(b)无法就上述问题作出能被理解的回答,则该人不具有作证能力。"这意味着,具备作证能力的证人应当能够以基础英语回答问题,并能使法庭足以认知案件的必要细节。[2]

确定证人是否具有作证能力的程序被规定在《1999 年青年司法与刑事证据法》第 54 条。证人是否具有作证能力的问题既可以由当事人提出,也可以由法官提出,并由法庭作出决定。证明证人具有作证能力的证明责任由申请证人出庭的一方当事人承担。法庭会对有关证据进行权衡,并判定可能性更高的一方胜诉。需要注意的是,如果审判中有陪审团,则决定证人作证能力的程序应当在陪审团离场时进行。如果法庭认为有必要对该证人提问,提问由法庭在双方当事人在场的条件下进行。法庭认为必要时,可以传唤专家证人。

当然,在刑事诉讼中,特定的人仍可能不具有作证能力或不能被强制作证。

被告人根据《1999 年青年司法与刑事证据法》第 53 条可以具有作证能力。被告人可以作为辩方证人出庭作证。根据第 53 条第 4 款,被告人不能作为控方证人出庭作证,无论其是唯一的被告人还是共同被告之一。但根据同条第 5 款,如某人经由辩诉交易程序或其他原因而不再受到刑事追诉,则其可以以控方证人身份出庭作证。这一规定适用于污点证人作证的情形。被告人具有作证能力,却不能被强制作证。因为根据《1984 年警察与刑事证据法》第 80 条第 4 款的规定,除非自己提出申请,被告人不能在刑事诉讼中作证。尽管被告人不能被强制作

[1] See R. Glover and P. Murphy, *Murphy on Evidence*, Oxford, Oxford University Press, 2013, p. 552.

[2] R. v. McPherson, [2006] 1 Cr App R 30.

证,但《1994 年刑事审判与公共秩序法》第 35 条使这一规则在特定情形下被虚置了。根据《1994 年刑事审判与公共秩序法》第 35 条的规定,在四种情形下,法院可以从被告人的沉默中作出不利于被告人的推论。这四种情形包括:第一,被告人在审判中就其在警察审讯时保持沉默的事实突然提出解释,但是可以合理期待他在警察审讯时就可作出此解释,法庭可以就其在警察审讯时的沉默作出推论。第二,在控方举证结束且案件基本成立时,应当警告被告人将传唤他提供证据,如果被告人拒绝作证,法庭可以就此作出推论。第三,被告人没有或者拒绝就其身体上或衣服上或其被发现时的场所存在的某些可疑物品或痕迹向警察作出解释。第四,被告人没有或者拒绝向警察解释他出现在犯罪场所附件的原因。[1]

被告人的配偶或其同性伴侣即使具有作证能力,也不能被强制作证。被告人的配偶或其同性伴侣,是指在其被要求作证时与被告人合法缔结婚姻之人。因此,只有依据英国法律婚姻合法有效,才能被视为是被告人的配偶或同性伴侣。若依据英国法律婚姻无效,或者系同居等不被视为婚姻关系的其他关系,都不能援引此特权。若婚姻关系已经停止,则被告人的前配偶或前同性伴侣也要像婚姻关系未曾存在过一样被强制作证。根据《1984 年警察与刑事证据法》第 80 条的规定,被告人的配偶或同性伴侣虽然总是具有作证能力,只在涉及特定种类犯罪时,被告人的配偶或其同性伴侣才能被强制作有利于控方的证言。特定种类的犯罪包括:对配偶或同性伴侣或其他实际年龄低于 16 周岁的人进行殴打或伤害或威胁进行伤害;被告人宣称对实际年龄低于 16 周岁的人进行了性侵犯。同时,即使被告人的配偶或其同性伴侣拒绝出庭作证,也并不妨碍控方将被告人的配偶或其同性伴侣所作的审前书面证言作为证据提交。并且,警察既没有义务提醒被告人的配偶或同性伴侣其不是必须作证,也没有义务在制作书面证言前提醒后者若其拒绝作证,则其书面证言将被用作证据。[2]

(二)证人义务

一般情况下,证人有出庭义务、宣誓义务、如实陈述义务。

有作证能力的证人通常应当出庭作证。在证人拒绝作证时,法官可以强制其

---

〔1〕 参见孙长永:《侦查程序与人权:比较法考察》,中国方正出版社 2000 年版,第 286 页。

〔2〕 R. v. Horsnell, [2012] EWCA Crim 227.

出庭作证。

在普通法上,宣誓是证人具有作证能力的一个核心要素。《1999年青年司法与刑事证据法》维持了证人在宣誓后作证的重要原则,但也规定特定的证人可以不经宣誓提供证言。

根据《1978年宣誓法》第1条第1款的规定,证人宣誓时一手持书一手举起,同时重复法律规定的誓词,除非证人反对这一做法或身体上无法按此规定宣誓。对于既非基督教徒也非犹太教徒的证人,宣誓应当采取其他合法方式进行。《1978年宣誓法》第5条规定,反对宣誓的证人可以以庄严具结的方式作为替代,具结具有与宣誓同样的效力和效果。在科学昌明、宗教淡化的现代,宣誓所具有的法律意义远远高于其宗教意义,英国的立法者对此有清醒的认识。《1978年宣誓法》第4条第2款规定,即使证人在宣誓时不具有宗教信仰,也不影响采取合法方式进行的宣誓的有效性。应当宣誓而未经宣誓获得的证言是无效证言,不能作为定案根据。已经依据未经宣誓证言作出的判决也会被上诉法院撤销。但是,根据《1999年青年司法与刑事证据法》第55条第2款的规定,如果证人未满14周岁或者不足以理解宣誓的庄重性及如实证言的特定责任,则证人可以不经宣誓提供证言。

宣誓义务伴随着如实证言义务。证人未如实证言则会导致受到伪证罪的处罚。根据《1911年伪证法》第1条的规定,经合法宣誓后在司法程序中作证的证人,如果明知其所证言事实虚假或不相信其所言属实,则构成伪证罪。构成伪证罪者,会被判处不超过7年的劳役或不超过2年的监禁刑,单处或并处罚金。

(三)证人询问程序

英国实行交叉询问制度,证人作证的程序被分为主询问和反询问。

主询问,是指传唤有利于己方的证人提供有利于己方证言并对其进行询问的程序。[1] 主询问的问题基本上是关于证人自己所作的审前书面证言的内容。[2] 证人的审前书面证言是传闻证据的一种,普通法对其确立了一些特殊规则。但制定法则对审前书面证言可采性问题予以大大简化,使许多审前证言都具备了可采性。

---

〔1〕 See R. Glover and P. Murphy, *Murphy on Evidence*, Oxford, Oxford University Press, 2013, p. 588.

〔2〕 See R. Glover and P. Murphy, *Murphy on Evidence*, Oxford, Oxford University Press, 2013, p. 588.

主询问禁止提诱导性问题。所谓诱导性问题是指询问者借证人之口说出答案的问题，或询问者向证人暗示了答案的问题。[1] 但针对下述事项，可以在主询问时提出诱导性问题：第一，为询问而进行的预备性或准备性问题，如证人的姓名和地址等；第二，不存在任何争议的事项；第三，如证人被传唤来就某些已经被证明的事实作证，可以直接就该事实询问证人；第四，证人系敌意证人；第五，有关当事人同意。[2]

由于犯罪发生与审判之间相隔一定时间，在此期间证人的记忆可能变淡甚至遗忘。因此，在主询问时经常要使用材料来"唤醒"证人的记忆。根据《2003 年刑事审判法》第 139 条的规定，在刑事诉讼中出庭作证的证人，可以在作证过程中随时用其制作或认可的书面文件唤醒自己的记忆。其条件是该证人在出庭作证时说书面文件在更早的时间记录了他关于此事的记忆，并且他就此事的记忆在当时要远比出庭作证时更为清晰。如果在刑事诉讼中出庭作证的证人之前已经作出过证言并被录音记录下来，该证人当庭宣称该录音记录代表了他在当时对所证事实的记忆，且他就此事的记忆在当时要远比出庭作证时更为清晰，而对该录音记录已经誊写了一份文字记录，则可以用此文字记录唤醒证人记忆。

在进行主询问时，询问者可能会发现证人系敌意证人。敌意证人是指证人不诚实、不合作或有恶意，并且试图破坏传唤其出庭一方当事人诉讼的证人。[3] 在询问者发现证人系敌意证人时，可以对其进行诱导询问，可以引入该证人审前证言对其进行弹劾，也可以引入其他可采的证据证明争议事实。

反询问，是指质疑为对方当事人利益而作证的证人的询问程序。律师不对有利于对方的证人进行反询问意味着承认该证人所言属实。一般而言，主询问适用的询问规则都可以适用于反询问。但同时，一些询问规则则为反询问所特有，如可以对证人提诱导性问题。反询问的目的在于检验为另一方当事人传唤的证人证言的真实性和准确性以及从中提炼出对己方有利的有关事实，以此来摧毁或减弱不利于己方证言的可信性。任何证人在宣誓作证后都有责任接受反询问。

---

[1] See R. Glover and P. Murphy, *Murphy on Evidence*, Oxford, Oxford University Press, 2013, p. 589.

[2] See R. Glover and P. Murphy, *Murphy on Evidence*, Oxford, Oxford University Press, 2013, p. 589.

[3] See R. Glover and P. Murphy, *Murphy on Evidence*, Oxford, Oxford University Press, 2013, p. 612.

反询问所涉及的问题,既可以是案件的实体法问题,也可以是证言的可信性问题。如果反询问只针对证人的可信性问题,不针对实体法问题,则此种问题被称为附带问题。证人对附带问题的回答一般必须被接受,不能再引入外部证据反驳此回答。但这一规定也存在五项例外:第一,如果证人否认其曾被判刑,可以引入证据证明其曾被判刑。第二,可以引入证据证明证人对案件中的一方当事人存在偏见或偏袒。第三,可以引入证据证明证人存在虚伪的名声。第四,可以引入医学证据证明证人不可靠。第五,证人作出的某项传闻陈述被采纳,则熟悉此传闻陈述的其他人也可以被引入以质疑证人的可信性。

二、书面证言宣读制度

在英国,既可能在证人不出庭时宣读书面证言,也可能在证人出庭时宣读书面证言,这两种情况下被宣读的书面证言都可能被采纳作为证明案件事实的证据。

(一)证人不出庭时宣读书面证言

《2003 年刑事审判法》第 114 条第 1 款规定:"在刑事诉讼中,不是以口头方式在诉讼中提交的证言,在且只在下述情形下才可以作为证明所述事实的证据:(a)本章条文或任何其他成文法条文规定可采的;(b)第 118 条保留的法律规则规定可采的;(c)诉讼的各方当事人同意其为可采的;(d)法庭基于司法利益认为其为可采的。"其中,第 118 条保留了普通法上传闻规则的一些例外,规定了诸如公共信息、有关品格的声誉、声誉或家族传统、既往事实、供述、代理人的承认、共同事业等传闻规则的例外。如果诉讼中的各方当事人一致同意采纳某些书面证言,除非双方同意的意图很明显,否则有必要以书面方式将同意"固定"下来,以避免法官和陪审团对同意采纳证据的性质和内容存疑。[1]

需要注意的是,《2003 年刑事审判法》第 114 条第 1 款 a 和 d 规定的两项内容。

《2003 年刑事审判法》第 114 条第 1 款 a 规定的"本章条文规定可采的"主要指同法第 116 条所规定的证人不能出庭的情形。《2003 年刑事审判法》第 116 条第 1

---

〔1〕 R. v. Daksha, (Chah) [2012] EWCA Crim 212.

款规定:“在刑事诉讼中,不是以口头方式在诉讼中提交的证言可以作为证明所证言事实的证据,如果:(a)作出证言之人在诉讼中提交口头证言,该口头证言对证明案件事实而言是可采的;(b)作出证言之人的身份被法院确定,并且(c)满足第(2)款规定的五项条件之一。”第2款规定的五项条件分别是作出证言之人死亡、身体或精神状况不适宜作证、不在英国且无法确保其出庭、采取合理措施寻找后仍下落不明、证人由于恐惧而不肯出庭作证。这五项条件不能是证言内容对其有利的当事人或为其利益之人故意造成的。如果法院查明是上述人员故意造成的,则视为不符合条件。证人的“恐惧”应做广义解释,既包括对证人自身,也包括对其他人可能遭受的死亡或伤害或财产损失的恐惧。在证人因恐惧而不出庭作证时,法院只有在认为司法利益要求应当采纳证人书面证言时,才可以许可证人不出庭。在确认是否存在证人不出庭的司法利益时,法院应当考虑的因素包括:证人证言的内容;采纳或排除该证言对任何一方当事人造成的不公正的风险,尤其是质疑该书面证言的困难程度;采取出庭作证的特殊保护措施的可能性;任何其他相关情况。

《2003年刑事审判法》第114条第1款d规定的“司法利益”包括下列因素:假设证言真实,该证言对证明诉讼的争议事实所具有的证明价值或其对理解案件中其他证据所具有的价值;对诉讼的争议事实已经提出或能够提出的其他证据;该证言在全案中的重要程度;证言作出时的情形;证人表面看来的可靠性;证言表面看来的可靠性;证人是否能够当庭作出,如果不能原因为何;质疑该证言的困难程度;不能质疑该证言对不利一方当事人造成损害的可能性。

(二)证人出庭时宣读书面证言

证人出庭时,其所作的审前书面证言可能与其当庭证言不一致,也可能与其当庭证言一致。

对于证人的审前不一致证言,《2003年刑事审判法》第119条规定:“(1)如果某人在刑事诉讼中提供了口头证言,并且(a)他承认审前作过不一致的书面证言;或者(b)他作过审前不一致证言的事实已经根据《1865年刑事程序法》第3条、第4条或第5条证实,则对于所证明的任何内容,审前不一致证言与口头证言都是可采的。(2)如果在刑事诉讼中,根据第124条第2款(c)项,任何人曾作出过审前不一致证言,则对于所证明的任何内容,审前不一致证言与口头证言都是可采的。”《1865 年刑事程序法》第 3 条、第 4 条、第 5 条将审前不一致证言的运用分为两种情形。第一种是第 3 条规定的传唤证人的一方对己方出现的敌意证人的可信性进行弹劾的规则。若法官同意弹劾该证人，则提出证人一方必须先询问证人是否曾经作过不一致的证言，并向证人叙述该不一致证言的情节以足以确定是哪个特定场合作出该证言。第二种是第 4 条、第 5 条规定的对对方证人当庭证言的可信性进行弹劾的规则。在交叉询问过程中，询问人首先会问对方证人，其是否在别的场合作出过与当庭证言不一致的证言。之后要向对方证人展示先前的证言或文件，并在其阅读该证言或文件后，询问其是否作出过上述证言。如果对方证人承认曾作出这一不一致证言，对证人可信性的损害即告完成；如果对方证人坚持当庭证言，则询问人要么接受这一答复，要么继续以文件或证人弹劾对方证人的可信性。《2003 年刑事审判法》第 124 条第 2 款 c 规定：“用于证明证人（在任何时候）作过任何与被采纳为证据的证言不一致的证言的证据，在证明证人自相矛盾这一点上，可以被采纳为证据。”

根据《2003 年刑事审判法》第 119 条规定，如果某证人承认先前作过不一致的证言，或其先前作过不一致证言的事实已经被证实，那么审前不一致证言不仅可以破坏证人的可信性，还可以成为证明案件事实的证据。第 119 条于 2005 年 4 月实施，两个月后上诉法院就在案件中适用了本条规定，这一案非常具有典型意义。该案是发生在利物浦的一件光天化日之下的枪击案件，有三个路人作为证人指证了本案的两个被告人是袭击者。但在法庭上，三个证人全部撤回审前书面证言，并宣称什么都不知道、什么都没看见。被告律师因此申请“无案可答”，在《2003 年刑事审判法》通过之前，这一申请会被批准、被告会被无罪释放。但本案法官拒绝了律师的申请，并根据第 119 条将证人的审前不一致证言交到陪审团手上，陪审团据此判决两被告人有罪。两被告不服，提起上诉。上诉法院裁决支持一审判决，并宣称：“在新法有关传闻规则的背景下，在对如此骇人的重罪的审判中，如果法官不允许陪审团分开或一起评价三个证人的当庭证言与审前证言，并在陪审团认为适当时采信审前证言，那将会是对司法的公开侮辱。”[1]

---

〔1〕 R. v. Joyce，[2005] EWCA Crim 1785.

对于证人的审前一致证言,依据《2003年刑事审判法》第120条的规定,特定条件下也可以被采纳用于证明案件事实。具体而言,包括以下三种情形。第一,如果证人当庭证言被暗示系捏造的,则证人先前证言不仅作为反驳此种暗示的证据是可采的,作为证明案件事实的证据也是可采的。第二,如果证人的当庭证言可采,则用于唤醒证人记忆、对其进行反询问等的书面证言也可以被采纳作为证明案件事实的证据。第三,证人在出庭作证时表明其已经知无不言、言必尽真,证人的当庭证言被采纳,且其先前证言符合下述三个条件时可以被采纳作为证明案件事实的证据。第一个条件是书面证言指明或描述了一个人、一件物体或一处场所。第二个条件是书面证言是证人记忆犹新时所作,而现在证人已经不能充分记起证言内容,也不能合理期待他能记起证言内容,且证人残存的记忆不足以支持其提供当庭证言。第三个条件是证人声称是犯罪行为的受害人,该犯罪行为正是本案的审判对象,书面证言的内容包含证人对构成犯罪或部分构成犯罪的行为的控诉,该控诉的提出不是威胁或许诺的结果,作出书面证言之前证人已经就此事作出口头证言。

第五节 美国

像英国一样,美国也没有成文的刑事诉讼法典,也未在有关法律中明确规定言词原则,但美国的司法实践却处处贯彻着言词原则的精神。因此有必要对美国的相关制度予以分析,为我国构建言词原则提供参考。下文分析以美国联邦的相关规定为中心。

一、证人出庭作证制度

在美国,证人被分为狭义的证人与专家证人两种,针对二者适用的规定差异不大,因此一并考察。

(一)证人作证能力与拒证特权

早期普通法关于证人无作证能力的规则非常严厉,但经历了一个世纪的逐步修改后,以往阻碍证人作证的大多数理由都转变为攻击证人可信性的理由。[1] 这种转变并非只有形式意义,因为在美国,证人的作证能力问题由法官决定,而证人的可信性问题由陪审团决定。

《联邦证据规则》第601条规定,除非本规则另有规定,任何人均有资格作证。根据《联邦证据规则》证人作证通常应当具有四个条件:第一,证人应当亲身感知案件事实。《联邦证据规则》第602条规定,除非有充足的证据支持某人对某事实有亲身的知识,否则该人不可就该事实作证。证明证人有亲身知识的证据包括但不限于证人自己的证言。第二,证人应当宣誓。《联邦证据规则》第603条规定,证人作证前必须宣誓或具结其会如实作证。宣誓或具结应当以能对证人的良心给予深刻影响的方式进行。第三,证人应当能够回忆其所感知的事实。第四,证人应当能够理解问题并清楚回答。[2] 总之,证人要具备作证能力,至少应当具备最低限度的感知、回忆和表达能力,并且应当能够理解如实作证的义务。[3]

在证人是否具有作证能力存疑时,法官应当就证人作证能力问题进行裁决。法官作出裁决时,可以自由决定陪审团是否退场。证明证人不具有作证能力的证明责任由提出请求的一方承担。只要法官内心认为证人具有作证能力,则证人就可以作证,其证言就可以作为裁决依据。

当争议的问题涉及普通人不熟悉的概念、知识时,需要专家证人出庭作证。[4] 一个对特定问题的专业知识熟悉的人,只要可以通过作证帮助和指导陪审团解决陪审团本无法解决的专业问题,无论其专业知识来自学院学习、权威机构认证还是实践经验,都可以具有作为专家证人出庭的资格。[5] 没有资格证书、会员身份等也不会影响作为专家证人的作证能力。[6] 法院也不能仅仅因为专家

---

〔1〕 See K. S. Broun ed. , *McCormick on Evidence*, Portland, Thomson West, 2006, p. 116.

〔2〕 See J. L. Ingram, *Criminal Evidence*, Gravelbourg, Anderson Company, 2009, p. 249.

〔3〕 See K. S. Broun ed. , *McCormick on Evidence*, Portland, Thomson West, 2006, p. 118.

〔4〕 美国《联邦证据规则》第702条规定:"因知识、技能、经验、培训或教育而具备资格的专家证人,在下述情形下可以作证:(a)专家的科学、技术或其他专业知识可以帮助事实审理者理解证据或针对争议事实作出决定;(b)证言基于充足的事实或数据作出;(c)证言基于可靠的原理和方法作出;(d)专家将上述原理和方法可靠地适用于案件事实。"

〔5〕 United States v. Sosa, U. S. Dist. LEXIS 2254(2006).

〔6〕 Tank v. Comm'r of Internal Revenue, 270 F. 2d 477(6th Cir. 1959).

证人没有学位证书或培训就排除其证言。[1] 这意味着诸如管道工、木匠、警察等都可以作为专家证人出庭。在有的案件中,获得豁免的污点证人因熟悉毒品交易合同或交易实践,也会作为专家证人出庭。[2] 另外,对于专家证人是否有作证能力问题,审理案件的法官拥有宽泛的自由裁量权。法官不仅要决定专家证人的证言能否帮助陪审团作出决定,还应当决定该证人是否有资格作为专家证人出庭。[3] 如在一起案件中,法院同意让一个探员作为专家证人出庭证明贩毒集团首领所使用的避免身份和贩毒活动被执法机构知晓的手段。法院认定该探员有资格作为专家证人出庭且其证言可以帮助陪审团理解相当复杂的毒品交易操作。[4] 在一方当事人申请专家证人出庭作证时,法律上并不存在该专家证人具有证人资格的推定。申请专家证人出庭的当事人有证明专家证人具备必要的知识、技能、实践经验或能够提供专家意见的证明责任。

在刑事诉讼中,特定的人仍可能不具有作证能力。

患有精神疾病及智力低下的证人不应直接被视为无作证能力。与此问题相关的基本规则是由联邦最高法院确立的。在"哥伦比亚特区诉阿姆斯案"中,联邦最高法院认为:"如果精神病人足以理解宣誓义务,且能够对所见或所听的争议事实进行正确的解释,则其证言可采。"[5]在确定证人是否具备作证能力时,不能仅仅因为证人滥用毒品或存在学习障碍而否定其作证能力。即使证人存在严重的躁郁症,需要长期治疗,也不必然意味着其欠缺作证能力。[6]

庭审中,即使当事人未提出儿童证人是否具有作证能力的问题,法官也应当依据自由裁量权对此问题进行裁决。[7] 大多数法院审判时,只要能够确定儿童证人具备如实陈述的能力和义务,也不要求儿童证人进行宣誓。作为一个有作证能力的证人,儿童不需要知晓何为伪证罪,但需要知晓说真话和说假话之间的差别。在一件性侵害案件中,儿童证人在受侵害时只有5岁。检察官在证人作证

---

[1] Waldorf v. Shuta, 916 F. Supp. 423 (D. N. J. 1996).

[2] United States v. Pomranky, 165 Fed. Appx. 259, 260, 2006 U. S. App. LEXIS 2490.

[3] Burnett v. State, 815 N. E. 2d 201, 205, 2004 Ind. App. LEXIS 1864 (2004).

[4] United States v. Walker, 2006 U. S. App. LEXIS 11289 (10th Cir. 2006).

[5] 107 U. S. 519, 2 S. Ct. 840, 27 L. Ed. 618 (1882).

[6] Witherspoon v. United States, 2008 U. S. Dist. LEXIS 94601 (W. D. N. C. 2008).

[7] Haycraft v. State, 760 N. E. 2d 203, 209, 2001 Ind. App. LEXIS 2225 (2001).

前,询问证人说真话与说假话之间的区别,并给出了几个儿童可以理解的例子。从回答看,该儿童知晓她的肤色、狗和猫之间的区别、说真话的义务。[1]

法官与陪审员的作证能力问题具有特殊性。《联邦证据规则》第605条规定,法官不能在其主持的审判中作证。据此,法官既不能自行出庭作证,也不能被传唤出庭作证,还不能将个人知识伪装成“司法认知”。《联邦证据规则》第606条a款规定,陪审员不能在其负责审判的案件中作证。如果陪审员被传唤作证,另一方当事人应当被提供在陪审团不在场时提出异议的机会。上述规定的理由显而易见:如果作为裁决者的法官或陪审员作为证人出庭作证,则其是否还能够在其为之作证的一方当事人与另一方当事人之间中立裁决不无疑问。《联邦证据规则》第606条b款禁止陪审员就评议过程作证,但同时规定了三项例外。第一,外来的有偏见的信息不适当地引起了陪审团的注意,如陪审员通过广播、电视或报纸了解到法庭审判外传播的与案件有关的信息。第二,外部影响不适当地施加于陪审员,如威胁、引诱、贿赂等。第三,裁决过程中出现形式错误,如裁决人数未达到规定数目,有罪裁决误为无罪裁决等。

虽然每个人都有作证义务,但特定的人可以被豁免作证义务,此即拒证特权。《联邦证据规则》第501条规定,除非宪法、议会立法、联邦最高法院依据议会立法颁布的规则另有规定,证人、个人、政府、州、政治机构的拒证特权应当遵从法院依照理性和经验解释的普通法原理。在普通法上,存在配偶之间的交流特权、律师与委托人之间的交流特权、医生与患者之间的交流特权、忏悔者与神职人员的交流特权四种。

配偶之间的交流特权的保护源于普通法,基于“婚姻关系神圣的信念以及婚姻中的亲密关系和秘密应当受法律保护”。[2] 在“特拉梅尔诉合众国案”中,联邦最高法院确立了两条规则:第一,配偶之间的交流存在特权,但仅在预期为秘密交流的限度内才能行使此特权。第二,除非配偶双方同意,一方不能就婚姻关系存在时与另一方的秘密交流信息作出不利于另一方的证言。[3] 配偶之间的交流特

〔1〕 Warner v. State,2005 Ark. App. LEXIS 875(Ark. 2005).

〔2〕 State v. Rollins,2009 N. C. LEXIS 348(N. C. 2009).

〔3〕 Trammel v. United States,445 U. S. 40,51,1980 U. S. LEXIS 84(1980).

权成立的条件是所交流的信息必须是秘密的、主张特权的信息必须属于夫妻双方交流的信息、信息交流的时间应当在婚姻关系存续期间内。

律师与委托人之间的交流特权目的在于鼓励律师与委托人之间进行充分和开诚布公的信息交流,并确保这种交流不被强制披露。[1] 委托人与律师之间的交流是否享有特权取决于委托人是否相信自己正在咨询的人具有律师资格,且表明咨询的目的是寻求法律建议。[2] 交流,而不是委托人的知识,才是特权保护的对象。如果交流不具有秘密性,则交流就不受特权保护。如果委托人或律师想通过交流使另一方参与犯罪行为,或律师的建议是协助或便利犯罪的计划、实施,则交流不受特权保护。

医生与患者之间的交流特权目的在于鼓励患者将所有与疾病相关的信息向医生透露,而不必担忧这些信息之后被披露。[3] 正如联邦最高法院所言:"医生必须获悉一切与疾病有关的信息,以便对症下药、妥适治疗。不完全披露信息会耽误疾病的诊断和治疗。"[4] 因这一特权意在保护患者,故患者是这一特权的享有者。若患者放弃医生与患者之间的交流特权,医生就可以被要求强制出庭作证。

忏悔者与神职人员的交流特权的确立目的与医生与患者之间的交流特权类似,是为鼓励忏悔者向神职人员披露其全部问题。忏悔者与神职人员的交流特权成立的条件为:忏悔对象必须是被授予圣职的神职人员;忏悔者在交流过程中作出供述;忏悔过程是秘密的。

(二)证人义务

证人有出庭义务、宣誓义务、如实陈述义务。

有作证能力的证人通常应当出庭作证。在证人拒绝作证时,法官可以强制其出庭作证。

《联邦证据规则》第 603 条规定,证人作证前必须宣誓或具结其会如实作证。宣誓或具结应当以能对证人的良心给予深刻影响的方式进行。法院需要通过宣

[1] United States v. Schussel, 291 Fed. Appx. 336, 2008 U. S. App. LEXIS 18836 (1st Cir. 2008).

[2] See K. S. Broun ed., *McCormick on Evidence*, Portland, Thomson West, 2006, p. 153.

[3] See J. L. Ingram, *Criminal Evidence*, Gravelbourg, Anderson Company, 2009, p. 362.

[4] Trammel v. United States, 445 U. S. 40, 51, 1980 U. S. LEXIS 84 (1980).

誓或其他形式的具结“以唤醒证人的良心并使证人内心明晰其义务”。[1] 作为宣誓的一种替代措施,具结不必须采取固定形式。由于美国联邦宪法第一修正案规定了信仰自由,在联邦法庭上并不要求必须向上帝宣誓。如果证人向法庭声明其享有信仰自由,则法院不应拘泥于固有的宣誓形式,而应当依据证人请求,采取灵活的方式进行宣誓或具结。司法实践中,如果证人是幼童,法院会选择不采取正式的宣誓形式,只要法院确定该幼童知晓不如实陈述的后果即可。

专家证人的义务有一定的特殊性。在选定专家证人后,法院应当告知该专家证人其应当承担的义务。告知专家证人义务可以通过书面或口头方式进行。在以书面方式告知时,法院的书记员应当将告知书副本存档;在以口头方式告知时,各方当事人应当有机会参与告知的会议。该专家证人有义务将所得到的任何专家意见告知各方当事人,可以应任何一方当事人请求提供书面证言,可以经当事人申请或法院传唤后出庭作证,可以接受包括传唤该专家证人出庭一方当事人在内的各方当事人的交叉询问。同时,该专家证人有权获得合理的报酬。

(三)证人询问程序

美国采取交叉询问模式,询问程序分为主询问与反询问。

在主询问程序中,律师可以选择让证人自由叙述或向证人就具体问题发问。让证人自由叙述的优点是叙述更为完整、通常更有说服力,缺点是有的证人叙述混乱、冗长乏味、不着边际。向证人就具体问题发问的优点是可以保证证人有条不紊地提供复杂的证言、可以帮助紧张的证人顺畅作证、可以随时补充和修正证人证言,缺点是容易使陪审团认为证言是律师安排的、证言会显得凌乱。这两种主询问方式在司法实践中都在使用。当然,法官若认为律师所选用的询问方式不恰当,有要求律师转变的自由裁量权。根据《联邦证据规则》第 611 条 a 款的规定,法官对询问方式“实施合理的控制”,以便对证人的询问“有助于真实发现”“避免无意义地浪费时间”。

在主询问程序中,除特定例外,禁止提出诱导性问题。《联邦证据规则》第 611 条 c 款规定,除了为探寻证人证言内容有必要,主询问程序中一般不能提出

[1] Esguerra v. State, 2005 Alaska App. LEXIS 2(2005).

诱导性问题。所谓诱导性问题是指暗含了询问者想要的回答的问题。[1] 禁止诱导性问题的原因在于,诱导性问题具有暗示性的力量,具有使被询问者作出询问者想要的回答的效果。禁止提出诱导性问题这一规则存在下述例外:介绍性问题、敌意证人、明显错误的陈述、儿童证人或智力低下证人。介绍性问题是指有关证人姓名、年龄、住址、家庭、工作单位或学校的问题。如果询问者申请法院传唤证人出庭,询问中发现证人实际支持另一方当事人,则可以申请法官将该证人定为敌意证人。如果证人错误回答问题是无心的,或证人并未弄懂提出的问题,则允许在主询问中提出诱导性问题,以便给证人一个纠正错误的机会。对于诸如儿童证人或智力低下证人等有时不采取诱导性询问就存在作证困难的证人,在必要时,法院会允许询问者提出诱导性问题。

在主询问程序中,有时需要唤醒证人记忆。此时需要通过向证人出示其书面证言或文件方式帮助唤醒其记忆。例如,法院经常允许侦查人员在作证时查看他们制作的报告上的信息以帮助他们唤醒记忆。从司法实践角度来说,在不借助其所制作的报告的情况下,让每天都在办理各种违法犯罪案件的侦查人员记起某个具体案件的日期、发生场所、涉案人员等信息,恐怕很难做到。需要注意的是,用于唤醒证人记忆的文件不能当庭宣读或出示给陪审团,因为其不具有可采性。在证人借助书面文件唤醒记忆后,真正作为证据的仍是证人的当庭证言。

在反询问程序中,根据《联邦证据规则》第 611 条 b 款的规定,反询问所提问题应当限于主询问涉及的事项和影响证人可信性的问题。反询问的目的在于弹劾证人证言的可信性,但有关证人观察、记忆、评论能力的问题以及证人真诚性、诚实性的问题,即使与主询问涉及事项关系不紧密,仍可以进行询问。

弹劾证人最常用的方式是证明证人心存偏见。“偏见是英美法系证据法所使用的一个术语,用于形容一方当事人与证人之间存在的某种可能导致证人偏向的关系。偏见可能源于证人的喜好、厌恶、恐惧或自利动机。”[2] 证人具有不诚实的品格也可以用于弹劾证人。《联邦证据规则》第 608 条规定了两种弹劾证人不诚实的情况。一种是证人的名声,即证人是否具有诚实品格的名声或观点。另一种

---

〔1〕 See K. S. Broun ed. , *McCormick on Evidence*, Portland, Thomson West, 2006, p. 14.

〔2〕 Coles v. United States, 808 A. 2d 485, 489, 2002 D. C. App. LEXIS 556(2002).

是具体事例。在反询问过程中，法院可以允许对证人或证人证言所涉及的人的诚实品格进行探求。证人之前的有罪判决也可以用于弹劾证人。《联邦证据规则》第 609 条对此作出了详尽规定。如证人先前曾被定罪，且其罪名可被判处死刑或 1 年以上监禁刑，则证人被定罪的事实可以弹劾该证人的可信性。如证人曾被定罪，且该罪涉及不诚实的行为或虚假陈述，则不论该罪法定刑如何，证人被定罪的事实都可以用于弹劾证人可信性。证人之前作出的不一致证言也可以用于弹劾证人。依据《联邦证据规则》第 613 条的规定，在证人当庭证言与其先前作出的书面证言或在其他案件中的证言存在矛盾时，可以通过出示上述材料对证人进行弹劾。

二、书面证言宣读制度

在美国，与书面证言是否能够当庭宣读有关的规则主要是传闻规则。根据传闻规则，证人审前书面证言一般不能作为证明案件事实的证据使用。但这一规则也存在例外。

（一）证人不出庭时宣读书面证言

根据《联邦证据规则》第 803 条的规定，无论证人是否出庭，下述情形下证人所作的书面证言都可以作为证据使用：第一，当场感知印象。证人感知事件或情况的同时或感知后立即作出的描述或解释性的陈述。第二，激情表述。证人在惊人的事件或情况所导致的压力下所作的与该事件或情况有关的陈述。第三，当时的心理、情感或身体状况。证人有关当时的心理（如动机、意图或计划）或情感、感觉或身体状况（如精神感受、疼痛或身体健康）的陈述。但不包括为证明记得或相信某事而作的有关记忆或信念的陈述，除非陈述关乎证人遗嘱的有效性或其条款。第四，为诊断或治疗所作的陈述。为与诊断或治疗合理相关的目的所作陈述，且该陈述描述了病史、过去或现在的症状或感觉、病因、病源等。第五，被记录下来的回忆。有关证人曾经知晓但现在不能充分回忆、全面准确作证的事实，如果证人曾在记忆清晰时制作或承认过书面的记录，并且该书面记录能够准确反映证人对此事实的知识。

根据《联邦证据规则》第 804 条，即使证人不出庭，特定情形下证人所作的书面证言也可以作为证明案件事实的证据使用。需要注意的是，根据《联邦证据规则》第 804 条 a 款的规定,视为证人不出庭的情形包括:由于特权的适用,证人获得就此问题不作证的作证豁免;尽管有法院命令,但证人拒绝就争议事实出庭作证;证人当庭忘记待证事实;因死亡或羸弱、身体疾病、精神疾病等原因不能出庭作证。证人不出庭,其书面证言可以作为证明案件事实的证据使用的情形包括:第一,先前证言。如果证人已经在先前的审判、听证或依法进行的证言保全程序中提供证言,且在先前的程序中给予了不利一方当事人询问该证人的机会,则无论先前的程序与当前的程序是否同一,在先前程序中作出的证言都可以作为证明案件事实的证据使用。第二,濒死状态下的陈述。在杀人案件中,证人在相信死亡迫近时,就死亡原因或情形所作陈述。第三,对己不利的陈述。作出该陈述会与证人的财产或金钱利益相矛盾,或具有使证人针对他人主张的权利无效的重大倾向,或具有使证人承担民事或刑事责任的巨大倾向,常人处于证人位置时,只有相信所言为真时才会作出此陈述。如果在刑事案件中,陈述会导致证人承担刑事责任,且该陈述得到了其他情况的印证,清晰地表明了其可靠性。第四,证人或其家族的历史。有关于证人自己的出生、收养、婚生、祖先、结婚、离婚、血亲、拟制血亲、姻亲,或者其他类似的关于证人或其家族的历史,即使证人无法亲身获知上述事实。与证人有血亲、拟制血亲、姻亲或其他亲密关系,使证人有可能获得准确信息时,证人作出的关于另一人的上述事实或该人死亡的陈述。第五,一方当事人不法行为导致证人不出庭的陈述。如果一方当事人采取或默许了对证人采取不法行为,其目的在于让证人不出庭作证,若证人确实因此不出庭作证,则只要证人陈述了一方当事曾采取或默认不法行为发生,即使该证人不出庭,其审前证言依然可以用作证明案件事实的证据。

根据《联邦证据规则》第 807 条的规定,在具有可信性情况保障时,证人的书面证言也可以作为证明案件事实的证据使用。据此,证人的审前书面证言如果具备与《联邦证据规则》第 803 条、第 804 条相当的情形保障其可信性,且与其他经合理努力获得的证据相比证明力更高,采纳该证据能保证《联邦证据规则》目的及司法利益得到最大满足,则证明案件事实的书面证言具备可采性。但采纳该书面证言的前提条件是,在庭审前,提出该书面证言的一方当事人已经将提供该书面证言的意图和书面证言的细节,包括证人的姓名和住址,向对方当事人进行了合理告知,且对方当事人也有公平的机会阅读该书面证言。

(二)证人出庭时宣读书面证言

证人的审前证言可以分为审前不一致证言与审前一致证言两种。

审前不一致证言主要用于弹劾证人的可信性。但有时也可以用于证明案件事实。根据《联邦证据规则》第801条d款1项a目的规定,证人的审前不一致证言,如果过去"在审判、听证、其他程序或证言保全程序中,承担伪证刑事责任"条件下作出的,则可以采纳为证明案件事实的证据。根据上述规定,审前不一致证言被采纳为证明案件事实的证据,需要符合四个条件:证人在当前审判中出庭作证、当庭证言与审前书面证言不一致、审前书面证言系经宣誓如作伪证愿受处罚后作出、审前书面证言系在审判听证其他程序或证言保全程序中作出。[1] 值得注意的是,《联邦证据规则》并未将受过交叉询问作为采纳审前不一致证言的条件。据此,在大陪审团取证程序中,如果证人在法庭上所述与其在大陪审团面前所作的不利被告的陈述不一致,尽管被告人不仅没有机会对其进行交叉询问,但因证人经过宣誓,审前不一致证言仍可采纳为证明案件事实的证据。

与证人当庭证言一致的审前书面证言,主要是用于反驳证人证言系捏造或受不当影响或存在不当动机而作出。因此,主要用于补强证人证言的可信性。当然,根据《联邦证据规则》第801条d款1项b目的规定,以此种目的被提交的审前一致证言,也可以用于证明案件事实。

第六节 欧洲人权法院

从1963年有关对质权的第一个判例算起,欧洲人权法院发展出处理对质权问题的复杂判例体系,这些判例不仅影响着《公约》各成员国及其居民,也在世界范围内发挥与日俱增的影响。

---

〔1〕 参见王进喜:《美国〈联邦证据规则〉(2011年重塑版)条解》,中国法制出版社2012年版,第242页。

一、内涵：双层分析模式

双层分析模式是欧洲人权法院在处理公正使用证据问题时的分析路径。经由第一层分析，欧洲人权法院确定被告人受《公约》保障的权利是否被侵犯。这些权利自然包括《公约》第6条第3款(d)项规定的对质权，同时也包括《公约》第3条规定的不受酷刑不人道有辱人格待遇权、第8条规定的隐私权、第6条第3款(c)项规定的律师帮助权等。如果通过第一层分析，受《公约》保障的对质权等权利被侵犯，则进入第二层分析。经由第二层分析，欧洲人权法院确定，使用侵犯第一层分析中的权利获得的证据，是否会侵犯被告人受《公约》第6条第1款保障的公正审判权。在进行第二层分析时，欧洲人权法院采取总体平衡检测标准，即只要作为一个整体的诉讼程序是公正的，则允许限制第一层分析中的权利。由于《公约》第6条内部的复杂结构，在进行总体平衡检测时，不可能提出清晰的一成不变的规则，而必须视具体案件情况进行个案分析。并且欧洲人权法院在分析案件中，考虑的权衡因素也不一定，可能在某些案件中考虑这些因素，在另外案件中考虑那些因素。总体而言，侵犯第一层权利对公正审判造成的威胁越大，考虑的权衡因素越多。换言之，使程序达到总体平衡需要补偿的因素越多。[1]

经由双层分析模式，对质权的保障被纳入公正审判权的视野中予以考虑。因此，有必要分别阐释《公约》规定的对质权与公正审判权的内涵。

（一）对质权及其内涵

《公约》第6条第3款(d)项规定："凡受刑事追诉者享有下列最低限度的权利……(d)询问或让人询问不利于他的证人，且在与不利于他的证人相同条件下，让有利于他的证人出庭接受询问。"从《公约》内容来看，本款规定了两项权利，一是询问证人的权利，二是传唤证人出庭的权利。

传唤证人出庭的权利很长一段时间未引起欧洲人权法院重视。事实上，《公约》的成员国既有英美法系国家，也有大陆法系国家。传唤己方证人出庭的权利

[1] See F. P. Ölçer, "The European Court of Human Rights the Fair Trial Analysis under Article 6 of the European Convention", in S. C. Thaman ed., *Exclusionary Rules in Comparative Law*, Berlin, Springer, 2013, pp. 371–377.

在英美法系国家殊为重要,因控辩双方控制诉讼的进程,如果无权传唤有利于他的证人出庭,则被告人可能面临十分不利的局面。但在大陆法系国家,与其说当事人有权利传唤“己方”证人出庭,不如说法院有义务传唤证人出庭以协助法院发现真实。负有职权探知义务的法官,对于被告人传唤有利于他的证人出庭的“申请”,会仔细考虑证人出庭对法院真实发现带来的“边际司法收益”是否会超过由此造成的“边际司法成本”。在是否传唤被告人请求的证人出庭问题上,法院通常会考虑三个问题:被告人试图通过证人证明的事实与本案是否相关?如果相关,是否有必要听取该证人陈述?听取该证人陈述是否能有助于法院作出裁决?[1] 通常大陆法系国家的法院在决定是否传唤证人问题上拥有宽泛的裁量权。从其判例可以发现,欧洲人权法院很少干涉法官在传唤证人问题上的裁量权,因为国内法院在真实发现问题上处于远比欧洲人权法院更为有利的位置。在“索拉科夫诉前南斯拉夫马其顿共和国案”中,欧洲人权法院直接宣称,一般来说,对证据的评价以及对被告人试图引入法庭的证据的相关性的评价,乃是国内法院的任务。具体而言,《公约》第6条第3款(d)项将传唤证人出庭是否恰当的评价权交给国内法院行使。[2] 但在2006年的“波波夫诉俄国案”中,欧洲人权法院认为,即使通常应由国内法院来决定传唤证人出庭是否有必要及明智,但在例外情形下欧洲人权法院也可能认为不传唤特定证人与公正审判权相冲突。考虑到申诉人的有罪判决是依据相互冲突的证据作出,欧洲人权法院认为国内法院拒绝传唤被告人提出的不在场证人的行为与公正审判权相冲突。[3] 因此,在极为例外的情形下,欧洲人权法院才会因被告人无法传唤证人出庭判决成员国违反公约规定。

询问证人权利历来是欧洲人权法院关注的重点。具体而言,有三个相互关联的问题:如何理解“证人”?如何理解“询问或让人询问”?询问应在何时进行?这分别涉及询问谁、谁来询问、何时询问三个问题。

欧洲人权法院一再重申,《公约》第6条第3款(d)项的“证人”一词,在《公

---

〔1〕 European Commission on Human Rights, *H. H. v. Austria*, no. 5523/72, 05/10/1974.

〔2〕 ECHR, *Solakov v. the Former Yugoslav Republic of Macedonia*, No. 47023/99, 31/10/99.

〔3〕 ECHR, *Popov v. Russia*, no. 26853/04, 13/07/2006.

约》体系下拥有"特定的"含义,即只要其陈述对有罪判决有实质作用,无论是由法庭内外的证人作出,还是由共同被告人作出,其都属于"证人"。[1] 可以认为,《公约》意义上的"证人"包括任何向司法机关作出正式陈述且其陈述在法庭上被用作不利于被告人证据的人。[2] 对证人的这一理解,在《公约》的英美法系成员国适用时不至于产生问题,但在大陆法系成员国适用时可能造成一定的实践困难。众所周知,在大陆法系,法律通常规定证人为知道案情的、与案件无利害关系的人。专家证人与证人不同,因其可替换且不是通过感官感知案件事实作证。被害人与证人不同,因前者可能有偏见,因此可能不会客观阐述所感知案件事实。更重要的是,被告人与证人不同,因前者说谎不会面临处罚且享有不被强迫自证其罪的特权。但在欧洲人权法院的判例中,上述人员都能以证人身份作证。欧洲人权委员会作出有关对质权的第一个判例就认为专家证人出庭作证时属于证人。[3] 欧洲人权法院第一次作出成员国侵犯被告人对质权的"安特派庭格诉奥地利案"中,就将两被害人作为证人对待。[4] 在影响深远的"路加诉意大利案"中,欧洲人权法院将共同被告人作为证人对待。[5] 当然,尽管共同被告人可以作为《公约》意义上的证人,但欧洲人权法院也强调,在评价共同被告人陈述时,应当采取比普通证人更为严格的审查标准。因为共同被告人与普通证人作证时地位不同,共同被告人不需要宣誓后作证,不需要肯定所言属实,不会因作出虚假陈述而被判伪证罪。并且欧洲人权法院在"M. H. 诉英国案"中确立了采纳共同被告人有罪答辩是否导致申诉人的审判不公正的检测标准。即考虑到《公约》第6条提供的保障,共同被告人的有罪答辩只在证明作出该答辩之人有罪时可采,而不能用于证明申诉人有罪。法官应当向陪审团指明,共同被告人的有罪答辩本身并不能证明申诉人牵涉进该案之中。[6]

《公约》使用"询问或让人询问"的措辞,表明询问证人的主体不仅包括被告

---

[1] ECHR, *Haas v. Germany*, No. 73047/01, 17/11/2005.

[2] See J. R. Spencer, *Hearsay Evidence in Criminal Proceedings*, Portland, Hart Publishing, 2008, p. 43.

[3] European Commission on Human Rights, *X and the German Association of Z v. The Federal Republic of Germany*, no. 1167/61, 16/12/1963.

[4] ECHR, *Unterpertinger v. Austria*, No. 9120/80, 24/11/1986.

[5] ECHR, *Lucà v. Italy*, No. 33354/96, 27/02/2001.

[6] ECHR, *Romanov v. Russia*, No. 41461/02, 24/07/2008.

人,也包括被告人的律师。如果被告人及其律师在询问证人时都在场,自然符合《公约》规定。问题在于,如果询问证人时只有被告人或其律师在场是否符合《公约》规定。欧洲人权法院在“伊斯格罗诉意大利案”中认定,对质时只有被告人在场没有其律师在场不违反《公约》规定。欧洲人权法院认为,确实本案中对质时被告人律师不在场,但检察官也不在场,因此并未使双方地位不平等。并且,对质的目的使被告人律师在场并非必不可少,因为被告人可以向证人提问且自己作出评价。〔1〕另外,欧洲人权法院在“卡马辛斯基诉奥地利案”中认定,只有律师在场没有被告人在场的对质不违反《公约》规定。欧洲人权法院认为,申诉人抱怨其询问证人的权利没有被他的律师奉行,但这并没有违反《公约》规定。申诉人和他的律师必须确定谁才能代表他的利益,他不能因为律师的不作为而将责任推到政府头上。〔2〕另外,在某些《公约》的成员国,通常由法官对证人进行发问,如果被告人的问题可以借由法官之口提出,则也不会侵犯被告人的对质权。在这种情况下,“让人询问”自然也包括让法官询问。〔3〕

被告人可以在诉讼的不同阶段询问证人。如果能够在法庭审判时询问证人,自然不会违反《公约》规定。如果被告人在审前阶段与审判阶段都没有机会询问证人,则极有可能违反《公约》规定。问题在于,如果被告人在审前阶段被给予询问证人的机会,而在庭审中无法询问证人是否违反《公约》规定。尽管欧洲人权法院一直重申,原则上所有的证据都应当在被告人在场时在公开的法庭上以对抗辩论的方式提出。但该法院也一直认为,如果在陈述作出的诉讼阶段或之后的诉讼阶段,被告人被给予充分且恰当的机会质疑该陈述,则采纳该陈述本身与《公约》规定的对质权和公正审判权并不冲突。〔4〕这意味着,在审前阶段保证了被告人询问证人的权利,尽管被告人在法庭上不能询问证人,仍然不会侵犯被告人的对质权。以“N. F. B. 诉德国案”为例,欧洲人权法院认为,申诉人的律师确实未能当庭询问被害人。但正如地区法院在 1995 年 7 月 6 日的判决中所言,该律师

〔1〕 ECHR, *Isgrò v. Italy*, No. 11339/85, 19/02/1991.

〔2〕 ECHR, *Kamasinski v. Austria*, No. 9783/82, 19/12/1989.

〔3〕 See S. Maffei, *The European Right to Confrontation in Criminal Proceedings: Absent, Anonymous and Vulnerable Witnesses*, Groningen, Europa Law Publishing, 2006, p. 17.

〔4〕 ECHR, *Lucà v. Italy*, No. 33354/96, 27/02/2001.

在1989年2月25日侦查法官询问被害人时提出了大量问题,询问持续了几个小时。可以认为申诉人的对质权通过这种方式得到保障。[1]

(二)公正审判权及其内涵

《公约》第6条第1款规定:“在决定某人的公民权利和义务或针对某人的刑事审判时,任何人有权在合理期限内受到依法设立的独立且公正的法院的公正且公开的审理……”此即公正审判权条款。欧洲人权法院在“拜祖科诉波兰案”中,揭示了公正审判的内涵,“平等武装原则只是公正审判概念的一部分,公正审判还包括对抗式审判的基本权利”。[2]

对抗式审判权,根据欧洲人权法院的定义,是指在刑事诉讼中,控辩双方必须被给予对另一方提交的意见和提出的证据知晓和评论的机会。[3] 无论另一方当事人提交的材料有关案件事实、案件涉及的实体法律还是程序法事项,这一权利都适用。[4] 平等武装原则,根据欧洲人权法院的定义,是指每方当事人都应当被给予合理的机会提出其证据和意见,以避免与对方相比处于不利境地。两个概念之间并不好区分,有些案件中欧洲人权法院宣称依据平等武装原则作出判决,但争议的问题实际是程序的对抗性。正如“平等武装”一词所暗示,这一标准是相对标准,需要比较控辩双方在诉讼中所受待遇才能得出结论。相对而言,“对抗式审判”以“对抗”为前提,其概念更为明确。[5]

具体到对质权,欧洲人权法院在其处理的有关对质权的第一个案件中,并未将其与公正审判权联合起来考察。但已认为该条款的本质目的,正如条文所用词组“相同条件下”所示,在于确保控辩双方平等武装。[6] 真正将对质权与公正审判权结合起来考察的,是“安特派庭格诉奥地利案”。[7] 此后,“安特派庭格诉奥地利案”的模式被之后所有案例沿用。通过公正审判权保障对质权也很容易理

〔1〕 ECHR, *N. F. B. v. Germany*, No. 37225/97, 18/10/2001.

〔2〕 ECHR, *Belziuk v. Poland*, No. 23103/93, 25/03/1998.

〔3〕 ECHR, Belziuk v. Poland, No. 23103/93, 25/03/1998.

〔4〕 ECHR, *Kamasinski v. Austria*, No. 9783/82, 19/12/1989.

〔5〕 See S. Trechsel and S. Summers, *Human Rights in Criminal Proceedings*, New York, Oxford University Press, 2006, p. 85.

〔6〕 ECHR, *Engel and others v. The Netherlands*, Nos. 5100/71; 5101/71; 5102/71; 5354/72; 5370/72, 8/6/1976.

〔7〕 ECHR, *Unterpertinger v. Austria*, No. 9120/80, 24/11/1986.

解，因为《公约》对质权的两个方面分别涉及公正审判权的两个方面。被告人询问不利于他的证人的权利，可以促使审判以对抗式方式进行；在“相同条件下”让有利于他的证人出庭的权利，可以确保控辩双方平等武装。

二、适用：三步检测方法

欧洲人权法院如何运用双层分析模式进行分析呢？在“艾尔·卡瓦贾和泰合瑞诉英国案”中，欧洲人权法院提出了三步检测方法。[1] 第一步是审查证人不出庭是否有正当理由。如果有正当理由，第二步审查审查有罪判决是否完全或决定性地基于证人的书面证言作出。如果答案是肯定的，第三步审查其他平衡因素是否足以抵消使用书面证言给被告人带来的不利影响。此后，在 2015 年 12 月 15 日作出的“沙特沙威利诉德国案”中，欧洲人权法院又对三步检测方法的适用进行了重大修改。依据该案判决，在第一步和第二步都满足时适用第三步自然不存在问题。但即使不满足第一步和第二步的条件时，有时仍有必要适用三步检测方法。[2] 因此，与其说三步检测方法中的三步之间是递进关系，不如说是并列关系。欧洲人权法院作出上述判决的目的在于避免三步检测方法成为无差别适用的刚性规则，进而侵蚀欧洲人权法院在审查公正审判权时一直适用的总体平衡检测标准。

（一）证人不出庭的正当理由

欧洲人权法院在道森案中认为，尽管《公约》第 6 条没有保障证人和作证的被害人利益的规定，但作证时，他们的生命、自由或人身安全也可能面临危险。证人和被害人的上述利益为《公约》的其他条文所保障，《公约》成员国在进行刑事诉讼活动时，不应不合理危及他们的利益。就此，公正审判原则要求在特定案件中，被告人的利益要与证人和作证的被害人的利益相互权衡。[3] 因此，尽管欧洲人权法院一再重申原则上证人在审判时应当出庭，为确保其出庭要穷尽所有合理的努力，但其也认可在具有正当理由时证人不出庭。

---

〔1〕 ECHR, *Al-Khawaja and Tahery v. the United Kingdom*, Nos. 26766/05; 22228/06, 20/1/2009.

〔2〕 ECHR, *Schatschaschwili v. Germany*, No. 9154/10.

〔3〕 ECHR, *Doorson v. The Netherlands*, No. 20524/92, 26/03/1996.

首先,证人因客观原因不能出庭。如证人因死亡、下落不明、身在国外等客观原因无法出庭时,欧洲人权法院通常认为属于不出庭的正当理由。在"艾尔·卡瓦贾和泰合瑞诉英国案"中,由于与本案无关的原因,其中一名受害者在庭审前自杀。但自杀前几个月,她向警方作出了指证被告人艾尔·卡瓦贾的证言。欧洲人权法院直接宣称,很明显该证人证言具有证据能力。[1] 在"阿特纳诉奥地利案"中,证人不告而别,法院两次指示警察尽全力找到她,甚至为此推迟审判日期,但最终查无下落。欧洲人权法院认为,证人出庭作证固然很好,但也不能因证人下落不明就停止审判,只要司法机关为寻找证人已经尽力,就不能因此苛责司法机关。[2] 因此,在证人下落不明时,如果司法机关已经尽力搜寻,则使用不出庭证人的审前证言也具有正当理由。在"哈斯诉德国案"中,证人被关在黎巴嫩的一家监狱,德国司法机关为了获得证人的口头证言,数次请求黎巴嫩当局将证人转移至德国,均遭拒绝。欧洲人权法院认为,德国法院已经勤勉地履行了《公约》赋予的义务。证人出庭涉及其他国家政府的配合,非德国法院单方可以决定。[3] 当然,身在国外不必然是证人不出庭的正当理由。在"罗曼诺夫诉俄国案"中,法庭审理时被害人因公务不在俄国内,俄国国内法院宣读了被害人向警察作出的书面证言。欧洲人权法院认为,俄国国内法院完全可以将审判推迟,等5天后证人回国时,让证人出庭。俄国国内法院违反《公约》规定。[4] 综上,在确定证人不出庭的客观原因是否具有正当理由时,欧洲人权法院要审查上述客观原因是否构成不能克服的阻碍。[5] 只有确系不能克服的客观阻碍,才能成为证人不出庭的正当理由。

其次,证人因恐惧不愿出庭。证人因恐惧不出庭有时可以成为不出庭的正当理由,但要区分情形。有必要区分两种类型的恐惧:由被告人或为被告人利益行事之人的威胁行为或其他行为导致的恐惧,以及一般性恐惧。当证人的恐惧是由被告人或为被告人利益行事之人的行为导致的,允许证人的书面证言进入法庭就

---

〔1〕 ECHR, *Al-Khawaja and Tahery v. the United Kingdom*, Nos. 26766/05;22228/06, 20/1/2009.

〔2〕 ECHR, *Artner v. Austria*, No. 13161/87, 28/08/1992.

〔3〕 ECHR, *Haas v. Germany*, No. 73047/01, 17/11/2005.

〔4〕 ECHR, *Romanov v. Russia*, No. 41461/02, 24/07/2008.

〔5〕 ECHR, *Romanov v. Russia*, No. 41461/02, 24/07/2008.

是恰当的，即使该证据是不利于被告人的唯一或决定性证据。因为允许被告人从恐吓证人中获益，将与被害人和证人的权利相冲突，没有法院愿意其审判的公正性被这种行为玷污。此时，被告人应当被视为已经放弃了《公约》赋予的询问证人的权利。但欧洲人权法院的判例却显示，证人不出庭的更为常见的原因是证人对作证的一般性恐惧。如在许多案件中，证人的恐惧来自于被告人及其同伙的恶名昭著。[1] 在确定证人是否应当出庭提供口头证言时，要考虑包括证人对死亡、他人伤害、财产损失的恐惧在内的所有相关因素。但这并非意味着证人的任何主观恐惧都足以支持其不出庭。国内法院应当进行恰当的审查以确定，证人的恐惧是否有客观依据以及这些客观依据是否有证据支撑。考虑到证人不出庭对被告人造成的不利影响，欧洲人权法院强调，如果证人在之前的诉讼阶段没有被被告人询问，那么允许采纳证人的先前证言代替当庭证言就应当是最后诉诸的措施。在允许证人因恐惧不出庭前，审判法庭必须确信其他的诸如匿名作证或特别措施等替代性选择，要么不恰当，要么不可行。[2]

最后，性侵害案件被害人可不出庭。性侵害案件的被害人也被称为"脆弱证人"。欧洲人权法院认为，对性侵害案件的被害人而言，刑事审判经常是一种折磨，特别是当其要与被告人对质时。在涉及未成年人被害人时尤为如此。因此，在性侵害案件的刑事审判中，可以采取以保护被害人为目的的特殊措施，只要该措施与被告人充分有效行使权利不冲突。[3] 在"S. N. 诉瑞典案"中，被告人涉嫌性侵了一个 11 岁男孩。被害人向警察所作的第一次陈述被录像。被告人在观察了该录像带之后提出若干问题。在第二次询问时，上述问题经警察之口向被害人提出，第二次询问也被录像。庭审时，被害人没有出庭，法庭依据两次询问的录像判决被告人有罪。欧洲人权法院认为被告人的公正审判权未被侵犯。[4] 在"阿卡迪和其他人诉意大利案"中，在侦查阶段，初步侦查法官对被害人进行了询问，被告人及其律师通过单向镜在另一个屋里听取问题和回答并观察被害人举止，尽管被告人无权向被害人发问，被告人的律师却可以通过初步侦查法官向证人提出

---

[1] ECHR, *Dzelli v. Germany*, No. 15065/05, 29/09/2009.

[2] ECHR, *Al-Khawaja and Tahery v. the United Kingdom*, Nos. 26766/05; 22228/06, 20/1/2009.

[3] ECHR, *S. N. v. Sweden*, No. 34209/96, 02/07/2002.

[4] ECHR, *S. N. v. Sweden*, No. 34209/96, 02/07/2002.

问题。欧洲人权法院认为,虽然上述被害人最后没有出庭,但被告人在被害人作出陈述时被提供了询问和质疑被害人的机会,因此本案中意大利并未违反《公约》规定。[1] 上述案例显示,如果在审前阶段保障了被告人的对质权,则性侵害案件被害人可以不出庭。这种保障可以通过录像形式,也可通过其他方式,只要被告人或其律师可以通过他人向受害人提出自己的问题。

需要注意的是,即使证人无正当理由不出庭,也不必然侵害被告人的公正审判权。在"沙特沙威利诉德国案"中,欧洲人权法院认为,在证人无正当理由不出庭且其证言并非有罪的唯一或决定性证据时,单单因证人无正当理由不出庭就认定审判不公正是不恰当的。[2] 鉴于此,欧洲人权法院认为,单单证人无正当理由不出庭本身并不必然导致审判不公正,但证人无正当理由不出庭是进行总体平衡检测时一个非常重要的考量因素。[3]

(二)唯一或决定性规则

欧洲人权法院认为,如果在书面证言作出的诉讼阶段或之后的诉讼阶段,被告人被给予充分且恰当的机会质疑该书面证言,则采纳该书面证言本身与《公约》规定的对质权和公正审判权并不冲突。这一结论的推论是,如果有罪判决完全或决定性地基于书面证言,而被告人在侦查阶段或审判阶段都没有机会询问或让人询问作出该证言的证人,被告的权利就被限制到与《公约》第6条保障的公正审判权相冲突的地步,[4] 此即唯一或决定性规则。

根据欧洲人权法院对唯一或决定性证据的解释,"唯一证据",就是仅有的不利于被告人的证据。"决定性证据"则应当被狭义地理解为,证据如此重要以至于可能决定案件的结果。"决定性"不应被理解为没有该项证据有罪判决的可能性减少,无罪判决的可能性增加。如果不出庭证人的书面证言被其他证据印证,则对证据是否具有"决定性"的评价取决于印证证据的强度:印证的证据越强,该书面证言对案件的"决定性"就越弱。[5]

---

[1] ECHR, *Accardi and others v. Italy*, No. 30598/02, 20/01/2005.

[2] ECHR, *Schatschaschwili v. Germany*, No. 9154/10.

[3] ECHR, *Schatschaschwili v. Germany*, No. 9154/10.

[4] ECHR, *Lucà v. Italy*, No. 33354/96, 27/02/2001.

[5] ECHR, *Al-Khawaja and Tahery v. the United Kingdom*, Nos. 26766/05; 22228/06, 20/1/2009.

唯一或决定性规则的依据在于，在采纳不出庭证人的书面证言时，证据越重要，对被告人而言潜在的不公正可能性越大，越需要确保证据可靠或对其可靠性进行恰当检验和评价。一方面，不利于被告人的书面证言，即使是不真实的或错误的，也可以被“伪装”得很好。证人未经宣誓且不能被交叉询问的证言，表面看来都有说服力，很容易“勾引”法官得出控方指控没有任何问题的结论。然而，私下里作出不利证言是一回事，在公开的法庭重复这一证言却是另一回事。经验显示，证据的可靠性，包括表面看来有说服力的证据的可靠性，在经受交叉询问之后，经常与之前截然不同。允许未经交叉询问检验的证言进入法庭，该证言固有的危险性会随着该证言成为不利被告人的唯一或决定性证据而陡然增大。“没有一个律师没有过这样的经历：一个写在纸上，看起来前后一致、无懈可击的故事，被恰当的、有技巧的交叉询问摧毁。从整体上看，书面审判实现的是二流正义。”[1]另一方面，被告人不应当因不能质疑不利于他的书面证言而被实际剥夺为自己辩护的机会。法庭审判应当确保被告人受《公约》第6条保障的公正审判权不被限制到不可接受的程度，并且应当确保他能有效地参与到审判中去。欧洲人权法院评价审判是否公正不能仅仅依靠无法质疑的不利于被告人的书面证言是否表面上可靠。[2]

但唯一或决定性规则并非无例外的绝对规则。欧洲人权法院认为，如果书面证言是不利于被告人的唯一或决定性证据，这并不会自动侵犯《公约》第6条第1款规定的公正审判权。同时，当有罪判决完全或决定性地基于不出庭证人的书面证言，欧洲人权法院必须对诉讼程序进行最严格的审查。因为采纳书面证言的风险，是影响审判平衡的一个非常重要的因素，必须要求包括足够的程序保障在内的充足的平衡因素来使审判达到总体平衡。

需要注意的是，即使证据并非唯一或决定性证据，有时仍需进行第三步检测。在“沙特沙威利诉德国案”中，欧洲人权法院认为，如果国内法院无法确定某项证据是否是唯一或决定性证据，但无疑该证据采纳后会对被告人造成重大的不利影响，则国内法院仍有必要考虑是否存在其他平衡因素抵消该证据对被告人造成的

---

〔1〕 Lord Irvine of Lairg, Hansard, HL Deb 20 October 1987, Vol. 489 cc74 – 105, p. 78.

〔2〕 ECHR, *Al-Khawaja and Tahery v. the United Kingdom*, Nos. 26766/05; 22228/06, 20/1/2009.

不利影响。证据越重要,达到总体平衡所需要的平衡因素越多。[1]

(三)其他平衡因素

在确定书面证言是有罪判决的唯一或决定证据后,欧洲人权法院会审查本案中是否存在平衡因素,以抵消该书面证言对被告人造成的不利影响。在此阶段,欧洲人权法院可能考虑下述因素。

首先,制度因素。在"艾尔·卡瓦贾和泰合瑞诉英国案"中,欧洲人权法院认为,原则上,包含于英国《1988 年刑事审判法》、《2003 年刑事审判法》、《1984 年警察与刑事证据法》第 78 条及普通法中的程序保障,足以抵消唯一或决定性证据给被告人带来的不利影响,确保审判的总体公正。[2] 这是欧洲人权法院第一次也是唯一一次为成员国的刑事诉讼制度的整体公正性"背书"。因此,尽管这一平衡因素很重要,但仅可在英国适用。

其次,主体因素。刑事诉讼中的主体在具体案件中的表现也会成为平衡因素。在法院方面,法院为确保证人出庭是否履行勤勉义务会被欧洲人权法院考虑在内。在"卡拉布罗诉意大利案"中,欧洲人权法院认为,为了让证人出庭,意大利国内法院已经签发国际证据协助请求,考虑到除了依靠从德国有关部门获得信息外别无他法,因此不能认为意大利国内法院未能勤勉履行《公约》赋予的义务。[3] 在"哈斯诉德国案"中,欧洲人权法院更直言,"不可能事项上无义务",如果国内司法机关为保障被告人询问证人的机会已经履行勤勉义务,则证人不出庭不应当使停止审判成为必要。[4] 另外,被告人不积极行使自己的权利也会成为平衡因素。在"马格努森诉瑞典案"中,欧洲人权法院认为,被告人有许多机会提出动议反对警察询问被害人的录像和笔录,但他没有向法院提出任何进一步调查证据的请求,如受害人的言词证据、对警察询问证人和鉴定意见的补充侦查等。因此,欧洲人权法院很难接受被告人所持有的其对质权被侵犯的观点。[5]

最后,案件因素。如上文所述,性侵害案件,尤其是针对未成年人实施的性侵

---

〔1〕 ECHR, *Schatschaschwili v. Germany*, No. 9154/10.

〔2〕 ECHR, *Al-Khawaja and Tahery v. the United Kingdom*, Nos. 26766/05; 22228/06, 20/1/2009.

〔3〕 ECHR, *Calabrò v. Italy and Germany*, No. 59895, 21/03/2002.

〔4〕 ECHR, *Haas v. Germany*, No. 73047/01, 17/11/2005.

〔5〕 ECHR, Magnusson v. Sweden, No. 53972/00, 16/12/2003.

害案件,是一个重要的平衡因素。比如,欧洲人权法院在"马格努森诉瑞典案"中指出,考虑到性侵害案件尤其是针对未成年的性侵害案件的特殊性,申诉人询问未成年被害人的机会必须被视为充分保障。[1] 另外,案件的严重程度也可能成为平衡因素。在"科斯托夫斯基诉荷兰案"中,欧洲人权法院承认政府在应对有组织犯罪时可以在刑事诉讼中引入特殊措施。但同时也强调,公正审判权地位如此显赫,以至于不能因权宜而被舍弃。[2] 因此,作为平衡因素,案件的严重程度对被告人对质权可能的限制作用有限。正如欧洲人权法院所言,限制被告人权利的措施,应当以严格必要为限,尽可能采取限制性更少的措施。[3]

---

〔1〕 ECHR, *Magnusson v. Sweden*, No. 53972/00, 16/12/2003.

〔2〕 ECHR, *Kostovski v. The Netherlands*, No. 11454/85, 20/11/1989.

〔3〕 ECHR, *Van Mechelen and Others v. the Netherlands*, Nos. 21363/93; 21364/93; 21427/93; 22056/93, 23/04/1997.

第四章　中国有关言词原则的规范和实践

第一节　规范分析:言词原则的法律规范

原则上,言词原则要求证人、鉴定人应当出庭接受询问,其例外则为宣读证人、鉴定人的审前书面证言。但《中华人民共和国刑事诉讼法》(以下简称《刑事诉讼法》)使用的措辞是“作证义务”,而非“出庭作证义务”。《刑事诉讼法》第7条规定:“人民法院、人民检察院和公安机关进行刑事诉讼,应当分工负责,互相配合,互相制约,以保证准确有效地执行法律。”《刑事诉讼法》第54条第1款规定:“人民法院、人民检察院和公安机关有权向有关单位和个人收集、调取证据。”依据上述法条,证人在分工负责的公安机关、检察院和法院面前都有作证义务。下文的分析将分别围绕证人、鉴定人在公安机关、检察院、法院的作证程序及证人证言笔录、鉴定意见的制作和宣读程序予以分析。

一、证人作证制度

(一)证人资格及权利义务

1. 证人资格

《刑事诉讼法》第62条规定:“凡是知道案件情况的人,都有作证的义务。生理上、精神上有缺陷或者年幼,不能辨别是非、不能正确表达的人,不能作证人。”据此,证人应当是知道案件情况、能够辨别是非、正确表达的当事人之外的自然人。知道案件情况，是指诉讼之前就对案件情况有所了解。[1] 辨别是非，是指对事实的存在、状态、性质能够正确认识和辨别。正确表达，是指对自己所认识和辨别的事实、状态、性质能够进行正确描述。[2] 另外，如果某人是案件的当事人，包括犯罪嫌疑人、被告人、被害人等，根据《刑事诉讼法》规定，其不能提供证人证言。证人具有不可替代性，若案件中的其他诉讼参与人知道案件情况，则其应当作证人。

侦查人员及人民警察也可能成为证人。侦查人员可以出庭证明证据收集程序合法。依据《刑事诉讼法》第59条，为证明证据收集合法性，人民法院可以通知有关侦查人员或者其他人员出庭说明情况。侦查人员就证据的合法性出庭，可以基于人民检察院的提请或人民法院的决定，也可以基于侦查人员本人要求。另外，人民警察可以出庭证明犯罪事实。依据《刑事诉讼法》第192条第2款的规定，人民警察可以就其执行职务时目击的犯罪情况作为证人出庭作证。

依据《刑事诉讼法》的规定，如果生理上、精神上有缺陷或者年幼，导致不能辨别是非、不能正确表达时，不能作证人。但并非"生理上、精神上有缺陷或者年幼"就一定导致该人不能作证人。生理上有缺陷，是指盲聋哑或者其他生理缺陷。精神上有缺陷，是指智力或精神上存在障碍。若生理上、精神上有缺陷或者年幼，但能辨别是非、能正确表达，仍然可以成为证人。[3] 另外，根据《刑事诉讼法》第193条的规定，被告人的配偶、父母、子女，即使知道案件情况，也可以不出庭作证。但上述人员仍有一定的作证义务，该条免除的仅是上述人员的出庭作证义务。依据《最高人民法院关于适用〈中华人民共和国刑事诉讼法〉的解释》（以下简称《法院解释》）第109条的规定，在审查生理上精神上有缺陷对案件事实的认知和表达存在一定困难但尚未丧失正确认知表达能力的证人证言及与被告人有亲属关系或者其他密切关系的证人所作的有利被告人的证言时，应当慎重。

2. 证人义务与权利

证人有两项义务：作证义务，如实陈述义务。

---

〔1〕 参见龙宗智等：《刑事诉讼法》，高等教育出版社2007年版，第133页。

〔2〕 参见陈光中等：《刑事诉讼法》，北京大学出版社2009年版，第199页。

〔3〕 参见陈光中等：《刑事诉讼法》，北京大学出版社2009年版，第199页。

依据《刑事诉讼法》，一般情况下知道案情的人都有作证义务。证人的作证义务包括但不限于出庭作证义务。负有作证义务之人不仅有在法院出庭作证义务，同时也有向公安机关、检察机关作证义务。当然，作证义务中最重要的是出庭作证义务。《刑事诉讼法》第 192 条第 1 款规定："公诉人、当事人或者辩护人、诉讼代理人对证人证言有异议，且该证人证言对案件定罪量刑有重大影响，人民法院认为证人有必要出庭作证的，证人应当出庭作证。"证人出庭义务并非绝对，《法院解释》第 206 条第 1 款规定："证人具有下列情形之一，无法出庭作证的，人民法院可以准许其不出庭：(一)在庭审期间身患严重疾病或者行动极为不便的；(二)居所远离开庭地点且交通极为不便的；(三)身处国外短期无法回国的；(四)有其他客观原因，确实无法出庭的。"经人民法院通知，证人无正当理由不出庭作证的，依据《刑事诉讼法》第 193 条，人民法院可以强制其到庭。根据《法院解释》第 208 条，强制证人出庭的，由院长签发强制证人出庭令。

证人作证的另一项义务为如实陈述义务。《刑事诉讼法》第 54 条第 1 款规定："人民法院、人民检察院和公安机关有权向有关单位和个人收集、调取证据。有关单位和个人应当如实提供证据。"第 125 条和第 194 条分别规定了在侦查阶段侦查人员、在审判阶段审判人员询问证人时，应告知证人如实提供证据、证言和有意作伪证或者隐匿罪证要负的法律责任。依据《中华人民共和国刑法》(以下简称《刑法》)第 305 条，在刑事诉讼中，证人对与案件有重要关系的情节，故意作虚假证明，意图陷害他人或者隐匿罪证的，处 3 年以下有期徒刑或者拘役；情节严重的，处 3 年以上 7 年以下有期徒刑。

证人有受补偿的权利和受保护的权利。

《刑事诉讼法》第 65 条规定，证人因履行作证义务而支出的交通、住宿、就餐等费用，应当给予补助。据此，《公安机关办理刑事案件程序规定》(以下简称《公安规定》)第 73 条、《人民检察院刑事诉讼规则(试行)》(以下简称《检察规则》)第 77 条、《法院解释》第 207 条都做了类似规定予以落实。为保证法律的规定落到实处，《刑事诉讼法》第 65 条还规定证人作证的补助列入司法机关业务经费，由同级政府财政予以保障。

《刑事诉讼法》同时规定证人及其近亲属受公安司法机关保护的权利。这种保护既可能是《刑事诉讼法》第63条规定的一般保护，也可能是《刑事诉讼法》第64条规定的特殊保护。根据《刑事诉讼法》第63条，公安司法机关应当一般性地保障证人及其近亲属的安全。若对证人及其近亲属的威胁、侮辱、殴打或者打击报复已经构成犯罪的，应依法追究刑事责任，否则依法给予治安管理处罚。同时，针对特定类型的案件，《刑事诉讼法》第64条规定了特殊保护措施。据此，对于危害国家安全犯罪、恐怖活动犯罪、黑社会性质的组织犯罪、毒品犯罪等案件，证人本人或其近亲属的人身安全面临危险的，公安司法机关应当依职权或依请求，采取一项或多项保护措施。保护措施包括不公开证人真实姓名、住址和工作单位等个人信息、采取不暴露外貌、真实声音等出庭作证措施、禁止特定的人员接触证人及其近亲属、对人身和住宅采取专门性保护措施及其他必要的保护措施。

（二）证人作证程序规定

依据《刑事诉讼法》，侦查人员询问证人的地点，可以在案发现场、证人单位住处或证人提出的其他地点，也可以通知证人到公安机关、检察机关提供证言。询问证人应当个别进行。询问证人前，应当向证人出示证件。询问证人前，应当了解证人身份、其与犯罪嫌疑人、被害人之间的关系。询问时，应当告知证人应如实地提供证据、证言和有意作伪证或者隐匿罪证应负的法律责任。侦查人员不得向证人、被害人泄露案情或者表示对案件的看法，严禁采用暴力、威胁等非法方法询问证人、被害人。询问证人，应当制作询问笔录。询问笔录应当交证人核对。对没有阅读能力的证人，应当向其宣读。若询问笔录记载有遗漏或差错，证人可以提出补充或改正。证人认为询问笔录没有错误的，由证人在笔录上逐页签名、盖章或捺指印，并在末页写明“以上笔录我看过（向我宣读过），和我说的相符”，同时签名、盖章、捺指印并注明日期。侦查人员也应当在询问笔录上签名。如果证人拒绝签名、盖章、捺指印的，侦查人员应当在询问笔录上签名。

《检察规则》第371条规定：“人民检察院对证人证言笔录存在疑问或者认为对证人的询问不具体或者有遗漏的，可以对证人进行询问并制作笔录附卷。”询问证人时，应当由两名以上办案人员进行，并依照上文侦查人员询问证人程序进行。

人民法院审理的第一审普通程序案件，证人一般应当出庭作证。根据《刑事诉讼法》第187条的规定，开庭以期，审判人员可以召集公诉人、当事人和辩护人、诉讼代理人,对出庭证人名单问题了解情况,听取意见。依据《刑事诉讼法》第192～194条的规定,在控辩双方对证人证言有异议,且该证人证言对案件定罪量刑有重大影响,人民法院认为证人有必要出庭作证时,证人应当出庭作证。人民警察就其执行职务时目击的犯罪情况作为证人出庭作证,也适用上述规定。经人民法院通知,证人没有正当理由不出庭作证的,人民法院可以强制其到庭。对于出庭作证的证人,审判人员应当核实其身份、与当事人及本案的关系,并告知其有关作证的权利义务和法律责任。在证人作证前,证人应当保证向法庭如实提供证言,并在保证书上签字。审判人员可以询问证人。公诉人、当事人和辩护人、诉讼代理人经审判长许可,可以对证人发问。向证人发问,应当先由提请通知的一方进行,发问完毕后,经审判长准许,对方也可以发问。向证人发问时,发问的内容应当与本案事实有关,不得以诱导方式发问、不得威胁证人、不得损害证人的人格尊严。向证人发问应当分别进行。证人经发问或询问后,审判长应当告知其退庭。

(三)证言笔录宣读与审查

根据《刑事诉讼法》第195条的规定,对未到庭证人的证言笔录,应当当庭宣读。法律并未明确规定证人没有正当理由拒绝出庭或者出庭后拒绝作证时的证言笔录,是否可以当庭宣读。但依据《检察规则》,此时可以宣读。《检察规则》第441条第2款规定:"对于经人民法院通知而未到庭的证人或者出庭后拒绝作证的证人的证言笔录,公诉人应当当庭宣读。"据此,无论证人因何原因不出庭、因何原因出庭后拒绝陈述,公诉人都应当当庭宣读证言笔录。至于宣读之后是否可以作为定案根据,依据《法院解释》第78条第3款的规定,经人民法院通知,没有正当理由拒绝出庭或出庭后拒绝作证的证人,法庭对其证言真实性无法确认的,该证人证言不得作为定案根据。换言之,如果未出庭证人的证言笔录,法庭可以确认证言真实性的,该证言笔录就可以作为定案根据。

证人出庭且当庭证言与证言笔录一致时,宣读证言笔录与否不会面临太大争议。问题在于,证人当庭证言与证言笔录矛盾时,是否可以宣读证言笔录。依据《检察规则》,此时仍可宣读证言笔录。《检察规则》第442条第5款规定:"证人进行虚假陈述的,应当通过发问澄清事实,必要时还应当宣读证人在侦查、审查起诉阶段提供的证言笔录或者出示、宣读其他证据对证人进行询问。"据此,只要公诉人认为证人当庭证言"虚假"的,就可径行宣读证人在侦查、审查起诉阶段提供的证言笔录,还可以宣读其他证人的证言笔录进行印证。证人当庭证言与证言笔录矛盾时,法院也不会径行采信当庭证言。《法院解释》第 78 条第 2 款规定:"证人当庭作出的证言与其庭前证言矛盾,证人能够作出合理解释,并有相关证据印证的,应当采信其庭审证言;不能作出合理解释,而其庭前证言有相关证据印证的,可以采信其庭前证言。"据此,当证人当庭证言与庭前证言矛盾时,法院要根据证人的合理解释以及证据之间的印证关系作出决定。在法院采信证据时,当庭证言与证言笔录之间并无明确的优劣关系。

事实上,在司法解释层面,证言笔录一直与当庭证言并列作为"证人证言"的表现形式。《法院解释》专节规定了对"证人证言"的审查。证人当庭证言自然应当属于证人证言。对于证言笔录,《法院解释》第 74 条规定应审查证人询问笔录的制作、修改程序是否合法合规;第 76 条规定未经证人核对确认的书面证言笔录,不得作为定案根据;第 77 条规定未填写询问人、记录人、法定代理人姓名及询问起止时间和地点的询问笔录、没有记录告知证人有关权利义务和法律责任的询问笔录、反映出同一时段同一询问人员询问不同证人的询问笔录,存在瑕疵,经补正或作出合理解释的,可以采用。由此看来,在证据能力问题上,司法解释不是赋予当庭证言较之于证言笔录的优先权,而是将二者同等对待。

二、鉴定人出庭作证制度

(一)鉴定人选任及鉴定程序

侦查过程中为了查明案情,有时需要解决案件中的专门性问题,此时公安司法机关会指派、聘请有专门知识的人进行鉴定。依据《公安规定》第 239 条的规定,在聘请有专门知识的人时,应当经县级以上公安机关负责人批准后,制作鉴定聘请书。依据《检察规则》第 248 条的规定,鉴定由检察长批准,由人民检察院技术部门有鉴定资格的人员进行。必要时,在征得鉴定人所在单位同意情况下,也可以聘请其他有鉴定资格的人员进行。另外,检察机关在审查起诉时,如果认为需要对某些专门性问题进行鉴定而侦查机关没有鉴定的,应当要求侦查机关进行鉴定,必要时也可由检察机关进行鉴定或送交有资格的人进行。

为了便于鉴定人制作鉴定意见，作出鉴定决定的机关应当为鉴定人提供必要条件。如及时向鉴定人送交有关检材和对比样本等原始材料，介绍与鉴定有关的情况，并且明确提出要求鉴定解决的问题，但不得暗示或强迫鉴定人作出某种鉴定意见。同时应当做好检材的保管和送检工作，确保检材在流转环节中的同一性和不被污染。鉴定人应当按照鉴定规则，运用科学方法独立进行鉴定。鉴定完成后，鉴定人应当出具鉴定意见。同时附上鉴定机构和鉴定人的资质证明，并且签名或者盖章。多个鉴定人的鉴定意见不一致的，应当在鉴定意见上写明分歧的内容和理由，并且分别签名或者盖章。

对鉴定意见，决定鉴定的公安司法机关应当进行审查。必要时，经单位负责人批准，可以进行补充鉴定或重新鉴定。根据《公安规定》第 245 条的规定，补充鉴定的情况包括鉴定内容有明显遗漏、发现新的有鉴定意义的证物、对鉴定证物有新的鉴定要求、鉴定意见不完整及其他需要补充鉴定的情形。根据《公安规定》第 246 条的规定，重新鉴定的情况包括鉴定程序违法或违反相关专业技术要求、鉴定机构或鉴定人不具备鉴定资质和条件、鉴定人故意作虚假鉴定或违反回避规定、鉴定意见依据明显不足、检材虚假或者被损坏及其他应重新鉴定的情形。重新鉴定时，应当另行指派或聘请鉴定人。在审查后，侦查机关应当将用作证据的鉴定意见告知犯罪嫌疑人、被害人。被害人死亡或者没有诉讼行为能力的，应当告知其法定代理人、近亲属或诉讼代理人。上述人员提出申请的，也可以补充鉴定或重新鉴定。检察机关在审查起诉时，如果对鉴定意见有疑问，可以询问鉴定人并制作笔录附卷，也可以指派检察技术人员或者聘请有鉴定资格的人对案件中的某些专门性问题进行补充鉴定或者重新鉴定。询问鉴定人时，应当告知其在审查起诉阶段享有的诉讼权利，并由两名以上办案人员进行。

(二)鉴定人的义务和权利

鉴定人有如实鉴定义务、回避义务。

鉴定人应当如实作出鉴定意见，不得故意进行虚假鉴定。依据《刑事诉讼法》第 147 条的规定，鉴定人故意作虚假鉴定的，应当承担法律责任。依据《刑法》第 305 条的规定，在刑事诉讼中，鉴定人对与案件有重要关系的情节，故意作虚假鉴定，意图陷害他人或者隐匿罪证的，处 3 年以下有期徒刑或者拘役；情节严重的，处3年以上7年以下有期徒刑。

另外，鉴定人还有回避义务。根据《刑事诉讼法》第29～32条的规定，若鉴定人系本案当事人或当事人近亲属、鉴定人或其近亲属与本案有利害关系、鉴定人与本案当事人有其他关系可能影响公正处理案件时，应当自行回避，当事人及其法定代理人也有权要求其回避。鉴定人若接受当事人及其委托的人的请客送礼、违反规定会见当事人及其委托的人的，当事人及其法定代理人有权要求其回避。

与证人相同，鉴定人有受保护的权利。其保护措施也与证人相同，此不赘述。

(三)鉴定人出庭作证程序

与证人在公安机关、检察机关、法院面前都有口头作证机会不同，鉴定人仅能通过出庭方式进行口头作证。公安机关、检察机关用作证据的是书面的鉴定意见。

人民法院审理的第一审普通程序案件，开庭时审判长应宣布鉴定人等的名单，告知当事人有权申请鉴定人回避。对于出庭的鉴定人，在鉴定人到庭后，审判人员应当核实其身份、与当事人以及本案的关系，并告知其有关作证的权利义务和法律责任。鉴定人作证前，应当保证向法庭如实提供证言、说明鉴定意见，并在保证书上签名。公诉人、当事人和辩护人、诉讼代理人经审判长许可，可以对鉴定人发问。向鉴定人发问，应当先由提请通知的一方进行；发问完毕后，经审判长准许，对方也可以发问。审判人员可以询问鉴定人。向鉴定人发问遵循询问证人的规则。发问后，审判长应告知鉴定人退庭。鉴定人不得旁听对本案的审理。法庭审理过程中，当事人和辩护人、诉讼代理人有权申请重新鉴定。申请重新鉴定时，应当提供要求重新鉴定的理由。法庭认为有必要的，应当同意，并宣布延期审理；不同意的，应当说明理由并继续审理。法院同意重新鉴定申请的，应当及时委托鉴定，并将鉴定意见告知人民检察院、当事人及其辩护人、诉讼代理人。

公诉人、当事人和辩护人、诉讼代理人可以申请法庭通知有专门知识的人出庭，就鉴定人作出的鉴定意见提出意见。有专门知识的人出庭，适用鉴定人的有关规定。公诉人、当事人及其辩护人、诉讼代理人申请法庭通知有专门知识的人出庭，就鉴定意见提出意见的，应当说明理由。法庭认为有必要时，应当通知有专门知识的人出庭。申请有专门知识的人出庭，不得超过两人。

《刑事诉讼法》第192条第3款规定:"公诉人、当事人或者辩护人、诉讼代理人对鉴定意见有异议,人民法院认为鉴定人有必要出庭的,鉴定人应当出庭作证。经人民法院通知,鉴定人拒不出庭作证的,鉴定意见不得作为定案的根据。"但是,司法解释并未"一刀切"地拒绝承认所有经法院通知后不出庭作证的鉴定意见。根据《法院解释》第86条的规定,鉴定人由于不能抗拒的原因或者有其他正当理由无法出庭的,人民法院可以根据案件审理情况决定延期审理或重新鉴定。依据《刑事诉讼法》第195条的规定,对未到庭的鉴定人的鉴定意见,应当当庭宣读。审判人员应当听取公诉人、当事人和辩护人、诉讼代理人的意见。

依据《法院解释》第85条的规定,有下列情形之一的鉴定意见不得作为定案根据:鉴定机构不具备法定资质,或者鉴定事项超出该鉴定机构业务范围、技术条件的;鉴定人不具备法定资质,不具有相关专业技术或者职称,或者违反回避规定的;送检材料、样本来源不明,或者因污染不具备鉴定条件的;鉴定对象与送检材料、样本不一致的;鉴定程序违反规定的;鉴定过程和方法不符合相关专业的规范要求的;鉴定文书缺少签名、盖章的;鉴定意见与案件待证事实没有关联的;违反有关规定的其他情形。

三、我国言词原则相关规范评价

上文分析表明,在证人作证问题上,法律赋予公安机关、检察机关、法院相同的收集证人证言权力、法律将证人当庭证言与证人证言笔录都作为证人证言这种法定证据种类的表现形式、法院将审查证人证言笔录作为审查证人证言的重点,由此导致证人证言笔录相对证人当庭证言的优越性。在鉴定人作证问题上,法律同样赋予公安机关、检察机关、法院相同的进行鉴定的权力、法律将书面的鉴定意见与鉴定人当庭陈述都作为鉴定意见这种法定证据种类的表现形式、法院将审查书面的鉴定意见作为审查鉴定意见的重点。以下分述之。

首先,公安机关、检察机关、法院都具有依法收集证人证言、进行鉴定的权力。《刑事诉讼法》第7条规定:"人民法院、人民检察院和公安机关进行刑事诉讼,应当分工负责,互相配合,互相制约,以保证准确有效地执行法律。"据此,公安机关、检察机关、法院在刑事诉讼过程中处于平等地位。为贯彻此原则,《刑事诉讼法》第54条规定,人民法院、人民检察院和公安机关有权向有关单位和个人收集、调取证据。无疑法律赋予公安机关、检察机关、法院收集和调取"证据"的权力。当然,这种收集和调取证据的过程必须严格按照法律规定。《刑事诉讼法》第52条规定:"审判人员、检察人员、侦查人员必须依照法定程序,收集能够证实犯罪嫌疑人、被告人有罪或者无罪、犯罪情节轻重的各种证据……"从这个角度看,侦查人员、检察人员、审判人员都是收集证据的合法主体,但是其收集证据的过程要严格按照法定程序。而依据《刑事诉讼法》第50条的规定,证人证言与鉴定意见都属于法定证据种类,因此侦查人员、检察人员依据法定程序收集的证据自然与审判人员依据法定程序收集的证据一样,具有证据能力。

无疑,依据《刑事诉讼法》侦查人员在侦查阶段依法收集的证人证言、获得的鉴定意见具有证据能力。鉴于侦查阶段系第一次收集证人证言和鉴定意见,由此获得的信息是原始的、大量的,与之相比,此后诉讼阶段通过上述证据来源获得的信息则基本上是补充性的、少量的。由此侦查阶段成为整个刑事审判中最大的信息来源,侦查阶段收集的证人证言、鉴定意见较之于此后诉讼阶段获得的证人证言、鉴定意见,更能决定审判结果。

其次,证人证言笔录与证人当庭证言都属于证人证言,书面的鉴定意见与鉴定人当庭陈述都属于鉴定意见。

《刑事诉讼法》第50条第1款规定:"可以用于证明案件事实的材料,都是证据。"法定的证据种类中包括证人证言、鉴定意见。但法律并未规定证人证言、鉴定意见应以何种方式呈现。书面的鉴定意见作为证据不存在疑问,鉴定人的当庭陈述自然也可以作为证据使用。就证人证言而言,考虑到法律明确规定证据属于一种"材料",则作为证人陈述物质载体的证人证言笔录作为一种合法的证人证言有其合理性。另外,《法院解释》的相关规定也表明,证人证言笔录与证人当庭陈述都可以成为证人证言的表现形式。依据《法院解释》第74条的规定,对证人证言的审查包括询问笔录的制作修改是否符合法律、有关规定,是否注明询问的起止时间和地点等。而且书面证言没有经过证人核对确认的,不得作为定案的根据。《法院解释》第77条规定的都是询问笔录不符合法律或规定导致证人证言有瑕疵的情况。将证人当庭陈述与证人证言笔录都作为证人证言的合法表现形式,将书面的鉴定意见与鉴定人当庭陈述都作为鉴定意见的合法表现形式,使证人、鉴定人的当庭陈述只有在与先前陈述不一致时,证人、鉴定人才有出庭价值,否则在规范层面证人、鉴定人出庭只会拖慢庭审节奏,几乎没有积极意义。

最后,法院审查证人证言的重点在证人证言笔录,审查鉴定意见的重点在书面鉴定意见。

书面的鉴定意见是鉴定人鉴定活动的成果,其中会系统涉及鉴定人及鉴定机构资格、鉴定方法、鉴定程序、鉴定结论等重要信息,是对鉴定活动成果的系统阐述。与之相比,鉴定人出庭多为对书面鉴定意见中某方面问题予以解释说明,多为补充书面鉴定意见。因此,法院审查鉴定意见的重点在书面鉴定意见自无疑问。

《法院解释》有专节规定对证人证言的审查与认定。其中有关是否将证人证言用作定案根据的第 76 条、第 77 条集中体现了法院的态度。《法院解释》第 76 条规定了四种不得作为定案根据的证人证言:询问证人没有个别进行的;书面证言没有经证人核对确认的;询问聋、哑人,应当提供通晓聋、哑手势的人员而未提供的;询问不通晓当地通用语言、文字的证人,应当提供翻译人员而未提供的。这四种情况分别对应《刑事诉讼法》第 122 条、第 124 条、第 119 条、第 9 条。其中,第 9 条为公安机关、检察机关、法院在询问证人时都应当遵守的规定;第 119 条、第 122 条、第 124 条则为公安机关侦查阶段询问证人应该遵守的规定。可见,当法院在审查证人证言是否能用作定案根据时,审查的主要是证人证言笔录是否能做定案根据。《法院解释》第 77 条规定了四种存在瑕疵的证人证言:询问笔录没有填写询问人、记录人、法定代理人姓名以及询问的起止时间、地点的;询问地点不符合规定的;询问笔录没有记录告知证人有关作证的权利义务和法律责任的;询问笔录反映出在同一时段,同一询问人员询问不同证人的。这四种瑕疵的证人证言准确说都是瑕疵的证人证言笔录。可见,当法院在审查证人证言是否具有瑕疵时,审查的完全是证人证言笔录是否具有瑕疵。总之,法院审查证人证言的重点在于证人证言笔录。

公安机关、检察机关、法院分别收集证人证言,使获得具有证据能力的证人证言的活动提前到侦查程序中。将证人证言笔录与证人当庭证言都作为证人证言对待,书面鉴定意见与鉴定人当庭陈述都作为鉴定意见对待,使证人当庭陈述的意义大大降低,证人证言笔录、书面鉴定意见更具重要性。法院将审查证人证言笔录、书面鉴定意见作为审查证人证言、鉴定意见这两种法定证据种类的重点,加剧了证人证言笔录和书面鉴定意见的优势。综上所述,依据我国《刑事诉讼法》及配套规定所构建是以侦查程序中获得的证人证言笔录及鉴定意见为中心的诉讼制度。在这种制度下,审判阶段的任务不过是对侦查阶段获得的证据再进行一次官方的认可而已。

第二节　实践透视:言词原则的贯彻实施

言词原则要求证人、鉴定人、侦查人员出庭作证。但证人、鉴定人、侦查人员等不出庭作证一直是困扰中国刑事诉讼的痼疾。为了解决上述人员不出庭问题,2012 年修订的《刑事诉讼法》制定了诸如证人保护、作证补贴、强制出庭等制度,以期让包括关键证人在内的上述人员出庭,但实施效果却不尽如人意。

据叶青教授的统计,2014 年 S 市 Y 中院结案数为 252 件,证人出庭的案件数为 3 件,鉴定人出庭的案件数为 1 件;Q 区法院结案数为 2325 件,证人出庭的案件数为 8 件,鉴定人出庭的案件数为 0 件;J 区法院结案数为 1249 件,证人出庭的案件数为 5 件,鉴定人出庭的案件数为 2 件。[1] 上述地区法院证人、鉴定人平均出庭率不足 1%。在一份对 G 省 S 市证人出庭情况的研究中,在 2013 年 1 月至 9 月,Z 区一审审结的 94 个案件中证人出庭作证的仅有 1 件,X 区一审审结的 280 个案件中证人出庭作证的有 4 件,L 区一审审结的 264 个案件中证人出庭作证的有 3 件,M 区一审审结的 86 个案件中证人出庭作证的有 1 件。[2] 可见调查时,G 省 S 市证人出庭率仍徘徊在 1% 左右。上述两份调研自然不能反映中国目前证人出庭率的全貌,但却可以像切片一样,帮助我们一窥中国证人出庭率的现状。

---

〔1〕 参见叶青:《构建刑事诉讼证人、鉴定人出庭作证保障机制的思考》,载《中国司法鉴定》2015 年第 2 期。

〔2〕 参见揭小珍:《刑事证人出庭作证调查报告——以 G 省 S 市法院系统为样本》,西南政法大学法学院诉讼法系 2014 年硕士学位论文,第 5 页。

并且,理论界也一般认为,《刑事诉讼法》修订并未扭转证人出庭率低的情况。如樊崇义教授认为:“我国 2012 年《刑事诉讼法》针对这一问题的解决所采用的新措施是举世瞩目的,但是出庭率并无变化。多数地区证人出庭率仍徘徊在 1% ~ 2%,甚至个别地区审理的刑事案件两年来仅有 2 起案件、2 名证人出庭。书面审理盛行,案件质量令人担忧。”[1]龙宗智教授认为,2012 年修改《刑事诉讼法》,虽然意图强化证人出庭,但“因未能限制应出庭未出庭证人书面证言的使用”,“书面证言仍然代替证人出庭,出庭率未能提升,强化证人出庭的立法目的基本未能实现”。[2] 有学者在调查后发现,包括法官、律师、鉴定人在内的被调查者,多数从未经历过鉴定人出庭。“这足以说明鉴定人出庭率低,而且鉴定人出庭率并没有因为新刑事诉讼法的实施而显著改善。”[3]2015 年,时任最高人民法院常务副院长沈德咏也认为:“现行刑事诉讼法虽然对证人、鉴定人出庭作证作了专门规定,但由于种种原因,目前尚未能根本扭转司法实践中证人、鉴定人出庭难的问题。”[4]

司法实践中,侦查人员也极少出庭。事实上,比之于证人出庭,侦查人员出庭更是一件“稀罕事”。侦查人员不出庭如此普遍,以至于各省市的新闻媒体都会大幅报道“某某地区现首例侦查人员出庭作证”“某某法院首次通知侦查人员出庭作证”。[5] 根据学者邢颖等人的调研,高达 95% 的民警承认其所在的辖区并无警察出庭作证的案例。[6] 司法实践中,当法庭调查是否存在非法取证行为时,侦查人员一般不会出庭。有的只送来盖有办案机关印章的一纸“证明”、“情况说明”或“抓捕经过”,并以上述书面文件证明取证程序合法。[7]

鉴于此,笔者拟通过案例对司法实践中言词原则的贯彻情况进行分析。

笔者分析的案例选自北大法宝网站(http://www.pkulaw.cn/),之所以选择

---

[1] 樊崇义:《解读“以审判为中心”的诉讼制度改革》,载《中国司法》2015 年第 2 期。

[2] 龙宗智:《“以审判为中心”的改革及其限度》,载《中外法学》2015 年第 4 期。

[3] 胡铭:《鉴定人出庭与专家辅助人角色定位之实证研究》,载《法学研究》2014 年第 4 期。

[4] 沈德咏:《论以审判为中心的诉讼制度改革》,载《中国法学》2015 年第 3 期。

[5] 参见王跃、胡柳:《论侦查人员出庭作证制度——以现行性侦查模式为视角》,载《铁道警察学院学报》2014 年第 4 期。

[6] 参见邢颖、刘晓燕:《论我国侦查人员出庭作证制度》,载《湖北警官学院学报》2014 年第 4 期。

[7] 参见潘申明、刘浪:《非法证据排除中侦查人员出庭作证研究》,载《华东政法大学学报》2014 年第 3 期。

北大法宝中的司法案例进行分析，因为该网站提供的案例库极大，是目前最成熟、专业、先进的法律信息全方位检索系统。在北大法宝的司法案例库中，笔者以2012年修改后的《刑事诉讼法》正式实施的2013年1月1日作为检索起始时间点，以2014年12月31日为截止时间点，考察此两年时间内有关证人出庭、侦查人员出庭、鉴定人出庭的司法案例。由于对言词原则实施而言最重要的是一审公诉案件。笔者在检索时将审理程序限定为"一审"。在一审的734335件案例中，笔者以"出庭作证"为关键词在案例全文中进行精确检索，共得到1013件案例。剔除掉其中的自诉案例、与言词原则无关案例、无法分析的案例后，共得到734件司法案例。其中与证人出庭相关案例530件，与侦查人员出庭相关案例97件，与鉴定人出庭相关案例107件。笔者下文的分析围绕上述734件案例进行。

另外，在分析之前需要对分析中使用的若干概念先进行阐释。下文中使用的"控方证人"，是指在侦查阶段或审查起诉阶段曾作出过不利于被告人的证言笔录的证人，"辩方证人"是指出庭作有利于被告人证言的证人。"定罪证人"是指其证言对被告人定罪有重要影响的证人，"量刑证人"是指其证言对被告人量刑有重大影响的证人。"证言笔录"是指侦查机关及公诉机关在侦查阶段或审查起诉阶段依法制作书面的证人证言笔录；"当庭证言"是指证人在法庭审判时当庭作出的口头证言。"辩方"是指辩护人和被告人。

一、证人出庭作证实践

（一）申请证人出庭作证的诉讼主体

证人出庭的申请主要由辩方提出。在证人出庭相关的530件案例中，除去未提出证人出庭申请的18件和判决书中未涉及申请主体的12件案例，在剩下的500件案例中，大多数证人出庭的申请都是由辩方提出的。如表1所示，辩方单独提出申请的（包括辩护人、被告人、被告人和辩护人提出申请的三种情况）共有412件案例，占82.4%。与之相比，公诉人申请证人出庭的案例只有53件，占10.6%；法院依职权通知证人出庭的案例有8件，占1.6%。

表 1　申请证人出庭作证的诉讼主体情况

申请主体	申请案件数量/件	在所有案件中所占比率/%
辩护人	304	60.8
被告人	90	18.0
被告人和辩护人	18	3.6
公诉人	53	10.6
法院依职权	8	1.6
被害人及其代理人	6	1.2
附带民事诉讼原告人	15	3.0
附带民事诉讼被告人	3	0.6

注:在500个案件中,除表1统计的情形外,另有控辩双方都提出证人出庭申请的有2件;[1]控辩审三方都申请及传唤证人出庭的有1件。[2]

上述数据表明,司法实践中大多数证人出庭申请都由辩方提出。公诉人提出的证人出庭申请只达到辩方提出申请的约1/8。[3] 法院依职权主动传唤证人出庭的案件更少。当然,司法实践中被害人及其代理人、附带民事诉讼原告人、附带民事诉讼被告人也会提出证人出庭申请。

辩方申请出庭的证人中,既有控方证人,也有辩方证人。在辩方申请出庭作证的415件案例中,[4]申请控方证人出庭的有182件,占43.9%;申请辩方证人出庭的有237件,占57.1%。[5] 二者相比可见辩方更倾向于让有利于他的证人出庭。辩方申请出庭的控方证人主要是其证言作为证明被告人有罪的直接证据使用的证人。

---

[1] 分别是(2013)长刑初字第399号判决书、(2014)海刑初字第2428号判决书。

[2] (2014)东刑初字第33号判决书。

[3] 其他学者的研究也得出了类似结果。有学者在对Z省调研后发现,H市公诉人提出的证人出庭申请占总数的12.8%,辩方则占总数的74.4%;L市公诉人提出的证人出庭申请占总数的8.7%,辩方则占总数的91.3%。参见毛逸潇、袁继红:《新刑事诉讼法视野下证人出庭实效观测——以Z省法院为样本》,载《江西警察学院学报》2015年第1期。

[4] 除上述统计提及的412件辩方单独提出申请的案件外,另有2件是控辩双方都申请证人出庭,1件是控辩审三方都有证人出庭。

[5] 有4件案件,辩方同时申请了控方证人和辩方证人出庭。这4件案件分别是(2013)临刑初字第2号判决书、(2014)长刑初字第26号判决书、(2014)惠东法刑二初字第43号判决书、(2014)太刑初字第00095号判决书。

在辩方申请控方证人出庭的182件案件中，除去5件判决书中未涉及该证人证言作用的案例，在剩下的177件案例中，133件是申请对被告人定罪有重要影响的控方证人出庭，占75.1%。其中，有101件中辩方申请的都是作为有罪的直接证据使用的证人证言，占57.1%。而23件案件中，被告人申请控方证人出庭提供无罪证据，占13.0%。此类证人通常是在侦查阶段向侦查机关提供被告人有罪的直接证据，但在辩护人申请其出庭作证后当庭翻证，当庭证明被告人无罪。辩方申请出庭的控方证人中，33件案例中的证人证言对被告人量刑有重要影响，占18.6%。辩方申请对被告人量刑有重要影响的控方证人出庭的主要目的在于通过上述证人当庭翻证使被告人获得减刑。非法证据排除规则在申请证人出庭问题上亦有体现，11件案例中，辩方申请证人出庭的目的在于确认该证人证言是否系非法证据，占6.2%。

在辩方申请辩方证人出庭的237件案例中，除去10件判决书中未涉及该证人证言作用的案例，在剩下的227件案例中，114件是申请对被告人量刑有重要影响的辩方证人出庭，占50.2%。此类证人出庭的目的是减轻被告人的量刑，如被告人涉案金额或数额少于被指控的金额或数额(54件)、被告人系自首(23件)、被害人有过错(22件)等。有70件案例辩方申请辩方证人出庭证明被告人无罪，占30.8%，例如，被告人不在场(24件)、被告人未参与或实施犯罪(20件)、被告人行为不构成犯罪(16件)。并非所有辩方证人出庭都能起到有利于被告人的作用。辩方所申请出庭的辩方证人中，9件案例中，证人当庭证言被采纳，但最终作为证明被告人有罪的证据使用。更值得注意的是，在34件案例中，辩方申请的辩方证人证言被法院认为与案件没有关联性而未被采纳，占15.0%。可见辩方申请出庭的辩方证人有相当一部分会被法院认为与案件没有关联性而拒绝采纳。

公诉人申请出庭作证的证人则均为控方证人。在控方申请出庭的55件案例中，[1]除去4件判决书中未涉及该证人证言作用的案例，剩下的51件案例中公诉

[1] 除表1统计的公诉人申请的53件案件外，另有2件是控辩双方都申请证人出庭，分别参见(2013)长刑初字第399号判决书、(2014)海刑初字第2428号判决书。其中1件是控辩审三方都有证人出庭，即(2014)东刑初字第33号判决书。

人申请出庭的证人均为证明被告人有罪的证人。其中证人证言作为直接证据证明被告人有罪的有40件，占78.4%；证人证言作为间接证据证明被告人有罪的有11件，占21.6%。可见，公诉人申请出庭的证人通常是能够证明被告人有罪的关键证人。

与公诉人不同，被害人申请证人出庭的主要目的则是加重被告人的量刑。在被害人申请证人出庭的6件案例中，除去被法院认为无关联性的1件，剩下5件案例均与被告人量刑有关。如在两起交通肇事案中被害人申请证人出庭证明被告人肇事后逃逸，[1]在另两起故意伤害案中被害人申请证人出庭证明被害人无过错及被告人使用管制刀具实施伤害行为。[2]

附带民事诉讼原告人与被告人也会申请证人出庭以证实与量刑有关的事实。基本上，附带民事诉讼原告人和被告人申请证人出庭原因多为赔偿数额。附带民事诉讼被告人申请证人出庭的3件案例都与赔偿数额有关，一起故意伤害案中证明在案发后其附带民事诉讼被告人带被害人到诊所就医并支付了费用，[3]另两起交通肇事案中证明附带民事诉讼被告人借给被告人车辆使用的行为不应导致其承担赔偿责任。[4] 附带民事诉讼原告人申请证人出庭的15件案例中，有9件与赔偿数额有关，占60.0%，其中又以交通肇事案中确定赔偿标准最多(6件)。[5] 上述案件中被害人家属通常申请证人出庭，证明被害人生前经常居住地为城镇，以获得更多赔偿。当然，附带民事诉讼原告人申请证人出庭目的不限于此。从现有判例看，其申请证人出庭的目的常常是不希望被告人获得较轻量刑。如在两起故意伤害案中，一起被害人申请的证人出庭证实被害人对冲突的发生无过错，另一起被害人申请的证人证实目击了被告人与被害人斯打过程。

---

[1] 参见(2013)温苍刑初字第1063号判决书、(2014)平刑初字第111号判决书。

[2] 参见(2013)九法刑初字第01366号判决书、(2014)广汉刑初字第129号判决书。

[3] 参见(2013)吉丰刑初字第135号判决书。

[4] 参见(2013)阿左刑一初字第114号判决书、(2013)兖刑初字第377号判决书。

[5] 《最高人民法院关于审理人身损害赔偿案件适用法律若干问题的解释》实行差别对待，将人身损害赔偿区分为农村居民和城镇居民。由于我国城乡居民收入差别较大，交通肇事案中的被害人是否按照城镇居民确定赔偿数额对被告人、被害人及其家属影响较大。而依据《最高人民法院民一庭关于经常居住地在城镇的农村居民因交通事故伤亡如何计算赔偿费用的复函》，人身损害赔偿案件中，残疾赔偿金、死亡赔偿金和被扶养人生活费的计算，应当根据案件的实际情况，结合受害人住所地、经常居住地等因素，确定适用城镇居民人均可支配收入(人均消费性支出)或者农村居民人均纯收入(人均年生活消费支出)的标准。

与上述诉讼主体相比，法院依职权主动传唤证人出庭的案件非常少。法院依职权传唤证人出庭的目的主要是在证人证言矛盾情况下查明案件事实。这种不同证人证言之间矛盾及证人不同证言之间矛盾的情况，在法院依职权传唤的9件案例中占了5件。如在一起故意伤害案中，控方指控被告人用扁担击打被害人造成轻伤，被告人则坚称其没有击打被害人，并申请证人出庭作证。公诉人也申请证人出庭证明确系被告人所为。双方针锋相对，证人当庭证言矛盾很大。在此情况下，法院依职权传唤本案鉴定人及其他目击证人出庭。[1] 法院依职权传唤出庭的证人不仅有对定罪有重要影响的证人（5件），也有对量刑有重要影响的证人（3件），甚至有一件案件，法院依职权传唤证人出庭的目的是确定该证人证言是否系非法证据。[2]

上文分析表明，法院依职权传唤证人出庭则主要是为了查明案件事实。辩方申请控方证人出庭主要为确定被告人是否有罪，申请辩方证人出庭的目的则是减轻被告人的量刑。控方申请控方证人出庭则主要是为证明被告人有罪。被害人申请证人出庭的主要目的则是加重被告人的量刑。附带民事诉讼原告人和被告人申请证人出庭原因多为赔偿数额。

（二）法院对出庭申请的三种处理方式

对诉讼主体提出的证人出庭申请法院会作出同意、不同意和变通三种处理方式。

表2　法院对出庭申请的处理方式

处理方式	案件数量/件	在所有案件中所占比率/%
同意出庭	430	87.4
不同意出庭	56	11.4
变通方式	6	1.2

如表2所示，在前述500个案例中，除去法院单独依职权传唤证人出庭的8件案例，在剩余的492件案例中，有430件案例中，对诉讼主体提出的证人出庭申

〔1〕 参见（2014）东刑初字第33号判决书。
〔2〕 参见（2013）江中法刑二初字第32号判决书。

请,法院作出同意决定,占87.4%。可见,在绝大多数情况下,法院对诉讼主体要求证人出庭的申请并不反对。[1]

但在56件案例中,法院明确反对诉讼主体提出的证人出庭申请,占11.4%。法院不同意出庭的56件案例中,有1件是被害人申请证人出庭案例,[2]剩下的55件都是辩方申请证人出庭案例,占98.2%。4件案例中,法院不同意辩方提出的证人出庭申请的方式是不作任何回应;[3]2件案件中,法院不同意证人出庭是因为证人不愿出庭[4]和因病无法出庭。[5] 但从案例看出,法院不同意证人出庭的最主要的原因是以下三点:证人无出庭作证必要(37件);证人证言与案件事实无关联(7件);证言笔录并非非法证据(5件)。对于与案件事实无关联性的证人证言,出于诉讼效率考虑不允许其出庭是恰当的。司法实践中,辩方也确实会向法院提出让此类证人出庭的申请。[6] 从案例看出,当辩方认为证言笔录系非法证据而申请证人出庭时,法院也可能会拒绝该申请。法院的理由通常是辩方未提供有关证据或线索,[7]或者公诉机关已经证明了该证言笔录系合法取得。[8]

但司法实践中法院不同意证人出庭的最常见的理由是该证人无出庭作证必要。这一理由看似宽泛,但从案例可以看出,当法院认为证人无出庭作证必要时通常是基于以下四个原因:证言笔录与其他证据印证(21件);证言笔录取证程序合法(16件);申请出庭的证人并非关键证人(5件);法院的自由裁量权(4件)。

---

〔1〕 法院一般不会拒绝控方的证人出庭申请。左卫民教授的研究也证实了这一点,"对有证人出庭的9个刑庭的法官的访谈情况表明,只要检察官提出证人出庭,法官不可能拒绝。"参见左卫民、马静华:《刑事证人出庭率:一种基于实证研究的理论阐述》,载《中国法学》2005年第6期。

〔2〕 该案中,法院认为被害人申请出庭作证的证人与被害人系亲属关系,证人证言的可信度较低,且被害人申请的证人中有的证人证言与其他控方证人证言存在矛盾,有的证人证言系传来证据,证明力较低,故不同意上述证人出庭。参见(2013)登刑初字第219号判决书。

〔3〕 从判决书中可以看出,证人没有出庭。参见(2013)安刑初字第579号判决书、(2013)沁刑初字第00081号判决书、(2014)金义知刑初字第34号判决书、(2014)中刑初字第32号判决书。

〔4〕 参见(2014)法刑初字第66号判决书。该案中,证人在戒毒所强制隔离戒毒,其表示不愿出庭作证,但表示公安机关询问他的两次笔录内容属实。法院据此采纳其证言笔录。

〔5〕 参见(2014)德中刑二初字第7号判决书。该案中,被害人被确诊为精神分裂症,病情已不允许其出庭。

〔6〕 如一起诈骗案中,辩护人申请证人出庭证明被告人取得某煤电公司项目授权,并将部分涉案钱款用于运作项目手续。但正如法院所指出的,被告人是否通过他人取得授权,涉案钱款是否部分用于运作该项目,均不影响对其行为性质的认定。参见(2014)三中刑初字第264号判决书。

〔7〕 参见(2013)大刑二初字第0168号判决书、(2013)方刑初字第31号判决书、(2014)温平刑初字第1167号判决书。

〔8〕 参见(2013)全刑初字第00060号判决书。

同一判决书中可能会援引不止一个原因,但法院最常使用的原因是证言笔录与其他证据相互印证和证言笔录取证程序合法,法院还经常在判决书中同时使用二者。例如,在一起受贿案中,法院认为本案证言笔录的取证主体合法、取证地点合法、取证程序合法,因此该证言笔录具有合法性。该证言笔录与视听资料相互吻合、与本案证据相互吻合。因此,证人没有出庭作证的必要。[1] 如果证人并非关键证人,法院也可能驳回辩方申请。如在一起寻衅滋事案中,法院认为该证人所作证言笔录仅系补强证据,对本案定罪量刑事实均无重大影响,且该证人证言所述事实与在卷其他证据能够印证,具有客观性,故不需要通知证人出庭作证。[2] 但有时法院不同意证人出庭作证,完全是凭借其自由裁量权。例如,在一起滥伐林木案中,法院认为《刑事诉讼法》明确规定证人是否必要出庭作证由人民法院决定。该院认为,证人证言笔录是由公安机关依法收集,来源合法,证人没有必要出庭作证,其所做的证言可以在结合全案的证据后综合采纳。[3]

对诉讼主体提出的证人出庭申请法院有时会采取变通方式处理。此种处理方式是法院是否同意证人出庭态度模糊时采取的处理方式。此种处理方式下,证人虽然未出庭作证,但一般都向法官提供了其所知晓的案件信息。这种变通的处理方式通常被法官称为“庭外核证”或“庭外核实”。这种变通方式通常有两种模式,一种模式是法官单独向证人进行庭外核证,另一种模式是法官、公诉人、辩护人共同向证人进行庭外核证。法官单独向证人进行庭外核证,指辩方向法院申请证人出庭后,法院在案件审理期间或庭审后联系证人,向证人询问其所知晓的案件信息。[4] 法官、公诉人、辩护人共同向证人进行庭外核证,指辩方向法院申请证人出庭后,证人由于被羁押等客观原因无法出庭,上述三方共同到证人所在地向证人询问其所知晓的案件信息。如在一起贩卖毒品案中,两名证人分别被取保候审和羁押于看守所,法官带领公诉人、辩护人分别对这两名证人进行了庭外核

[1] 参见(2013)醴法刑初字第225号判决书。

[2] 参见(2014)杭江刑初字第553号判决书。

[3] 参见(2014)昭刑初字第59号判决书。

[4] 参见(2014)佛南法刑初字第448号判决书、(2014)杭下刑初字第457号判决书、(2014)南刑二初字第0048号判决书。

证。[1] 有时,这种庭外核证活动还会进行同步录音录像,并在庭审时播放。[2]

（三）证人不出庭时法院处理方式

法院同意证人出庭,证人却未必会出庭。在法院同意证人出庭的430件[3]案例中,有44件案例证人并未出庭,占10.2%;出庭案件为388件,占90.2%。[4]

从现有案例看,尚未发现证人不出庭时法院强制证人出庭案例。[5] 在44件证人不出庭案例中,辩方申请的辩方证人未出庭的有6件,附带民事诉讼原告人申请的证人未出庭的有3件,在这两种情况下,法院无一例外都未采纳辩方和附带民事诉讼原告人提供的该证人的书面证言。法院不采纳未出庭辩方证人的书面证言的原因在于,证人未出庭作证,书面证言的真实性无法确认,[6]或者书面证言无其他证据印证[7]或与侦查机关收集证据矛盾。[8]法院不采纳附带民事诉讼原告人申请而未出庭的证人书面证言的原因在于,证人未出庭作证,书面证言的真实性无法核实且该书面证言也无其他证据印证。[9] 由此可见,对于像辩方、附带民事诉讼原告人这种"民间"诉讼主体收集的书面证言,法院对其真实性一般持怀疑态度。只有该证人出庭或者该书面证言有其他证据印证时,才可能被法院采纳。

但辩方申请后法院同意其出庭的控方证人未出庭时,其证言笔录却一般会被采纳。在44件证人未出庭案例中,有35件属于控方证人未出庭的情况。在这35件案例中,高达29件案例中未出庭的控方证人的证言笔录被法院采纳,占82.9%;只有6件案例中,法院未采纳未出庭的控方证人的证言笔录。可见,即使

---

[1] 参见(2013)秦刑初字第60号判决书。

[2] 参见(2012)丽莲刑初字第667号判决书。

[3] 有两件案例中,一方证人出庭一方证人未出庭,因此分别进行统计。两件案例分别为(2014)惠东法刑二初字第43号判决书、(2014)台仙刑初字第202号判决书。

[4] 证人经法院传唤后绝大多数都会出庭,正如左卫民教授所指出的,"这足以证明学术界将证人出庭率低下归因于证人态度,并提出所谓强制证人出庭作证为'治本之策'的主流理论的谬误"。参见左卫民、马静华:《刑事证人出庭率:一种基于实证研究的理论阐述》,载《中国法学》2005年第6期。

[5] 有法官在接受访谈时,将不愿强制证人出庭的原因归结为"证人不比被告人,总不能使用强制措施限制证人的人身自由"。参见揭小珍:《刑事证人出庭作证调查报告——以G省S市法院系统为样本》,西南政法大学法学院诉讼法系2014年硕士学位论文,第15页。

[6] 参见(2014)长刑初字第32号判决书、(2013)内刑初字第60号判决书。

[7] 参见(2014)鄂仙桃刑初字第00297号判决书。

[8] 参见(2014)丰刑初字第108号判决书、(2014)嘉平刑初字第674号判决书。

[9] 参见(2014)景刑初字第136号判决书、(2014)永刑初字第72号判决书。

控方证人经通知后不出庭,法院一般也会采纳其证言笔录。

法院采纳不出庭控方证人证言笔录的原因大致有以下:未出庭证人有多份稳定的证言笔录(7 件);证言笔录与其他证据印证(18 件);证言笔录取证程序合法(12 件);法官的自由裁量权(3 件)。同一判决书中可能会援引不止一个原因,但法院最常援引的原因是证言笔录与其他证据印证。如在一起故意伤害案中,法院认为二证人虽未到庭作证,但其所证内容能与其他证据相印证,因此具有客观真实性,对其证言笔录予以采信。[1] 如果证言笔录系侦查机关合法收集,也会促使法院采信该证言笔录。如在一起生产、销售有毒有害食品案中,法院认为虽然经法院依法通知,两名证人均未出庭,但两名证人在侦查机关所作的证言笔录,具有客观性和关联性,且系公安机关依法收集,并经庭审质证,依法应当作为认定本案事实的证据。[2] 如果证人在侦查机关所作的证言笔录有多份,且多份证言笔录之间内容稳定、一致,则即使该证人不出庭,法院也倾向于采纳该证人的证言笔录。这似乎是由于证言笔录本身内容上的"印证"。如在一起受贿案中,虽然证人经法院通知后未出庭,但法院认为证人对办案人员的询问有明确的认知,表达清晰、具有作证能力,其庭前证言笔录稳定、一致,且与其他证人证言、被告人供述能相互印证,可以作为定案依据。[3] 另外,有时法院采纳不出庭控方证人甚至不提供理由。例如,在一起故意伤害案中,控方证人不出庭,法院认为庭前辩方申请通知相关证人出庭作证,因此,其仅仅以庭审中证人未能出庭作证而否认证人证言的证据能力,于法无据。[4]

法院极少会因控方证人经通知后不出庭而不采纳其证言笔录。从案例看,有两种情况会导致法院作出上述决定。一种是未出庭证人的证言笔录是证明被告人有罪的唯一证据。例如,在一起非法持有毒品案中,检察官以贩卖毒品罪起诉被告人,但经法院通知后,控方证人未出庭作证。法院认为公诉机关指控被告人

---

〔1〕 参见(2013)滑刑初字第 321 号判决书。

〔2〕 参见(2013)泰海刑初字第 91 号判决书。

〔3〕 参见(2013)靖刑初字第 246 号判决书。

〔4〕 本案中,辩方证人也未出庭,辩方只提供了该证人的证言笔录。但法院却认为,辩方未能对证言笔录的来源、收集程序作出合理解释,也未提供证人的身份信息,证人也未出庭作证,无法对其真实性进行核实认定。因此,合议庭评议后,对该证言笔录不予采信。参见(2013)正少刑初字第 30 号判决书。

犯贩卖毒品罪,仅有该证人的证言笔录,而证人未能出庭作证且现已无法联系,故公诉机关指控被告人张某犯贩卖毒品罪,证据不足,不予支持,最后被告人被定为非法持有毒品罪。[1] 另一种是即使不采纳该证言笔录也不影响对被告人定罪。例如,在一起寻衅滋事案中,法院认为即使排除证人的证言笔录,其他证据也能相互印证形成完整的证据链条,三被告人的犯罪事实足以认定。[2] 又如,在一起故意伤害案中,法院认为二证人无正当理由未到庭作证,辩护人提出对上述二证人的证言不能作为定案依据的意见,符合法律规定予以采纳,但最后被告人仍被定罪。[3]

上文分析表明,证人经法院通知后未出庭,法院通常不会强制该证人出庭。但对是否采纳未出庭证人的证言笔录,法院的处理方式差异较大。对于辩方、附带民事诉讼原告人申请的有利于他们的证人,法院几乎不会采纳其证言笔录。但对于经通知后未出庭的控方证人,法院一般会采纳其证言笔录。法院不采纳未出庭控方证人的证言笔录一般基于两种情况,一种是未出庭证人的证言笔录是证明被告人有罪的唯一证据,另一种是即使不采纳该证言笔录也不影响对被告人定罪。

(四)证人出庭时法院采纳情况

在证人出庭的388件案例中,[4]辩方证人出庭218件,占56.2%;控方证人出庭154件,占39.7%;被害人、附带民事诉讼原告人和被告人申请的证人出庭共20件,占5.2%。下面分别进行分析。

1. 控方证人出庭

如前所述,控方证人在出庭前,侦查机关或检察机关一般会对其进行询问并制作书面的证言笔录。出庭作证的控方证人,无论是辩方申请还是公诉人申请,其当庭证言要么与先前的证言笔录一致,要么与先前的证言笔录矛盾,即证人当

---

[1] 参见(2014)崇州刑初字第309号判决书。

[2] 参见(2014)广刑初字第16号判决书。

[3] 参见(2014)定刑初字第168号判决书。

[4] 其中四件案例,控辩双方都有证人出庭作证,因此分别进行统计。这四件案件为(2014)东刑初字第33号判决书、(2013)临刑初字第2号判决书、(2013)长刑初字第399号判决书、(2014)太刑初字第00095号判决书。

庭翻证。从现有案例来看,在控方证人出庭的154件案例中,[1]控方证人当庭证言与证言笔录一致的有87件,占56.5%;当庭证言与证言笔录矛盾的有69件,占44.8%。可见,相当多的控方证人会在出庭时翻证。下面分别进行分析。

从申请主体看,作出一致证言的控方证人主要由公诉人申请出庭。在控方证人当庭证言与其证言笔录一致的87件案例中,有55件是由公诉人提出证人出庭申请,占63.2%;有35件是由辩方申请证人出庭作证,占40.2%。从证言所起的作用看,大多数证人证言与定罪有关。在此87件案例中,除判决书中未涉及证人证言作用的5件案例,[2]在剩下的82件案例中,只有3件中控方证人出庭证言对量刑有重要影响,[3]其余79件案例都是对被告人定罪有重要影响的证人证言。而在这79件案例中,作为证明被告人有罪的直接证据使用的证人证言又高达65件。从证言被法院采纳情况看,作出一致证言的控方证人证言一般会被法院采纳。在作出一致证言的87件案例中,法院采纳的高达84件。[4] 可以说,在当庭证言与证言笔录一致时,法院通常会采纳该证人证言。

当庭翻证的证人情况则与此不同。从申请主体看,当庭翻证的69件案例,全部是由辩方申请控方证人出庭。因此,有理由相信,被告人的家属或辩护人可能在审判前接触已作出不利被告人的证言笔录的证人,在询问该证人并从该证人处获得有利于被告人的信息后,申请该证人出庭作证。从证言所起作用看,证人当庭翻证所涉及的证言既有定罪证据也有量刑证据。在当庭翻证的69件案例中,除2件判决书未涉及证言作用的案例,[5]在剩下的67件案例中,有28件是对量刑有重要影响的证人证言,占41.7%;有39件涉及对定罪有重要影响的证人证言,占58.3%。由此可见,当庭翻证的控方证人中,相当一部分目的在于减轻被

---

〔1〕 在(2013)拜刑初字第4号判决书中,控方出庭证人中既有翻供者也有未翻供者,因此分别进行统计。在(2013)杭萧刑初字第574号判决书中,法院几名对控方出庭证人翻供处理方式不同,也予以分别统计。

〔2〕 分别是(2013)深南法刑初字第957号判决书、(2013)邢刑初字第149号判决书、(2014)白刑初字第199号判决书、(2014)白刑初字第232号判决书、(2014)泰开刑初字第0124号判决书。

〔3〕 这三件案例都由辩方申请该控方证人出庭,最终其证人都成为被告人减轻量刑的证据。参见(2014)开刑初字第00487号判决书、(2013)历刑初字第385号判决书、(2014)梅刑初字第30号判决书。

〔4〕 未采纳的3件分别因为证人证言是证明被告人有罪的唯一证据、作为目击证人的证人未看清事发经过、证人证言与案件事实无关联性。3件案例分别是(2013)商刑初字第168号判决书、(2013)伊刑重初字第9号判决书、(2014)西法刑初字第405号判决书。

〔5〕 参见(2013)秦刑初字第15号判决书、(2014)农刑初字第14号判决书。

告人的刑罚。其中最为典型的贪污、受贿类案件,在 21 件案件中,证人当庭翻证,否认被告人实施了某次具体的贪污、受贿行为。此种翻证,如果成功,被告人仍会因其他的贪污、受贿行为被定罪,但却可以减少被告人的犯罪数额,从而减轻被告人的刑罚。最后,从证言被采纳情况看,在证人当庭翻证时,法院既可能采纳当庭证言(26 件),也可能采纳证言笔录(39 件),甚至当庭证言与证言笔录都不采纳(4 件)。可见,如果控方证人当庭翻证,法院更可能采纳其证言笔录。

从案例来看,法院采纳当庭翻证证人证言笔录大致有两个原因,证人当庭翻证没有作出合理解释(20 件)或者证言笔录与其他证据能够印证(21 件)。法院经常在判决书中同时使用这两个理由。如在一起受贿案中,法院认为证人在侦查阶段陈述与被告人供述一致,并与取款和还款时间相吻合,证人金某当庭改变证言无合理解释,故对证人当庭证言不予采纳。[1] 有的案件中,证人翻证后检察机关会向其再次核实证言,在核实证言压力下,再次开庭时,证人可能再次变更证言,并确认庭前证言笔录为真。此时法院一般会采纳其证言笔录。[2] 在相当多的案例中(11 件),法院采纳当庭翻证证人的书面证言甚至不提供原因。如在一起诈骗案中,出庭作证的被害人当庭翻供,法院认为被害人在向公安机关报案时称被告人是诈骗行为,而在庭审中作为证人出庭作证时又称与被告人是借贷关系,前后说法自相矛盾,当庭证言不予采信。[3] 有时法院也将证言笔录取证合法作为采纳证言笔录的原因。例如,在一起受贿案中,法院认为检察机关对证人取证时依法定程序进行,证人亦在检察机关取证完毕后在询问笔录中签字对证实内容予以认可。因此证人当庭证实的内容可信度较低不予采信,对其在侦查机关所做的证言应作为定案依据予以采信。[4] 但即使某份证言笔录因非法收集被排除,仍不妨碍法院采纳该证人之后作出的证言笔录。如在一起受贿案中,控方证人当庭翻供,并证实 2013 年 6 月 29 日所收集的证人证言笔录系非法证据。法院排除了该份证言。但认为侦查机关除了在 2013 年 6 月 29 日询问证人而形成该份证言笔录外,还于 2013 年 7 月 13 日对其进行了第二次询问。第二次询问形成

---

〔1〕 参见(2014)杭西刑初字第 569 号判决书。

〔2〕 参见(2012)京刑初字第 248 号判决书。

〔3〕 参见(2014)塔刑初字第 40 号判决书。

〔4〕 参见(2014)江刑初字第 70 号判决书。

的证言笔录合法有效，可以作为认定被告人受贿罪的证据使用。[1]

从案例看来，在8件案例中法院径直采纳翻证证人当庭证言，并未提供原因。在其他案例中，法院采纳当庭证言大致有以下四个原因：当庭证言有其他证据印证(10件)；证人为当庭翻证提供合理解释(6件)；有利被告原则(6件)；证人证言笔录存在瑕疵(3件)。如果证人当庭证言与其他证据印证，则其当庭证言更易被法官采纳。这大多是指证人当庭证言与被告人当庭供述或者其他证人当庭证言相印证。如在一起受贿案中，认定一次受贿事实的行贿人当庭翻证，且其证言与另一证人的当庭证言吻合。最后法院采纳两位证人当庭证言，未认定该起受贿事实。[2] 如果证人对当庭翻证提供合理解释，法官有时也会采纳其当庭证言。如一起受贿案中，作为证人出庭的受贿人当庭证实其于2010年春节至2013年春节每年送被告人2万元共计8万元，确亦有感谢被告人为其子去英国上学给予帮助的意思。此8万元应属于人情往来。法院认可了证人的这一解释。[3] 如果证言笔录收集程序本身存在瑕疵，也会增大当庭证言被采纳的可能性。如在一起受贿案中，证人证言笔录所记取证地点与其当庭所述的取证地点不一致，该证言笔录系瑕疵证据。法院认为侦查人员对该份证言笔录取证的合法性未出庭解释，也未提供书面说明，该证据不能作为定案的依据。[4] 值得注意的是，从案例中看出，有时法官在因证人当庭证言与证言笔录冲突而导致无法查明事实时，会依据有利被告原则作出判决。如在一起故意毁坏财物案中，被害人的陈述笔录及一位证人的证言笔录反映是被毁鱼苗中灰鲢多白鲢少，但出庭作证的三位证人均反映在现场看到的是白鲢多灰鲢少。而白鲢鱼苗价格低于灰鲢。最终法院判定，在没有足够证据确定白鲢灰鲢数量的情况下，从有利于被告人的角度，鲢鱼全部认定为价格便宜的白鲢。[5]

2. 辩方证人出庭

从申请主体看，辩方证人出庭的218件案例，均为辩方提出申请。这一现象

---

〔1〕 参见(2014)玉中刑二初字第4号判决书。

〔2〕 参见(2013)杭西刑初字第792号判决书。

〔3〕 参见(2014)仪刑初字第0075号判决书。

〔4〕 参见(2013)隆刑初字第233号判决书。

〔5〕 参见(2014)坛刑二初字第0070号判决书。

可以从两个角度进行理解,一是这类证人在侦查阶段和审查起诉阶段并未被负责追诉的机关询问,因此辩方证人一般没有庭前的证言笔录;二是由于指控被告人有罪的关键证人通常已经接受追诉机关的询问,因此有时出庭的辩方证人并非是关键证人。

从证言所起作用看,辩方证人出庭的218件案例中除去5件判决书中未涉及该证言作用的案例,在剩下的213件案例中,105件案例中当庭证言对量刑有重要影响,占49.3%;72件案例中当庭证言对定罪有重要影响,占33.8%;36件案例中当庭证言被法院认定为无关联性证据,占16.9%。在105件对量刑有重要影响的当庭证言中,辩方证人当庭证言均为减轻被告人量刑的证据。在72件对定罪有重要影响的当庭证言中,辩方证人当庭证言中有64件是无罪证据,有8件是有罪证据。在105件为减轻被告人的刑罚而出庭的案例中,辩方证人最常证实的事实是被告人涉案金额少于指控数额(44件)、被告人系自首(23件)、[1]被害人对犯罪的发生存在过错(21件)。在64件为证实被告人无罪而出庭的案例中,辩方证人最常证实的事实是被告人案发时不在犯罪现场(22件)、被告人未参与或实施犯罪行为(20件)、被告人的行为不构成犯罪(14件)。

从证言采纳情况看,在辩方证人出庭的218件案例中,被采纳的有72件,占33.0%;未被采纳的有146件,占67.0%。[2] 由此可见,只有在约1/3的案例中辩方证人的当庭证言被采纳。而被采纳的当庭证言中,又主要是减刑证据。从案例看,被采纳的72份当庭证言中,减刑证据有56件,占77.8%;无罪证据有8件,占11.1%;有罪证据有8件,占11.1%。联系上文数据,减刑证据共有105件,采纳56件,采纳率达53.3%;无罪证据共有64件,采纳8件,采纳率只有12.5%;有罪证据共有8件,采纳8件,采纳率达100%。这表明,出庭辩方证人所提供的证言中,法官最倾向于采纳其提供的证明被告人有罪的证言,其次是为减轻被告人量刑的证言,最不倾向于采纳的是证明被告人无罪的证言。法院采纳辩方证人当

---

[1] 根据《最高人民法院关于常见犯罪的量刑指导意见》第4条:"对于自首情节,综合考虑自首的动机、时间、方式、罪行轻重、如实供述罪行的程度以及悔罪表现等情况,可以减少基准刑的40%以下;犯罪较轻的,可以减少基准刑的40%以上或者依法免除处罚。恶意利用自首规避法律制裁等不足以从宽处罚的除外。"

[2] 法院不采纳辩方证人当庭证言的方式有两种,一种是明确不采纳该证人证言(110件),另一种是认定该证言为无关联性证据(36件)。

庭证言时,一般不会在判决书中明确采纳理由。但在某些案件中,法院也会给出采纳理由。如一些案件中是因为辩方证人当庭证言与其他证据印证,[1]一些案件中是因为有利被告原则。[2]但如果法院决定不采纳辩方证人的当庭证言,其一般会给出理由。法院经常使用的理由包括:当庭证言不能达到证明目的(47 件),当庭证言与其他证据矛盾或无法印证(38 件),出庭的辩方证人与被告人有利害关系证言证明力低(17 件),当庭证言系孤证(10 件)。

3. 其他诉讼主体申请的证人出庭

在 5 件案例中,被害人及其代理人申请的证人也出庭作证。从案例看来,被害人申请证人出庭,一般是为了增加被告人的量刑。如在两起交通肇事案中被害人申请证人出庭证明被告人肇事后逃逸,[3]在另两起故意伤害案中被害人申请证人出庭证明被害人无过错及被告人使用管制刀具实施伤害行为。[4]从法院采纳情况看,5 件案例中,只在 1 件案例中法院采纳了证人的当庭证言。[5] 其余案件中,法院要么认为当庭证言与已经查明的事实不符,[6]要么认为证人证言无关联性。[7]

附带民事诉讼被告人与原告人申请的证人也出庭作证。从案例看来,附带民事诉讼当事人申请证人出庭,一般与赔偿数额有关。附带民事诉讼被告人申请证人出庭作证的案件有 3 件,均为减轻附带民事诉讼被告人赔偿数额而出庭;附带民事诉讼原告人申请证人出庭作证的案件有 12 件,大部分是为增加附带民事诉讼原告人可获得的赔偿数额。附带民事诉讼被告人申请证人出庭的 3 件案例中,只有 1 件案例中证人的当庭证言被法官采纳。附带民事诉讼原告人申请证人出

---

〔1〕 如一起诈骗案中,辩方申请证人出庭证实其中某次诈骗被告人黄某某并未参与。辩方同时还向法院提交了被告人黄某的医院手术发票,以证明被告人当日确实未参与该诈骗行为。法院采纳此辩护意见。参见(2013)永冷刑初字第 185 号判决书。

〔2〕 如一起抢夺案中,被害人仅能确定罪犯发型为长发,但没有具体辨认出被告人,且无证据证实被告人案发时系长发。虽然辩方三位证人的出庭证言均无法证实被告人不在作案现场。法院依然依据疑罪从无原则,认为公诉机关对被告人参与第二起犯罪的指控不成立。参见(2014)西法刑初字第 730 号判决书。

〔3〕 参见(2013)温苍刑初字第 1063 号判决书、(2014)平刑初字第 111 号判决书。

〔4〕 参见(2013)九法刑初字第 01366 号判决书、(2014)广汉刑初字第 129 号判决书。

〔5〕 参见(2013)九法刑初字第 01366 号判决书。

〔6〕 参见(2014)广汉刑初字第 129 号判决书、(2014)平刑初字第 111 号判决书、(2013)温苍刑初字第 1063 号判决书。

〔7〕 参见(2014)西法刑初字第 289 号判决书。

庭的 12 件案例中,有 5 件案例中证人的当庭证言被法官采纳。法官不采纳附带民事诉讼主体申请的出庭证人的当庭证言的原因大致有两个,一是当庭证言不能达到证明目的(5 件),一是与已经查明的事实不符(4 件)。

(五)证人出庭实践评析

首先,控辩双方对证人出庭态度截然不同。辩方最希望证人出庭,公诉人对证人出庭态度不积极。

从案例可以看出,司法实践中对证人出庭作证最迫切的诉讼主体是被告人及辩护人。如上文所述,在提出出庭作证申请的 500 件案例中,416 件案例都是辩方申请证人出庭作证。换言之,超过八成的证人出庭申请是由辩方提出的。

辩方申请出庭的证人中,既有控方证人,也有辩方证人。

在辩方申请出庭作证的 416 件案例中,申请控方证人出庭的有 182 件,占 43.8%;申请辩方证人出庭的有 238 件,占 57.2%。从案例看,辩方申请的不利于被告人的控方证人主要是其证言作为证明被告人有罪的直接证据使用的证人。辩方申请此类证人出庭大约有两种情况。一种是审前接触过该证人,该证人在庭审中翻证。在选取的案例中,有 23 件案例属于此种情况。此类证人通常是在侦查阶段向侦查机关提供被告人有罪的直接证据,但在辩护人申请其出庭作证后当庭翻证,当庭证明被告人无罪。另一种是希望控方关键证人出庭,通过当庭询问质疑证人的可靠性和证人证言的可信性。这一目的通常是通过庭审中的质证完成。

辩方同时会申请有利于被告人的证人出庭作证。其中,既有帮助减轻被告人量刑的证人,也有试图证明无罪的证人。当然,出庭作证的相当一部分证人证言被法院认定为无关联性证据。通常而言,辩方出庭证人都是审前调查中被侦查机关、检察机关"忽视"或"遗漏"的证人。我国法律赋予了侦查机关强大的调查权力,侦查机关、检察机关在提起诉讼前往往也会对影响被告人定罪量刑的关键证人进行询问并制作证言笔录。因此,被侦查机关、检察机关"忽视"或"遗漏"的证人一般很难对案件产生关键影响。

与辩方相比,在提出出庭作证申请的 500 件案例中,公诉人申请证人出庭的案例只有 53 件,约一成多。可见,公诉人在申请证人出庭上不太积极。这大约有三方面的原因。

第一,证人不出庭不会对公诉产生重大不利影响。受中国传统文化影响,民众中“厌诉”“贱证”等想法比较普遍,再加上出庭作证难免会影响工作、生活,有时甚至会对自己或家人的人身安全造成不利影响,因此证人不愿出庭作证相当普遍。比如,在一起受贿案中,证人明确向检察机关表示,基于自身安全等考虑,均表示不愿出庭作证,检察机关只能将相关情况制作成笔录向法院提交。[1] 值得注意的是,在证人不愿出庭时,法院往往会“纵容”证人。这种纵容体现在两方面。一方面,证人不出庭,法院一般不会依据《刑事诉讼法》第193条强制其到庭。事实上,从现有案例看,尚未发现证人不出庭时法院强制证人出庭案例。另一方面,证人不出庭一般不影响法院采纳其证言笔录。从案例看,在35件控方证人未出庭的案例中,高达29件案例中未出庭控方证人的证言笔录被法院采纳,占82.9%;只有6件案例中,法院未采纳未出庭的控方证人的证言笔录。证人不愿出庭,而法院对这种行为予以纵容,导致证人即使不出庭也不会对检察机关的公诉产生重大不利影响,检察机关自然不会积极追求证人出庭。

第二,无论证人是否出庭,证言笔录均可以作为定案根据。由于我国法院赋予侦查机关、检察机关、法院收集证人证言的权利。因此,侦查机关、检察机关在审前依法询问证人并制作的证言笔录无疑具有证据能力。并且,证言笔录的证据能力不因证人在审判中是否出庭而改变,不因证人当庭证言与证言笔录是否矛盾而改变。从现有案例看,尚未发现依法收集的证言笔录被法院排除的案例。既然证言笔录本身就具有证据能力,就可以完成形成追诉证据链的使命,检察机关在案件中让证人出庭就显得有些“画蛇添足”甚至“节外生枝”。

第三,证人出庭作证有诸多不可控因素。出庭证人的当庭证言未必能符合检察官之预期,这主要由两种情况。一种是有的案件中,出庭的证人表现如此糟糕,以至于对公诉造成不利影响。如一起受贿案中,法院通知三位行贿人作为证人出庭作证。在辩护人的咄咄逼问下,三位证人阵脚大乱,导致当庭证言之间、当庭证言与证言笔录之间矛盾重重。检察机关不得不对该案进行补充侦查。[2] 另一种

---

[1] 参见(2013)泾刑初字第00095号判决书。

[2] 参见(2013)延刑初字第60号判决书。

是证人当庭翻证。从案例看,控方证人出庭的154件案例中,控方证人当庭证言与证言笔录一致的有87件,占56.5%;当庭证言与证言笔录矛盾的有69件,占44.8%。可见,相当多的控方证人会在出庭时翻证。当庭翻证会冲击控方的证据链,打乱控方指控阵脚,任何一个公诉人都不愿在庭审中面临这种尴尬局面。因此,对公诉人而言,证人不出庭或许是防控上述两种风险的"明智"选择。

总之,从刑事诉讼理论和法律规定看,检察官负有证明被告人有罪的证明责任,本该尽力申请证人出庭,但司法实践表明,检察官对证人出庭作证"不上心"。证人不出庭主要影响辩方的辩护,而非控方的公诉。检察官对证人出庭"不上心"也自然在情理之中。

其次,法院对"公证言"与"私证言"态度截然不同。法院高度信任公证言,充分怀疑私证言。

借鉴龙宗智教授的说法,所谓公证言,是指公、检、法机关以公权调查获得的证人证言,私证言,是指公、检、法机关外的诉讼主体调查获得的证人证言。[1] 作出公证言的一般作为控方证人。法院对公证言和私证言的不同态度体现在两个方面。

第一,证人不出庭时,作出公证言的证人的证言笔录一般会被采纳,作出私证言的证人的证言笔录一般不会被采纳。正如有学者指出:"检察官一方的证人即使不出庭,其证言也照样能够成为法庭定案的根据;而被告人一方的证人如果不出庭,其证言难以被法庭所采纳"。[2] 从案例看,在44件证人不出庭案例中,有35件属于控方证人无正当理由未出庭的情况。在这35件案例中,高达29件案例中未出庭的控方证人的证言笔录被法院采纳,占82.9%;只有6件案例中,法院未采纳未出庭的控方证人的证言笔录。可见即使控方证人经通知后不出庭,法院一般也会采纳其证言笔录。辩方申请的辩方证人无正当理由未出庭的有6件,附带民事诉讼原告人申请的证人未出庭的有3件,在这两种情况下,法院无一例外都未采纳辩方和附带民事诉讼原告人提供的该证人的证言笔录。可见,对于像辩方、附带民事诉讼原告人这种"民间"诉讼主体收集的私证言笔录,法院对其真实

---

〔1〕 龙宗智:《论书面证言及其运用》,载《中国法学》2008年第4期。
〔2〕 陈瑞华:《看得见的正义》,中国法制出版社2000年版,第101页。

性一般持怀疑态度。只有该证人出庭或者该证言笔录有其他证据印证,才有可能被法院采纳。

第二,证人出庭时,作出公证言的证人当庭证言与庭前证言一致时一般会被采纳,作出私证言的证人的当庭证言则一般不会被采纳。从案例看,在作出公证言的证人当庭证言与庭前证言一致的 87 件案例中,法院采纳该证言的高达 84 件。[1] 在当庭证言与证言笔录一致时,法院通常会采纳该公证言。作出私证言的证人一般不存在审前书面证言,而会径行出庭作证。从证言采纳情况看,在辩方证人出庭的 218 件案例中被采纳的有 72 件,占 33.0%;未被采纳的有 146 件,占 67.0%。[2] 由此可见,只有在约 1/3 的案例中辩方证人的当庭证言被采纳。而被采纳的当庭证言中,又主要是减刑证据。在被害人及其代理人申请的证人出庭作证的 5 件案例中,只在 1 件案例中法院采纳了证人的当庭证言。[3] 其余案件中,法院要么认为当庭证言与已经查明的事实不符,[4]要么认为证人证言无关联性。[5]附带民事诉讼被告人申请证人出庭的 3 件案例中,只有 1 件案例中证人的当庭证言被法官采纳。附带民事诉讼原告人申请证人出庭的 12 件案例中,有 5 件案例中证人的当庭证言被法官采纳。法官不采纳附带民事诉讼主体申请的出庭证人的当庭证言的原因大致有两个,一是当庭证言不能达到证明目的,二是与已经查明的事实不符。

最后,控方证人当庭翻证时,法院更倾向于采信审前证言笔录。

证人翻证是司法实践中棘手的问题。规范层面并未明确规定证人翻证时法院应采纳当庭证言还是审前证言笔录。从选取的 69 件案例看来,法院采纳当庭证言的有 26 件,采纳审前证言笔录的有 39 件,当庭证言与审前证言笔录都不采纳的有 4 件。可见,如果控方证人当庭翻证,法院更可能采纳其证言笔录。

---

〔1〕 未采纳的 3 件分别因为证人证言是证明被告人有罪的唯一证据、作为目击证人的证人未看清事发经过、证人证言与案件事实无关联性。3 件案例分别是(2013)商刑初字第 168 号判决书、(2013)伊刑重初字第 9 号判决书、(2014)西法刑初字第 405 号判决书。

〔2〕 法院不采纳辩方证人当庭证言的方式有两种,一种是明确不采纳该证人证言(110 件),另一种是认定该证言为无关联性证据(36 件)。

〔3〕 参见(2013)九法刑初字第 01366 号判决书。

〔4〕 参见(2014)广汉刑初字第 129 号判决书、(2014)平刑初字第 111 号判决书、(2013)温苍刑初字第 1063 号判决书。

〔5〕 参见(2014)西法刑初字第 289 号判决书。

从案例看出，控方证人当庭翻证时，法院通常要求其对翻证作出合理解释。即使证人为当庭翻证作出合理解释，法院仍会审查当庭证言与本案中其他证据是否印证。符合上述两个条件时，翻证证人的当庭证言才可能被采信。

二、侦查人员出庭作证实践

侦查人员有时也会出庭作证。笔者从北大法宝案例中收集了 97 个案例，以期描述司法实践中侦查人员作证情况。

司法实践中，即使法院传唤侦查人员出庭，侦查人员也未必都同意出庭。从案例看，有 6 件案例中，侦查人员经法院通知出庭后拒绝出庭作证，占 6.2%。有时，即使侦查人员未出庭，其也会向法院提交证明取证程序合法的证言笔录。[1] 侦查人员经传唤后未出庭，一般不会影响该侦查人员收集的证据被法院采纳。在此 6 件案例中，仅有 1 件案例，虽然控方出示和宣读的被告人有罪供述笔录、刑警大队出具的没有刑讯逼供等违法情况及未及时将被告人送至看守所羁押的情况说明、被告人入看守所的体检证明，但因侦查人员未出庭，法院认为上述证据不足以证明被告人在刑警队羁押期间的有罪供述的合法性，而将被告人供述认定为非法证据。[2] 但在其他案件中，侦查人员未出庭并非影响该侦查人员收集证据的合法性。有的案例中，法院强调辩方未提供证据系非法证据的线索或者材料。[3] 有的案例中，法院认为被告人的入所体检表、审讯同步录像、侦查机关出具的情况说明就可以证明取证程序合法，侦查人员并非必须出庭。[4]

在侦查人员出庭案例中，侦查人员出庭既可能证明刑事程序法事实，也可能证明刑事实体法事实，但以证明刑事程序法事实为主。在 91 件侦查人员出庭案例中，为证明刑事程序法事实而申请侦查人员出庭的案例有 70 件，占 76.9%；为证明刑事实体法事实而申请侦查人员出庭的案例有 21 件，占 23.1%。

侦查人员为证明刑事程序法事实出庭，均为证明取证程序合法。在 70 件案

---

〔1〕 参见(2013)东一法刑初字第 887 号判决书、(2013)靖刑初字第 61 号判决书。

〔2〕 参见(2013)西刑初字第 97 号判决书。

〔3〕 参见(2013)南刑二初字第 0048 号判决书、(2013)南刑二初字第 0136 号判决书。

〔4〕 参见(2013)东一法刑初字第 887 号判决书、(2013)靖刑初字第 61 号判决书、(2013)甬镇刑初字第 190 号判决书。

例中,有67件为证明被告人供述取得程序合法,占95.7%。另外有2件为证明鉴定意见作出程序合法,[1]1件为证明证人证言取得程序合法。[2]值得注意的是,公诉机关在证明被告人供述取得程序合法时,为增强说服力,向法院提交的证据不限于出庭的侦查人员。在67件证明被告人供述取得程序合法的案例中,只有在不到1/3的案例(22件)中,只有侦查人员出庭证明取证程序合法,公诉人未向法院提交其他证据。其余超过2/3的案例中,公诉人不仅申请侦查人员出庭,而且向法院提交了被告人入所体检记录(34件)、侦查机关出具的书面情况说明(18件)、讯问被告人的同步录音录像(17件)等证据。侦查人员出庭所作证言一般会被采纳。在70件案例中,有66件案例中侦查人员的当庭证言被法院采纳,占94.3%。在其余4件案例中,有2件案例只排除了被告人的部分供述。在此2件案例中,入所体检记录明确记载被告人进入看守所时身上有伤,法院据此认定被告人在进入看守所前所作供述有刑讯逼供嫌疑,依法排除。但法院认为被告人在看守所期间所作有罪供述,能够排除系侦查机关非法取得,可以作为定案根据。[3] 可以说,这2件案例中排除的部分被告人供述并未对证明犯罪产生重大影响。在另外2件"彻底"排除被告人供述的案例中,1件是因本案被告人在进行入所体检时,"其身上有明显的多处外伤且较为严重,公安机关对被告人的上述伤痕不能作出合理解释"。[4] 1件是被告人当庭翻供,对公诉机关指控的第4、6、8、9起犯罪事实予以否认。上述事实仅有被告人的一份书面供述证明,没有其他证据印证,且侦查人员出庭作证,也未能提供对被告人袁某讯问时的同步录音录像。[5]

侦查人员为证明刑事实体法事实而出庭,既可能证明对定罪有重要影响事实,也可能证明对量刑有重要影响事实,但以证明对定罪有重要影响事实为主。在21件案例中,有17件侦查人员的当庭证言是证明被告人有罪的直接证据。包括被告人的犯罪事实、案发经过、当场抓获经过等。另有3件案例中,侦查人员作

---

[1] 参见(2013)安刑初字第33号判决书、(2014)江油刑初字第7号判决书。

[2] 参见(2014)泌刑初字第00495号判决书。

[3] 参见(2012)郑刑二初字第89号判决书、(2013)株荷法刑初字第180号判决书。

[4] 参见(2013)深中法刑一初字第234号判决书。

[5] 参见(2013)川刑初字第455号判决书。

为本案交通事故责任认定人员，出庭解释交通事故发生过程及事故认定情况，[1]其当庭证言是证明被告人有罪的间接证据。在1起案件中，侦查人员出庭证明被告人并非自首，[2]其当庭证言是量刑证据。侦查人员当庭证言一般会被采纳。在选取的21件案例中，侦查人员的当庭证言均被法院采纳，成为法院的定案根据。

上文描述表明，侦查人员出庭作证既有证明程序法事实的案例，也有证明实体法事实的案例，但以为证明程序法事实为主。从案例看，我国侦查人员出庭实践最突出的特点是侦查人员受法院高度信任，侦查人员当庭证言的采信率极高。侦查人员当庭证言高采信率的原因有三。一是就证明角度而言，侦查人员出庭一般是为检察机关的公诉活动服务，其证言往往能够与本案的其他证据相互印证。而我国法官一般崇信印证证明模式。对于侦查人员当庭作出的与本案其他证据相互印证的证言自然容易接受。二是就程序角度而言，受"政法共同体"思维影响，法官往往对侦查人员高度信任，相信侦查人员会客观执法。对于侦查人员亲自出庭证明的事项，自然愿意照单全收。三是就证人自身角度而言，侦查人员作为公务人员，其当庭证言是以政府机关执法人员身份作出。在我国，政府具有崇高权威，政府机关工作人员在庄严的法庭上所作的证言自然也拥有较高的权威。

三、鉴定人出庭作证实践

从收集的107件案例看，司法实践中，申请鉴定人出庭的主体种类较多，但其中以辩方申请鉴定人出庭最多。在107件案例中，除去判决书未涉及申请或传唤主体的3件案例，在剩下的104件案例中，辩方申请鉴定人出庭的案例有71件，占68.3%。当然，司法实践中，辩方申请鉴定人出庭的方式也不限于明确向法院提出申请。有时辩方会对书面鉴定意见提出异议或者申请重新鉴定。对于辩护人所提异议或者重新鉴定申请，法院有时会进行重新鉴定，有时则不进行重新鉴定而直接传唤鉴定人出庭进行说明。法院依职权传唤鉴定人出庭的案例有12

---

[1] 参见(2013)镇经刑初字第0105号判决书、(2013)伊刑重初字第10号判决书、(2013)江刑初字第46号判决书。

[2] 参见(2013)崇州刑初字第108号判决书。

件，法院传唤鉴定人出庭主要为查明事实真相。其他诉讼主体中，公诉人申请鉴定人出庭的案例有15件；被害人申请鉴定人出庭的有5件。公诉人申请鉴定人出庭，一般是为说明鉴定程序的合法性、有效性及鉴定意见的正确性。被害人申请鉴定人出庭，大多是对鉴定意见有异议，认为鉴定意见畸轻。

鉴定人经法院传唤后，也不必然出庭。鉴定人经传唤后不出庭可以分两种情况，第一种是鉴定人经传唤后均不出庭，第二种是经传唤后有的鉴定人出庭有的鉴定人不出庭。第二种情况将在下文鉴定人出庭部分讨论，此处不赘述。在鉴定人经传唤后均不出庭时，从判决书看，法院一般不会采取强制措施迫使鉴定人出庭。在鉴定人均未出庭的11件案例中，有5件案例中，虽然鉴定人经传唤后未出庭，法院依然采纳其鉴定意见，占45.5%。法院采纳鉴定意见的理由，一般是鉴定人员具有相关的鉴定资格、鉴定程序合法、鉴定意见合法有据，因此即使鉴定人不出庭接受质证也不影响鉴定意见的证据能力。在另外4件案例中，法院没有采纳未出庭鉴定人的鉴定意见。不采纳的理由，无一例外均为鉴定人经传唤后无正当理由拒不出庭作证。[1] 这4件案例中，只有1件是有利于被告人的鉴定人，其余3件案例中鉴定意见均不利于被告人。1件案例中，法院拒绝采纳未出庭鉴定人的鉴定意见导致被告人未被认定为故意毁坏财物罪。[2] 另外2件案例，作出矛盾鉴定意见的鉴定人均未出庭，此时法院一般采纳其认为论证依据更加客观全面、分析评定理由更加充分的鉴定意见。[3]

在鉴定人出庭的案例中，涉及鉴定种类多种多样。从案例看，出庭鉴定人涉及的最常见的三种鉴定是伤情鉴定（52件）、价格鉴定（16件）、刑事责任能力鉴定（8件）。在这三种鉴定中，控辩双方一般对被害人伤害等级、涉案财物价格、被告人刑事责任能力有异议。另外，伤情鉴定存在特殊之处，2014年1月1日《人体损伤程度鉴定标准》施行，之前施行的《人体轻伤鉴定标准（试行）》《人体重伤鉴定标准》同时废止。现行伤情鉴定标准与之前施行的不尽一致，鉴定标准变化影响了被告人的量刑甚至定罪。如在一起故意伤害案中，公诉机关将案件诉至法

---

〔1〕 参见（2013）汕阳法刑二初字第112号判决书、（2014）灌刑初字第0065号判决书、（2014）海刑初字第162号判决书、（2014）吉刑初字第99号判决书。

〔2〕 参见（2014）海刑初字第162号判决书。

〔3〕 参见（2014）龙刑初字第38号判决书、（2013）宣中刑初字第00017号判决书。

院后,鉴定标准发生变化,依照新的伤情鉴定标准及鉴定人当庭所作说明,被害人不应当被认定为重伤而应当被认定为轻伤二级,法院予以采纳。[1] 而在另一起故意伤害案中,公诉机关将案件诉至法院后,鉴定标准发生变化,依照新的伤情鉴定标准及鉴定人当庭所作说明,被害人的伤情达不到轻伤标准,应认定为轻微伤,法院予以采纳。被告人被无罪释放。[2]

在鉴定人出庭作证的案件中,由于诉讼过程中可能委托鉴定人作出不止一份鉴定,不同鉴定意见也未必相同,因此可能存在鉴定意见矛盾的案例。在鉴定人出庭的93件案例中,有10件案例系两份以上鉴定意见矛盾情形。在剩余的85件只有一份鉴定意见或两份以上鉴定意见不矛盾的案例中,法官采纳出庭鉴定人鉴定意见的案例有79件,占92.9%。可见,法院对出庭鉴定人的鉴定意见特别尊重和认可。法院采纳上述鉴定意见的理由一般为鉴定人及鉴定机构有鉴定资格、检材样材来源合法、鉴定程序合法、鉴定方法科学、鉴定意见客观真实等。在6件案例中,法院未采纳出庭鉴定人的鉴定意见。法院未采纳出庭鉴定人鉴定意见的原因一般为鉴定方法不科学、鉴定程序违法、鉴定基础存在问题等。

当两份以上鉴定意见存在矛盾的8件案例中,有6件案例中,作出矛盾鉴定意见的鉴定人中,有的出庭有的未出庭,此时法院均采纳了出庭鉴定人的鉴定意见。在另外2件案例中,作出矛盾鉴定意见的鉴定人均出庭,此时法院采纳其认为论证依据更加客观全面、分析评定理由更加充分的鉴定意见。[3]

在5件案例中,有专门知识的人也出庭作证。其中3件案例,有专门知识的人与鉴定人均出庭作证且意见存在矛盾。法院在1件案件中采纳了有专门知识的人的意见,[4]在另2件案件中采纳了鉴定人意见。[5] 另外2件案件中,有专门知识的人作为控方的专家证人出庭作证,其意见均被法院采纳。[6]

上文描述表明,法院在鉴定人出庭问题上较为中立客观。这体现在以下三个

---

[1] 参见(2014)东二法刑初字第458号判决书。

[2] 参见(2013)历刑初字第388号判决书。

[3] 参见(2014)盐刑初字第60号判决书、(2014)徐刑初字第00003号判决书。

[4] 参见(2013)普刑(知)初字第11号判决书。

[5] 参见(2014)浙甬刑一初字第70号判决书、(2014)锦江刑初字第376号。

[6] 参见(2014)新刑初字第277号判决书、(2014)甬鄞刑初字第737号判决书。

方面。首先,在鉴定人无正当理由不出庭时,法院在相当一部分案件中未采纳其鉴定意见。从案例看,在11件鉴定人无正当理由不出庭案例中,有4件案例法院未采纳其鉴定意见,占36.4%。并且,法院不采纳的鉴定意见中有3件均为不利于被告人的鉴定意见。甚至有的案件中,由于法院拒绝采纳未出庭鉴定人的鉴定意见,被告人未被认定为故意毁坏财物罪。[1] 其次,在鉴定意见矛盾时,法院一般采信论证依据更加客观全面、分析评定理由更加充分的鉴定意见。在2件作出矛盾鉴定意见的鉴定人均未出庭的案例中,法院均采纳了其认为论证依据更加客观全面、分析评定理由更加充分的鉴定意见。[2] 在2件作出矛盾鉴定意见的鉴定人均出庭的案例中,法院也采纳其认为论证依据更加客观全面、分析评定理由更加充分的鉴定意见。[3]最后,在鉴定人的鉴定意见与有专门知识的人意见矛盾时,法院能够秉持中立客观态度进行采信。在3件案例中,有专门知识的人与鉴定人均出庭作证且意见存在矛盾。法院在1件案件中采纳了有专门知识的人的意见,[4]在另外2件案件中采纳了鉴定人意见。[5]而其评价标准仍是论证依据是否客观全面、分析评理理由是否充分。

第三节 理论反思:言词原则贯彻的中国困境

上文描述表明,在中国刑事司法实践中,证人、鉴定人、侦查人员都几乎不出庭作证,但不出庭的主要原因则截然不同。

证人不出庭的主要原因是检察机关和法院对其出庭的消极态度。前文描述表明,绝大多数证人经法院传唤后会选择出庭作证。左卫民教授指出:“这足以证明学术界将证人出庭率低下归因于证人态度,并提出所谓强制证人出庭作证为

---

[1] 参见(2014)海刑初字第162号判决书。

[2] 参见(2014)龙刑初字第38号判决书、(2013)宣中刑初字第00017号判决书。

[3] 参见(2014)盐刑初字第60号判决书、(2014)徐刑初字第00003号判决书。

[4] 参见(2013)普刑(知)初字第11号判决书。

[5] 参见(2014)浙甬刑一初字第70号判决书、(2014)锦江刑初字第376号。

‘治本之策’的主流理论的谬误。”[1]而上文分析表明，检察官对证人出庭持消极态度，因此较少传唤控方证人出庭。法院对证人出庭的消极态度则体现在证人当庭证言很难对审判结果产生实质影响，证人出庭大多劳而无功。对于出庭的辩方证人，法院一般会严格审查，相当一部分会被认为属于无关联性证据。那些有关联性的证据中，法院有时也会基于证人与被告人的特殊关系而认定该证言证明力低。从司法实践看，证人的无罪证言几乎不会被法院采纳，被法院采纳的往往只是某些减刑证据。对于控方证人而言，即使该证人不出庭，法院一般也会采纳其书面证言。若该控方证人出庭，且当庭证言与先前的书面证言一致，则其证言也通常会被采纳，但此时其出庭的必要性也较小。若其当庭翻证，则该证人可能会面临检察官和公安机关的“说服教育”，甚至可能面临伪证罪制裁。即使其顶住上述压力，在当庭证言与书面证言均具有证据能力的情况下，法院一般只有当庭证言提出合理解释、与其他证据印证时才会采纳当庭证言。换言之，在当庭翻证时，证人的当庭证言很难被采纳和采信。

与之不同，侦查人员不出庭的主要原因是侦查人员不愿出庭，且不出庭几乎不会对其造成不利影响。司法实践中，绝大多数侦查人员都认为，自己通过侦查活动已经将收集到的证据以卷宗的形式交给法庭，出庭只是对卷宗内容的简单重复，纯属多余。[2] 并且，即使侦查人员不出庭，法院通常也不会强制其出庭作证。中国的政法体制决定了法官和检察官需要侦查人员出庭时，只能采取“商量”“商请”“建议”的口吻。[3] 并且，公安机关对侦查人员的绩效考核，一般不会将出庭作证作为一个指标。侦查人员不出庭不会影响其职务晋升及工资待遇。在一项针对某市刑警队30名侦查人员的调研中，其中26名将不出庭作证的原因归结为“不出庭作证也不会影响考核，出庭作证反而会增加其工作量，影响其他工作的完成”。其中28人将不出庭作证的原因归结为“出庭不出庭对其影响不大，没有处

---

〔1〕 左卫民、马静华：《刑事证人出庭率：一种基于实证研究的理论阐述》，载《中国法学》2005年第6期。

〔2〕 参见王跃、胡柳：《论侦查人员出庭作证制度——以现行性侦查模式为视角》，载《铁道警察学院学报》2014年第4期。

〔3〕 参见潘申明、刘浪：《非法证据排除中侦查人员出庭作证研究》，载《华东政法大学学报》2014年第3期。

罚后果”。[1]

鉴定人不出庭的主要原因是鉴定人出庭作证效果有限。在中国目前的刑事诉讼体制中,鉴定人往往是由追诉机关选任的,辩方一般不能选任鉴定人。《刑事诉讼法》尽管规定了有专门知识的人出庭制度,但该制度时间尚短,发挥影响仍需时日。因此,在多数案件中,鉴定人其实不需要出庭。因为当控辩双方对鉴定意见没有异议或者提不出合理异议时,鉴定人出庭无法发挥实质作用,甚至可能导致鉴定人的所谓科学意见主宰了法庭审判。[2] 与此相适应,即使鉴定人出庭,主要由于法官和当事人对司法鉴定操作流程不十分了解,对鉴定人的当庭质证也往往流于表面。并且,无论鉴定人是否出庭,鉴定意见的采纳率都很高。有学者在查阅相关刑事案卷后发现,在涉及鉴定的246件案例中,仅有8件鉴定意见未被采纳,即96.7%的鉴定意见被采纳。这意味着,在刑事案件中,鉴定意见被采纳的比例极高,鉴定人是否出庭的影响并不大。[3] 就这个角度而言,鉴定人出庭对法院真实发现的帮助是极为有限的。一方面鉴定人出庭对真实发现价值不大,另一方面鉴定人出庭却会耗费相当多的司法资源、使庭审冗长、诉讼效率降低,在两方面的合力下,鉴定人出庭作证率自然不会太高。

但证人、侦查人员、鉴定人不出庭并未影响刑事诉讼制度的实际运行。许多年来,我国刑事诉讼都是在缺乏上述人员出庭的情况下“正常”运行的。由此可见,我国刑事诉讼体制中存在“纵容”甚至“默认”证人、侦查人员、鉴定人不出庭的深层原因。正是由于上述因素的存在,辩方希望证人出庭的愿望无法达成,检察官、法官对证人出庭的消极态度能够成为现实,侦查人员、鉴定人不出庭的意愿得到容忍。具体而言,这种制度因素表现在环环相扣的3个方面。

首先,《刑事诉讼法》确立公安机关、检察院、法院分工负责、互相配合、互相制约原则,导致刑事司法实践具有侦查中心主义特征。

《刑事诉讼法》第7条规定:“人民法院、人民检察院和公安机关进行刑事诉讼,应当分工负责,互相配合,互相制约,以保证准确有效地执行法律。”这种公、

---

〔1〕 参见郭恒:《新刑诉法视角下侦查人员出庭作证制度运行现状及思考》,载《山西高等学校社会科学学报》2014年第4期。

〔2〕 参见胡铭:《鉴定人出庭与专家辅助人角色定位之实证研究》,载《法学研究》2014年第4期。

〔3〕 参见胡铭:《鉴定人出庭与专家辅助人角色定位之实证研究》,载《法学研究》2014年第4期。

检、法分工负责、互相配合、互相制约的诉讼构造,被学者称为“线性结构”或“流水作业式的结构”。其弊端在于强调“配合”损害了司法的独立性和中立性,强调“分工”和“各管一段”的诉讼模式阻断了司法的审前救济功能,三方平起平坐不分主次的关系妨害司法权威的树立及审判中心主义的形成。[1]

不仅如此,受“分工负责、互相配合、互相制约”原则影响,刑事诉讼中地位平等的公、检、法三关,在诉讼活动中则呈现出“侦查中心主义”特征。[2] 所谓侦查中心主义,是指在我国当前刑事诉讼体制及实践之下,侦查阶段实际上构成刑事诉讼的重心,案件的调查在这个阶段完成,案件的结论也在这个阶段形成,而审判活动在很大程度上仅仅是对先前侦查活动的认可。[3] “侦查中心主义”最重要的体现就是庭审形式化,表现为“案卷笔录中心主义”。所谓“案卷笔录中心主义”,即侦查机关收集的证据材料及制作的案卷笔录是审判活动的主要依据。法官主要通过宣读案卷笔录来主导和控制法庭审判过程,而鲜有证人、鉴定人亲自出庭作证。由于对案卷笔录的依赖,庭审实质上成为法官对案卷笔录的审查和确认程序。[4]

其次,审前收集的证言笔录具有与当庭证言相同的证据能力。

《法院解释》第 78 条第 2 款规定:“证人当庭作出的证言与其庭前证言矛盾,证人能够作出合理解释,并有相关证据印证的,应当采信其庭审证言;不能作出合理解释,而其庭前证言有相关证据印证的,可以采信其庭前证言。”《法院解释》的规定不是有关证据能力的规范,而是有关证明力的规范,理由有二。从消极层面来看,无论是《刑事诉讼法》还是《法院解释》,都没有对证言笔录的证据能力作出限制,更不用说否定证人证言笔录的证据能力。《刑事诉讼法》第 56 条虽然规定了非法证言排除规则,但仅限于侦查人员采用暴力、威胁等非法方法收集的证人证言,并不涉及侦查人员合法取证制作的证言笔录。《法院解释》第 78 条第 3 款规定:“经人民法院通知,证人没有正当理由拒绝出庭或者出庭后拒绝作证,法庭对其证言的真实性无法确认的,该证人证言不得作为定案的根据。”据此,不出庭

---

〔1〕 参见龙宗智:《“以审判为中心的改革”及其限度》,载《中外法学》2015 年第 4 期。
〔2〕 参见闵春雷:《以审判为中心:内涵解读及实现路径》,载《法律科学》2015 年第 3 期。
〔3〕 参见叶青:《以审判为中心的诉讼制度改革之若干思考》,载《法学》2015 年第 7 期。
〔4〕 参见叶青:《以审判为中心的诉讼制度改革之若干思考》,载《法学》2015 年第 7 期。

的关键证人的书面证言,一经确认其真实性,就可以作为定案的根据。从积极层面来说,解释明确规定本条解决的是应当“采信”何种陈述的问题。并且由最高人民法院副院长江必新主编,“对于法院的审判实践具有重要的指引和参考价值”的《〈最高人民法院关于适用《中华人民共和国刑事诉讼法》的解释〉理解与适用》一书中,明确“本条规定了证人证言的采信规则”。[1] 而一般说来,证据的采纳才是确定某证据是否具有证据能力的审查活动,证据的采信是指确定可采纳的证据是否可靠以及具有多大证明价值的评断活动。[2] 综上,《法院解释》通过明确规定“采信规则”的方式暗示承认了庭前证言笔录与当庭证言具有相同的证据能力。

实践中,不出庭证人的庭前证言笔录被当庭宣读已经是普遍的做法。即使证人出庭,也不会对庭前证言笔录的证据能力造成影响。不仅如此,司法实践中,即使证人出庭,检察官还是会宣读该证人的审前证言笔录。检察官通常的解释是,证言笔录距离案发时间近,证人记忆更为清晰,内容更为真实全面,且受不当因素干扰可能性小。[3] 证人一旦当庭“翻证”,检察官通常都会质问证人为何与庭前证言笔录不一致,并当庭宣读证人先前在侦查人员或检察官面前所作陈述进行驳斥。检察官这么做的目的往往不仅是为了弹劾证人的可信性,更是为了让法官采纳证人的庭前证言笔录。[4] 在司法实践中,庭前证言笔录不仅可以作为证明案件事实的证据,同时还作为弹劾证据使用。

问题在于,证言笔录与当庭证言差异明显,不可等量齐观。与当庭证言相比,证言笔录有如下劣势。一是就程序公正角度而言,证言笔录往往是在侦查程序中收集,而当庭证言是在公开的法庭上收集。侦查程序往往具有一定的强制性。“我国刑事侦查是一个封闭空间,证人在侦查程序中接受侦查机关单方实施的调查,这种调查具有一定程度的内在心理强制甚至外在强制(调查期间实际上的人

---

〔1〕 参见江必新等:《〈最高人民法院关于适用《中华人民共和国刑事诉讼法》的解释〉理解与适用》,中国法制出版社2013年版,第62页。

〔2〕 参见何家弘、刘品新:《证据法学》,法律出版社2008年版,第114页。

〔3〕 参见左卫民:《刑事证人出庭作证程序——实证研究与理论阐释》,载《中外法学》2005年第6期;毛逸潇、袁继红:《新刑事诉讼法视野下证人出庭实效观测——以Z省法院为样本》,载《江西警察学院学报》2015年第1期。

〔4〕 参见吴常青、王彪:《论刑事证人庭前证言笔录的运用——兼评〈关于办理死刑案件审查判断证据若干问题的规定〉第15条》,载《江西警察学院学报》2011年第6期。

身管束)，而在法庭上，侦查方面难以继续其心理强制。”[1]可以说，法庭的公正、庄严的氛围更有利于证人讲真话。并且证言笔录的收集过程没有辩方参与，当庭证言是在辩方在场情形下作出。侦查程序秘密进行，收集证言笔录的过程就不可能对被追诉者及其律师开放。再加上侦查人员固有的打击犯罪情节，一问一答之间很难确保客观公正。法庭程序公开进行，辩方在场，也有机会对证人进行询问。二是从真实发现角度来看，证言笔录停留在纸面上，当庭证言停留在口头上。证言笔录只能通过字里行间进行揣摩，当庭证言可以通过察言观色进行分析，二者提供的信息不在一个数量级上。再加上控辩双方都可以对出庭证人进行询问，证人很难在当庭作证时包庇姑息或歪曲陷害。

最后，推崇印证，导致证言笔录更易被采信。

在证明力问题上，《法院解释》并未直接规定采信当庭证言。究其原因可能是“从查明案件事实的角度来看”，“庭审证言未必一定是真实的，而庭前证言也未必一定是不真实的”。[2] 在《法院解释》看来，评价庭前证言笔录与当庭证言采信与否的标准是何者真实。

《法院解释》规定了两个检验“真实”的方法，一是作为陈述主体的证人的合理解释，二是陈述内容与有关证据之间的印证关系。证言笔录属于被固定的物化的“人的陈述”笔录，不是“人”，无法为其本身作出合理解释。因此，合理解释的检验方法仅适用于当庭证言。但印证的检验方法既适用于当庭证言也适用于证言笔录。《法院解释》明确两种情形下的采信结果。若证人对当庭证言作出合理解释，且有有关证据印证该陈述，则应当采信当庭证言；若证人对当庭证言不能作出合理解释，但庭前证言笔录有有关证据印证的，可以采信庭前证言笔录。显然，这两种情形并未穷尽司法实践中的全部情形。比如，证人对当庭证言作出合理解释但没有有关证据印证，庭前证言笔录则有有关证据印证；证人对当庭证言作出合理解释但没有有关证据印证，庭前证言笔录也没有有关证据印证；证人对当庭证言没有作出合理解释且没有有关证据印证，庭前证言笔录也没有有关证据印证。

---

〔1〕 龙宗智：《论书面证言及其运用》，载《中国法学》2008年第4期。

〔2〕 参见江必新等：《〈最高人民法院关于适用《中华人民共和国刑事诉讼法》的解释〉理解与适用》，中国法制出版社2013年版，第63页。

《法院解释》对上述情形没有明确规定采信规则，而是交给法官自由裁量。另外，《法院解释》规定，当证人对当庭证言不能作出合理解释，而庭前证言笔录有有关证据印证的，"可以采信其庭前证言"。尽管《法院解释》只是使用了"可以采信"的措辞，但仍体现了其倾向性。问题在于，如果证人未能就当庭证言作出合理解释，但当庭证言有有关证据印证时，仅仅因为庭前证言笔录有有关证据印证，就"可以采信其庭前证言"，似乎不合理。

在涉及定性问题的事实时，当证人当庭证言与庭前证言笔录不一致时，法官有时会追问证人陈述不一致的原因。但法官审查后，往往会采信庭前证言笔录。原因大致有三。一是从证明角度而言，我国法官高度重视证据之间的印证，甚至有点盲目相信。而庭前证言笔录，作为控方证据体系的一环，自然与控方提交的有关证据环环相扣、互相印证。须知，控方的证据体系，是经过警察、检察官反复筛选精心组织后的产物，其内部各项证据之间的自洽性通常不会存在问题。因此，证人当庭不一致陈述实际挑战的是控方的整个控诉体系，焉有不败之理？二是从程序角度而言，我国公、检、法三机关都属于政法机关，分工虽有不同，但"政法共同体"的思维根深蒂固。法官通常对警察、检察官高度信任，相信他们会客观执法。进入检察官控诉体系的庭前证言笔录因此沾了警察和检察官的光，更容易获得法官信任。而证人的当庭证言，是证人自己以私人身份作出，与检察官代表"公家机关"提出的书面陈述相比，自然更难获得法官信任。三是从证人自身角度而言，司法实践中确实有一些证人在法庭上说假话。比如，职务犯罪案件、贿赂犯罪案件、强奸案件中，证人当庭"翻证"有时并非为了说出事实真相。有的出于情感需要，有的迫于外界压力，有的出于利益考虑，有的为了寻求自保。[1] 法院因为上述原因不采信证人当庭证言也是有的。

由于赋予庭前证言笔录与当庭证言相同的证据能力，势必造成进入法官视野的证据"鱼龙混杂"，法官对作为定案根据的证据是否真实、可靠具有天然的担忧。因此，在案卷笔录充斥的庭审中，法官不大敢诉诸自己的理性内省，而要诉诸证据之间的"外部"印证。非直接和非言词的审理方式是印证证明模式产生的最

---

〔1〕 参见王艳芬：《巧妙运用"五找"对策解决受贿案件庭审翻证问题》，载《中国检察官》2008年第2期。

重要的原因。[1] 这种证明模式如此“深入人心”，以至于《法院解释》规定，即使证人出庭作证，证人的当庭证言也要和有关证据印证才能被采信。在司法实践中，对印证的推崇造成的实际后果是证人的当庭证言要与检察官构建的证明体系对决。然而，法官过于注重检察官构建的证明体系内部证据“相互印证”，而忽视了证人的当庭证言与这个证明体系的不一致，恰恰显示出所有证据之间没有形成全案证据相互印证的状态，所有证据内部之间存在矛盾。法官的解决办法通常是选择性无视证人的当庭证言，只要有关证据之间“相互印证”即可。[2]

这一做法存在弊端。在“案卷笔录中心主义”的法庭审判中，所谓庭前证言笔录得到有关证据印证，无非是说侦查人员制作的庭前证言笔录与置于案卷笔录中的有关证据相互验证而已。所谓证据相互之间得到印证，形成了完整的证据锁链，也无非是说置于案卷笔录内的各项证据之间信息相互重合或交叉。既然所谓证据的印证不过是案卷笔录内部的相互验证，那么案卷笔录的真实性就成为决定印证效果的关键。[3] 然而，前文已经述及，与当庭证言相比，庭前证言笔录及侦查人员制作的大部分案卷笔录，都具有先天的劣势，其真实性和可靠性并非无可置疑。正如一位英国法官所言：“没有一个律师没有过这样的经历：一个写在纸上，看起来前后一致、无懈可击的故事，被恰当的、有技巧的交叉询问摧毁。从整体上看，书面审判实现的是二流正义。”[4] 如果书面审判实现的是二流正义，那么根据书面证言进行的印证就只能是二流的证明。印证的证明模式不应被如此推崇。

---

[1] 参见龙宗智：《印证与自由心证》，载《法学研究》2004 年第 2 期。

[2] 参见陈瑞华：《论证据相互印证规则》，载《法商研究》2012 年第 1 期。

[3] 参见陈瑞华：《论证据相互印证规则》，载《法商研究》2012 年第 1 期。

[4] Lord Irvine of Lairg, Hansard, HL Deb 20 October 1987, Vol. 489 cc74 – 105, p. 78.

第五章　言词原则在中国的确立与构建

第一节　言词原则确立的政策依据："以审判为中心"

一、"以审判为中心"的提出与内涵

《中共中央关于全面推进依法治国若干重大问题的决定》(以下简称《决定》)提出："推进以审判为中心的诉讼制度改革,确保侦查、审查起诉的案件事实证据经得起法律的检验。"这是作为执政党的中国共产党首次明确提出"以审判为中心"。

从《决定》的表述可以看出,"以审判为中心",是指在"诉讼制度"中,相对"侦查、审查起诉"而言,应当"以审判为中心"。[1]"以审判为中心"既包括在审判阶段外部的侦查和审查起诉阶段应当围绕审判这一中心开展工作,也包括在审判阶段内部第一审庭审应当是整个审判阶段的中心。

首先,审判是刑事诉讼各阶段的中心。

这是"以审判为中心"的题中应有之义。问题在于如何处理"以审判为中心"与《刑事诉讼法》规定的公、检、法三机关分工负责、互相配合、互相制约原则的关系。如前文所述,对这一原则的贯彻导致我国刑事司法实践具有侦查中心主义的特征。对

---

〔1〕 参见张吉喜:《论以审判为中心的诉讼制度》,载《法律科学》2015年第3期。

此问题,学者间有不同看法。有学者认为,“分工负责,配合、制约原则”属于“线性结构”,这一结构可以说是建立“以审判为中心”诉讼制度的最大制度障碍。[1]但也有学者认为,三机关“分工负责、互相配合、互相制约”这一原则确实践行不好,但推进“以审判为中心”的诉讼制度改革可以纠正对这一原则贯彻中存在的“配合有余、制约不足”问题,最终有利于更好地贯彻“分工负责、互相配合、互相制约”原则。

从司法规律角度来说,现阶段的问题是如何协调三机关分工负责、互相配合、互相制约原则与“以审判为中心”的关系,解决的思路在于坚持三机关分工负责、互相配合、互相制约原则的基础上强化审判阶段的重要性和法院对公安机关、检察院的制约。具体而言,包括三点相互关联的内容:其一,侦查、审查起诉等审前阶段,是“以审判为中心”的前提;[2]其二,“以审判为中心”意味着侦查、审查起诉的案件事实证据要经得起审判的检验,也正是在这个意义上“审判”是“中心”;其三,“以审判为中心”要求强化审判对侦查、审查起诉的制约。

其次,第一审庭审是审判阶段的中心。“以审判为中心”必然意味着以庭审为中心和以一审为中心。[3]

审判阶段本身也是一个复杂的过程,在各种审判活动中,庭审无疑应当成为中心环节。原因在于,其一,对于事实认定,审判中心相对于侦查中心的优越性,主要是通过庭审体现的。[4] 只有庭审,才能通过控辩双方的证据调查和辩论活动实现对不同主张的“兼听”;只有庭审,才能通过公开的庭审活动防止“暗箱操作”;只有庭审,才能有效贯彻回避制度,防范利益冲突。其二,以庭审为中心,是审判特性的必然要求。就事实认定而言,对审判而言至关重要的是裁判者的亲历性,即裁判者可以直接接触证据来源、审查第一手证据材料,直接听取控辩双方意见并据此作出判断。对证据、事实、意见的直接感知,可以保证裁判者掌握丰富、生动的信息内容,并据此依据法律、理性下判。而此种亲历性,是其他审判活动难

---

〔1〕 参见龙宗智:《“以审判为中心”的改革及其限度》,载《中外法学》2015年第4期。

〔2〕 参见樊崇义:《解读“以审判为中心”的诉讼制度改革》,载《中国司法》2015年第2期。

〔3〕 参见张吉喜:《论以审判为中心的诉讼制度》,载《法律科学》2015年第3期。

〔4〕 龙宗智:《论建立以一审庭审为中心的事实认定机制》,载《中国法学》2010年第2期。

以具备的。[1]

刑事审级可分为一审和上级审。通常认为，在全部审级中，一审是事实审的中心和重心。原因有二，一是其他审判程序都以一审为基础和前提，且一审诉讼程序最为完备。所有进入审判程序的案件都必然经历一审，却未必经历上级审。只有一审案件应当全部开庭审理，上级审案件未必开庭审理。二是一审具有最好的进行事实审的条件。一审距离案发时间比较近，证据信息更为可靠；一审时证据受干扰、污染、损毁的可能性更小。[2]

二、"以审判为中心"与言词原则的确立

之所以第一审庭审存在形式化问题，源于审前阶段收集并形成的案卷和各种笔录能够直接进入审判并获得证据能力，此即侦审连接问题。由于审前阶段收集并形成的证据材料具备证据能力，侦查和审查起诉承担了部分审判职能，具备了"代审"性质。这一方面导致审判阶段高度依赖审前阶段形成的案卷笔录等"二手证据"，使审判阶段具有"案卷笔录中心主义特征"；另一方面，使证人、鉴定人、侦查人员等证人出庭作证显得没有必要或无法对审判形成实质影响，使审判流于形式，庭审形式化严重。并且，由于无法接触原始证据，法院的"内心确信"往往不太坚定，只能诉诸客观层面的证据相互"印证"。由此，侦查中心主义与"案卷笔录中心主义"、印证证明模式环环相扣，成为造成中国刑事司法实践中庭审形式化的罪魁祸首。

破解之道自然在于"以审判为中心"和庭审实质化。问题在于如何实现"以审判为中心"和庭审实质化。龙宗智教授认为，实现上述要求的主要办法，是适度阻断侦审连接，以保证审判的有效性。[3] 而在中国建立言词原则，就是阻断侦审连接，实现庭审实质化的可行的制度选择。也正是在这个意义上，《决定》提出"完善证人、鉴定人出庭制度"。

---

〔1〕 龙宗智：《论建立以一审庭审为中心的事实认定机制》，载《中国法学》2010 年第 2 期。

〔2〕 龙宗智：《论建立以一审庭审为中心的事实认定机制》，载《中国法学》2010 年第 2 期。

〔3〕 龙宗智：《论建立以一审庭审为中心的事实认定机制》，载《中国法学》2010 年第 2 期。

第二节 言词原则的构建

如前文所述,侦查中心主义、"案卷笔录中心主义"、印证证明模式环环相扣,导致刑事司法实践中庭审流于形式,而实现庭审实质化的办法主要在于适度阻断侦审连接,这也是构建言词原则时最该注意的问题。

在研究如何适度阻断侦审连接问题时,笔者认为意大利刑事诉讼制度改革的经验值得学习。意大利也曾面临与中国同样的问题,法官可以直接查阅侦查卷宗并将之作为裁判基础。这使预审阶段成为诉讼的中心,审判阶段异化为仅仅是对预审结论的再次审查。这种司法实践,被该国学者讥讽为审判仅仅是为侦查中获得的证据材料提供一个"官方宣读"的机会。[1] 但意大利 1988 年《刑事诉讼法典》修改时,确定了诉讼阶段分离原则,改变了这种依赖卷宗的状况。意大利学者普遍认为,区分对抗制刑事审判和审问制刑事审判的标准是是否严格分离侦查阶段与审判阶段。在对抗制刑事审判中,只有在公开的法庭上经过对抗辩论取得的证据才能成为法官裁决的基础;在审问制刑事审判中,法官作出的裁决依据审前单方秘密收集的证据,至于证据是由作为中立官员的预审法官还是作为一方当事人的检察官收集在所不问。[2] 如果不采取诉讼阶段分离原则,切断侦查程序与审判程序的关系,那么审前收集的卷宗将被赋予与当庭对抗辩论获得的证据相同的证据能力,而审前获得的被法官用作裁决基础的证据却并未经过当庭质证。并且,这将使控方为支持公诉收集证据材料的行为转变为真实发现的过程,而真实发现本该是法官在庭审中享有的排他性的职权。[3] 为此,修改后的意大利《刑事诉讼法典》确立了对抗辩论原则,并最终将其上升到宪法高度。据此,侦查阶段获

[1] See G. Illuminati, "The frustrated turn to adversarial procedure in Italy", *Washington University Global Studies Law Review* 4, 2005, p. 568.

[2] See G. Illuminati, "The frustrated turn to adversarial procedure in Italy", *Washington University Global Studies Law Review* 4, 2005, p. 570.

[3] See G. Illuminati, "The accusatorial process from the Italian point of view", *North Carolina Journal of International Law and Commercial Regulation winter*, 2010, p. 313.

得的证据材料只有通过对抗辩论的方式才能转化为证据。意大利《刑事诉讼法典》第526条第1款规定，法官在评议时不能使用法庭审理时依法收集的证据之外的材料。这一条款被一些学者视为1988年意大利《刑事诉讼法典》所引入的对抗制程序的基石。[1] 根据这一规定，审前获得的书面证言笔录，除极少数的例外，一般不能在庭审中作为证据使用，只能在审前作为审前裁决的依据使用。同时，为了确保诉讼阶段分离原则的效果，意大利《刑事诉讼法典》规定了双重卷宗制度。那些可能影响法官中立判断的审前收集的证据材料被收入控方卷宗，其余的收入庭审卷宗。收入庭审卷宗的证据材料可以直接成为法官裁决的依据，但包含的内容极其有限。2000年第397号法律又在意大利《刑事诉讼法典》第391条之10规定了辩方卷宗。所以，现在的意大利实行三重卷宗制度。三重卷宗制度规定法官能够阅读的证据材料的外延，对抗辩论原则又使得法官不能阅读的那部分证据材料以言词的形式展现在法官面前，二者的合力确保侦查程序和审判程序的直接联系被有效切断。鉴于此，笔者下文的论述会重点涉及意大利的经验。

《刑事诉讼法》规定了被害人、证人、侦查人员、鉴定人、有专门知识的人等出庭作证人员。其中，被害人、侦查人员都可以视为特殊的控方证人。下文为论述方便，将上述作证的人员统称为“人证”。

一、审前规则：创设证言保全制度与卷宗分流制度

（一）创设证言保全制度

某些案件中，人证在侦查阶段作证后，基于可以预见的合理事由，可能无法在审判阶段出庭作证，如人证患有严重疾病、系外国人等情形。此时，为防止由此种情形造成庭审阶段需要依据证言笔录作出裁决，不同的国家和地区创设了一定的制度。

意大利创设了附带证明制度。所谓附带证明，是初步庭审程序中附带的程序，在该程序中，法官在初步庭审结束之前，遵循法庭审判规则，以双方当事人对抗辩论的方式收集证据。由此形成的笔录，在之后的正式法庭审判中拥有完全的

---

[1] See G. Illuminati, *In Compendio Di Procedura Penale*, Lansing, Cedam, 2010, p. 749.

证据能力。[1] 这一制度创设的目的在于在侦查阶段就将那些可以预见到的无法在审判阶段调查的证据予以保全,并同时保障不利一方当事人质疑该证人证言的权利。

德国也规定了类似制度。根据德国《刑事诉讼法典》第255条a第2款,在审理《刑法典》第174条至第184条g规定的侵犯性自主权利的案件、第211条至第222条规定的侵犯生命权的案件、第225条规定的虐待被保护人案件、第232条至第233条a规定的侵害人身自由权的案件时,如果证人未满18周岁,可以用播放先前录制的视听资料代替证人出庭询问,条件是被告人及其律师参与了该先前询问。对于上述类型案件的受害人,如果案件发生时未满18周岁,也适用此规定。在作出决定时,法官应当考虑证人受保障的权利并给出播放视听资料的理由。

我国可以借鉴上述两国的经验,创设审前人证证言保全制度,对能够预见到无法出庭的人证证言进行审前保全。

具体而言,适用证言保全程序的情形可以限定为:确有理由认为人证因疾病或其他重大阻碍不可能出庭作证;依据具体、明确的证据材料,确有理由认为人证受到暴力、威胁、被给予或承诺给予金钱或其他利益,其目的在于使其不作证或作伪证;在存在上述两种情况时,让作出不一致证言的人证进行对质;在涉及性犯罪案件时,被害人或犯罪嫌疑人请求通过证言保全收集未成年人或成年被害人证言。上述情形都属于需要将证言保全的紧急情形,在可预见存在上述情形时,如不对证言进行保全,则可能导致庭审中宣读该证言笔录作为证据,造成言词原则被不合理侵蚀。

证言保全可以适用于一审开庭前的所有诉讼阶段。这是因为在庭审前都可能出现人证可预见的事由不能出庭的情况,若公安司法机关能预见到该情形发生,自然应当优先将该证言予以保全。至于负责证言保全程序的主体,侦查阶段和审查起诉阶段应当由检察机关的公诉人负责,审判阶段庭审前应当由负责卷宗分流的法官负责。这是因为,我国《刑事诉讼法》采取三机关分工负责原则,对于证言保全程序这样一个可能涉及侦查、审查起诉、审判阶段的问题,无法由某个机

---

[1] See M. Scaparone, *Procedura Penale* (*Vol.* 2), Torino, G. Giappichelli, 2008, p. 56.

关统一负责。考虑到负责侦查工作的公安人员在追诉犯罪方面可能存在过于“热情”的情况，并且在庭审中举证系检察机关的法定义务，因此应当将审前阶段证言保全的职责交由检察机关的公诉部门负责。而在庭审前出现需要保全证言情形的，由负责卷宗分流的立案庭法官负责保全，是为了避免审判案件的法官在庭审前接触证言笔录。并且，负责卷宗分流的法官也更了解案件情况，能够更好主持证言保全程序。具体而言，侦查人员在询问人证时，在不妨碍侦查情况下，可以预先向犯罪嫌疑人了解情况，询问其是否就有关于案件的问题向人证发问。若答案肯定，则交由检察机关公诉人介入，主持证言保全程序。公诉人在询问人证时，若被追诉者已经委托辩护律师，询问时可以让辩护律师在场提问，或者让辩护律师通过单向镜或通过视频观看询问人证情况，并尽量给予辩护律师提问机会，并通过公诉人向人证发问。在审查起诉阶段，人民检察院在依据《刑事诉讼法》第 173 条讯问犯罪嫌疑人、听取辩护人意见时，可以征求被告人及其律师对人证及人证证言笔录的看法和意见，也可以要求被告人或其辩护人针对人证及人证证言笔录提出一系列问题。据此，人民检察院可以依据《检察规则》第 371 条，再次对人证进行询问并制作笔录。在有条件情况下，人民检察院可以通过单向镜或视频监控设备让被告人观察询问人证情况，并通过人民检察院向人证发问。

对证言保全程序而言，负责该程序的司法人员自然属于参与主体。另外，此程序创设目的主要在于保障双方当事人询问和质疑人证的机会。因此，应当尽量保证控辩双方都有代表参加。在出现应当保全人证证言的情形时，司法人员应当通知犯罪嫌疑人、被告人由其辩护律师参与证言保全程序。对于没有委托辩护律师的犯罪嫌疑人、被告人，司法人员应当为其指定。在进行证言保全程序时，由司法人员发问，发问完毕后，辩护律师也可以询问该人证。对于犯罪嫌疑人、被告人要求询问人证的情形，一般应当让其将问题转告辩护律师，由其辩护律师代其向人证发问。为保证程序的公正性，在进行证言保全程序前，必须询问犯罪嫌疑人、被告人是否有需要询问的问题。

对证言保全的方式，对于有条件的地方，尽量采取同步录音录像方式。这是因为这种方式还原度高、信息量大，方便法官对人证证言进行审查。对于无法采取同步录音录像方式保全证言的地方，可以采取录音或制作证言笔录方式询问。

制作证言笔录方式的,应当尽量详尽记录问答内容,笔录中应体现给予辩方律师询问机会的内容。证言笔录制作完成后,参与的主体应当签字。对于坚持不签字的主体,应当在笔录中注明,同时应注明其不签字的原因。

笔者认为,构建庭前证言保全程序具有重大现实意义。关键证人出庭作证的程序必要性条件主要在于保障被告人有效质证。尽管《刑事诉讼法》第192条规定的关键证人出庭作证的条件之一为"公诉人、当事人或者辩护人、诉讼代理人对证人证言有异议",但考虑到法律规定由人民检察院承担举证责任,证人通常是不利于被告人的证人,"对证人证言有异议"的主体自然主要是被告人及其辩护人。因此,关键证人出庭作证的程序意义主要是保障被告人的有效质证。在此问题上,欧洲人权法院的判例特别具有启发意义。如前文所述,欧洲人权法院一直重申,原则上所有的证据都应当在被告人在场时在公开的法庭上以对抗辩论的方式提出。但该法院也强调,如果在证言作出的诉讼阶段或之后的诉讼阶段,被告被给予充分且恰当的机会质疑该证言,则采纳该证言本身与《公约》规定的对质权和公正审判权并不冲突。这意味着,在审前阶段保证了被告人询问证人的权利,尽管被告人在法庭上不能询问证人,仍然不会侵犯被告人的对质权,因被告人在庭前获得了询问和质疑证人的机会。从我国现实出发,期待短期内迅速提高证人出庭率很难做到。但保障被告人有效质证的手段并非只有当庭质证,在审判前为被告人或其辩护律师提供询问证人的机会同样可以弥补现行法律规定之不足。

(二)创设卷宗分流制度

借鉴意大利经验,应改变法官过于倚重案卷笔录的积习。为此,一方面要适当限制案卷笔录类证据材料的证据能力,另一方面要限制法官能查阅的案卷范围。因此,构建言词原则要求必须废除《刑事诉讼法》第176条规定的卷宗移送制度,借鉴意大利三重卷宗制度的合理内核,构建适合中国的卷宗分流制度。[1]

所谓三重卷宗制度,实质上是将审前阶段由控辩双方收集的证据材料在审判前分为庭审卷宗、控方卷宗、辩方卷宗。在这三重卷宗中,负责审判案件的法官在

---

[1] 专门研究卷证移送制度的唐治详博士也持此种看法。他认为,由于我国与意大利在法律文化传统、刑事诉讼结构以及刑事卷证移送制度改革的背景、价值取向和未来走向等方面都极为相似,相对于"全案卷证移送主义"、"起诉状一本主义"而言,借鉴既不保守也不激进的意大利的刑事卷证移送制度,比较符合我国的现实国情。参见唐治详:《意大利刑事卷证移送制度及其启示》,载《法商研究》2010年第2期。

庭审前能够阅览的只有庭审卷宗。

根据意大利《刑事诉讼法典》第 431 条，负责初步庭审的法官在作出将案件移送审判的决定后，立即制作庭审卷宗。庭审卷宗所包含的证据材料要在控辩双方在场情况下通过控辩双方对抗辩论方式制作。庭审卷宗中包含的证据材料具备证据能力，可以直接成为法官裁决依据。该条规定的庭审卷宗中包含的内容有：起诉书、民事起诉状等支持公诉权与民事诉权存在的文书；由司法警察、检察官、辩护人收集的不能重复收集的笔录类证据；通过国际司法委托在国外收集的不能以相同方式重复收集的文件、书证等证据材料；附带证明程序中收集的笔录类证据；司法档案中的一般证明和意大利《刑事诉讼法典》第 236 条列举的证明被告人及被害人人格、品行等方面的证明；没有必要另地保管的实物证据及与犯罪有关的物品。不仅如此，对于辩方与控方收集的其他证据材料，在控辩双方协商一致的情况下，也可以放入庭审卷宗。

依据意大利《刑事诉讼法典》第 433 条，对于控方收集的被放入庭审卷宗之外的证据材料，则被初步庭审法官移送给检察院。这部分证据材料就成为控方卷宗。对于控方卷宗，辩护人有权进行查阅、摘抄、复制。意大利《刑事诉讼法典》第 391 条之 8 规定了辩方卷宗。辩护人进行调查活动所形成的证据材料，被制作成辩方卷宗。检察官可以查阅、摘抄、复制辩方卷宗。但在侦查程序结束后，辩方卷宗中的所有材料，除被放入庭审卷宗的外，都要被放入控方卷宗。

我国可以借鉴意大利三重卷宗制度的合理内核，创设卷宗分流制度，以限制审判法官可以查阅的卷宗的范围。

卷宗分流程序可以设置于第一审程序立案时。这是因为，我国由于采取三机关分工负责原则，法官很难在审前阶段作出有关裁决。因此，现实的考虑是将案卷分流设置于第一审审判程序。

负责案卷分流的主体应当设定为立案庭的法官。这是因为，负责本案公诉的检察官不应被设定负责案卷分流的主体，检察机关作为争议一方，由其负责案卷分流很难保证分流结果让争议的另一方满意。若案卷分流被某些检察官恶意滥用，则就与这一制度设立的初衷背道而驰。负责本案审判的法官也不应被设定负责案卷分流的主体，这是因为案卷分流制度就是为了避免审判法官事先接触案卷,由该审判法官负责则这一制度的努力就会付诸东流。

庭审卷宗中包括的证据材料可以限定为:其一,起诉书、附带民事起诉状等诉讼文书;其二,侦查机关依据《刑事诉讼法》进行的勘验、检查笔录,搜查笔录,查封、扣押物证书证形成的笔录,不能重复进行的鉴定形成的鉴定意见,不能重复进行的技术侦查措施形成的笔录等笔录类证据;其三,通过证言保全程序形成的证言笔录;其四,被告人的档案信息;其五,控辩双方协商同意放入庭审卷宗的其他证据材料。庭审卷宗中的证据材料就是法官能够阅卷的范围,此后禁止检察官在任何时候单方向法官移送其他证据材料给法官阅览。

对于控辩双方收集的其他证据材料,全部放入控方卷宗。辩护人可以查阅、摘抄、复制庭审卷宗和控方卷宗中的证据材料。公诉人也可以查阅、摘抄、复制庭审卷宗中的证据材料。

此种制度设计,一方面保证了控辩双方可以查阅的证据材料范围的最大化及查阅案卷材料上的平等,另一方面合理限制了法官可以查阅的案卷范围。通过这一制度设计,不仅可以有效切断侦审连接,更可以使法官摆脱对被告人供述和辩解、证人证言笔录的依赖。

二、出庭规则:明确人证出庭原则及其例外

(一)明确证人应当出庭情形及其例外

1. 明确证人应当出庭情形

根据《刑事诉讼法》第192条的规定,证人应当出庭的条件为控辩双方对证人证言有异议、证人证言对案件定罪量刑有重大影响、法院认为有必要出庭作证。人民警察出庭也适用此规定。鉴定人出庭则没有鉴定意见对案件定罪量刑有重大影响的条件,因为鉴定意见一般对定罪量刑都有重大影响。《刑事诉讼法》规定的条件中,除控辩双方对证人有异议外,证言对案件定罪量刑有重大影响及法院认为有必要出庭都属于法院主观决定事项。法院可能依据其自由裁量权驳回出庭申请。因此,有必要对《刑事诉讼法》上述规定予以明确。

何为"对案件定罪量刑有重大影响"?《刑事诉讼法》与相关司法解释都没有明确规定。笔者认为,可以借鉴欧洲人权法院创设的"唯一或决定性证据"这一

概念。如上文所述,在欧洲人权法院看来,“唯一证据”就是仅有的不利于被告人的证据。“决定性证据”是指可以对案件结果产生决定性影响的证据。因此,借鉴欧洲人权法院的判例,可以将法条中“重大影响”理解为对案件定罪量刑有唯一或决定性影响。据此,法条中的“重大影响”不应被理解为单纯增加或减少定罪或量刑可能性的证人证言,而应当为至少可以帮助区分罪与非罪、此罪彼罪、量刑区间及轻重的证人证言。另一个值得注意的问题是,证言是否具有决定性是相对而言的。印证该证言的证据越多越强,该证据对案件结果的决定性就越弱;反之亦然。换言之,证人证言是否对定罪量刑具有重大影响,不仅要看证言内容本身是否关涉罪与非罪、此罪彼罪、量刑区间及轻重,还要考察是否有其他证据印证该证言。印证该证言的证据越多越强,该证言对定罪量刑的影响越被削弱。

何为“人民法院认为有必要出庭作证”?沈德咏大法官认为宜作形式化理解,只要控辩双方提出申请,原则上应当通知证人、鉴定人出庭。[1] 这一解释或许是目前最为可取的理解方法。司法实践中,对被害人、侦查人员出庭申请,法院一般会认为“有必要”。但对辩护人提出的证人出庭申请,有时则以“无必要”为由拒绝。客观地说,辩方的某些证人证言,有时确实系无关联性证据,没有必要出庭。但对于此类证人提出的可能对案件事实有重大影响的证言,则不宜仅因其证明力低而认为无必要出庭。

总体而言,证人是否出庭,不宜留由法院裁量。将来在修法时,可以考虑将此条件从前述两条件剥离出去单独作为证人应当出庭事由。换言之,在“控辩双方有异议、证言有重要影响”或者“人民法院认为有必要出庭”时证人都应当出庭作证。通过申请传唤与依职权传唤制度的并存,可以有效避免传唤证人出庭问题上的“死角”,最大限度地将申请传唤证人出庭的权利保障到实处。

2. 明确限定证人不出庭的正当理由

依据《刑事诉讼法》的规定,被告人的配偶、父母、子女可以不出庭作证。[2] 但对此条文中不出庭的“正当理由”,《刑事诉讼法》没有明确。参照《法院解释》

---

〔1〕 参见沈德咏:《论以审判为中心的诉讼制度改革》,载《中国法学》2015 年第 3 期。

〔2〕 《刑事诉讼法》第 193 条第 1 款规定:“经人民法院通知,证人没有正当理由不出庭作证的,人民法院可以强制其到庭,但是被告人的配偶、父母、子女除外。”

第206条的规定,可将“正当理由”限定为诸如身患严重疾病或者行动极为不便、交通极为不便、短期无法回国等“客观原因”导致的“无法出庭”。

实际上,证人不出庭的正当理由应当不限于此。对此,可以参考意大利的规定。意大利规定了证人不出庭的三种“正当理由”,即被告人同意、因客观原因无法出庭、被证实的非法行为。我国可以借鉴上述规定的合理内核,明确证人不出庭的正当理由。

首先,因客观原因无法出庭可以作为证人不出庭的正当理由。需要说明的是,这里的“客观原因”是指在审前阶段收集证人证言时无法预见的客观原因。对于在审前阶段收集证人证言时可以预见的证人无法出庭的客观原因,可以采取证言保全程序。我国司法解释规定了疾病或行动不便、路途遥远交通不便、身处国外等客观原因。其他情形如证人死亡、下落不明等实际也可以作为正当理由。作为正当理由的证人因客观原因无法出庭应当同时具备三个要件,一是存在独立于人的意志之外的客观原因,二是该客观原因不能通过延期审理方式克服,三是证人证言笔录收集程序合法。

其次,控辩双方同意可以作为证人不出庭的正当理由。目前,我国刑事司法实践中,控辩双方在庭审中的作用越来越得到凸显,法官的角色转向消极。当事人“发言权”的增长必然增加当事人在决定庭审事项中的“话语权”。对于证人证言笔录,如果受这一证据指控的被告方都对其在法庭中的使用不存异议,则再纠结证人是否应当出庭就在很大程度上失去了必要性。而在司法实践中,如果控辩双方都认为没有必要纠缠于某个证人是否出庭不放,法官仍要拿出时间和精力去强制该证人出庭的话,无疑是吃力不讨好的。因此,将控辩双方同意作为证人不出庭的正当理由有其必要性。事实上,控辩双方同意证人不出庭有时也有其合理性。被告人放弃进行对抗辩论可能是由于证人出庭与否证言变化不大。控辩双方同意可以在获得相同结果的前提下省却庭审所需花费的时间,对被告人而言未必是坏事。当然,被告人的同意必须是自愿作出的。至于被告人表示同意的方式,被告人可以亲自或通过其律师,以口头或书面方式明确表达意愿。被告人不得以默认方式表示同意。

再次,被告人被证实存在非法行为可以作为证人不出庭的正当理由。被告人的非法行为，是指被告人试图以非法方法“影响”证人，以“污染”其证言可靠性的行为。其目的在于妨害证人在庭审中据实作证。具体而言，此种非法行为不仅包括暴力、胁迫方式，也包括给予或承诺给予证人好处的行为。而实施上述非法行为的主体并非一定是被告人本人，即使是为被告人利益而实施上述行为的其他主体也可。根据我国《刑事诉讼法》第64条的规定，危害国家安全犯罪、恐怖活动犯罪、黑社会性质的组织犯罪、毒品犯罪等案件中，证人本人或者其近亲属的人身安全面临危险时，可以采取不暴露外貌、真实声音等出庭作证措施。上述案件中，证人及其近亲属不仅可能面临人身危险，有时也会实际地受到被告人及为被告人利益行事之人的恐吓、威胁。如果由于被告人及为被告人利益行事之人的恐吓、威胁使证人产生恐惧，不肯出庭，可以视为被告人经由上述行为放弃了当庭询问证人的权利，应当算作证人不出庭的正当理由。美国联邦法院也作出过类似判例，即所谓“过错失权”规则，如果作出书面证言的证人不出庭是由于被告人“意图阻止该证人出庭作证”的行为所导致，那么该书面证言可以采纳。[1] 当然，并非证人所有对出庭的恐惧都可以成为正当理由，上述情形之外的原因导致的证人对出庭的恐惧，要仔细审查证人的恐惧是否有具体的证据证明，不宜径行作为证人不出庭的正当理由。另外，考虑到证人不出庭对被告人造成的不利影响，如果证人在之前的诉讼阶段没有被被告人询问，那么允许采纳证人的审前证言代替当庭证言就应当是最后诉诸的措施。在允许证人因恐惧不出庭前，法院必须确信其他的诸如匿名作证或特别措施等替代性选择，要么不恰当，要么不可行。

最后，需要注意的是，我国并没有明确关键证人不出庭作证是否正当的判断标准。欧洲人权法院则采取总体平衡标准，即只要作为一个整体的诉讼程序是公正的，则允许对被告人的对质权进行限制。这一标准对我国刑事审判具有启示意义。正如《决定》所言：“公正是司法的生命线。”通常关键证人不出庭作证会严重影响审判的公正性。因为关键证人的证言“对案件定罪量刑有重大影响”，几乎都属于前述的“唯一或决定性证据”，不仅关乎本案审判结果是否公正，也属于对被告人而言“命运攸关”的证据。原则上，司法机关应当穷尽一切合理努力确保

---

〔1〕 *Giles v. California*, 554 U. S. 353(2008).

上述关键证人出庭。正如欧洲人权法院所阐明的,书面证言越重要,对被告人而言潜在的不公正可能性越大,越需要确保证据可靠或对其可靠性进行恰当检验和评价。在运用总体平衡标准进行检测时,法院应当考虑诸如法院为保障证人出庭已经恪尽勤勉义务、被告人并未积极行使自己的权利、特定的案件类型使得证人不宜出庭、被告人在审前阶段已经获得有效对质的机会等因素,在个案中具体审查审判是否总体公正。如仍能保证总体公正,则应当依据案件中的证据下判;如不能保证总体公正,则应当尽量确保关键证人出庭。若关键证人仍不出庭时,应强制证人出庭;若关键证人下落不明且必要时,可以中止审理。

3. 明确证言笔录用途

当证人有不出庭的正当理由时,审前收集的证言笔录可以在庭审中被当庭宣读,成为法院的定案根据。一般情况下,证言笔录不应具有证据能力,不能在庭审中被宣读,也不能成为法院的定案根据。但在证人当庭翻证时,审前收集的证言笔录可以作为弹劾证据使用。

《法院解释》第 78 条第 2 款暗示证人当庭翻证时,庭前证言笔录也具备证据能力。鉴于言词原则及庭审实质化都是通过证人出庭体现,若证人出庭后,与当庭证言不一致的审前证言笔录都具备证据能力,无疑会掏空言词原则,并使得庭审难以实质化。鉴于此,对于证人当庭翻证问题,有必要区分情形不同对待。

具体言之,一般情形下,证人庭前证言笔录只能作为弹劾证据,用于弹劾证人可信性,但在三种例外情形下可以具备证据能力。这三种特殊情形是指通过证言保全程序制作的证言笔录、证人有不出庭的正当理由时所作的审前书面证言、具有可信性情况保障的书面证言。前两种例外情形,前文已经涉及,下文主要分析可信性情况保障的例外。

所谓可信性情况保障,是指书面证言是在“特别可信的情况下”作出,即书面证言作出的具体情况可以有效保障其真实性。[1] 可以将下述情形视为具有可信性情况保障:第一,证人在之前进行的审判中所作证言。第二,书面证言制作过程中进行了全程录音录像,且被告人或其律师可以获得该全程录音录像的拷贝。第

〔1〕 参见龙宗智:《论书面证言及其运用》,载《中国法学》2008 年第 4 期。

三，证人在案件发生不久、记忆清晰时所作书面证言，且证人承认该书面证言系其对案件事实的准确记忆。第四，证人书面证言制作过程中，被告人或其辩护律师被给予了充分的质疑和询问机会。

考虑到我国司法实践中书面证言使用范围极广，对可信性情况保障例外不宜规定过多，以免司法实践扩展适用此项例外掏空言词原则。

（二）明确鉴定人、有专门知识的人应当出庭情形及其例外

1. 明确鉴定人、有专门知识的人应当出庭情形

根据《刑事诉讼法》第 192 条的规定，鉴定人出庭应当同时满足两个条件，即有关诉讼参与人对鉴定意见有异议和人民法院认为有必要出庭。从司法实践中来看，控辩双方对鉴定意见有异议的条件很容易明确。但人民法院认为有必要出庭的条件则较为模糊。究竟在何种情况下人民法院应当认定为鉴定人有必要出庭，法律和司法解释都未予明确。《刑事诉讼法》的上述规定容易给法院滥用职权提供便利，客观上可能造成对被告人诉讼权利的不当抑制及对公正审判的不当贬损。就这个角度而言，有必要改变目前的法律规定，将上述两个条件改为或然关系。

根据《刑事诉讼法》第 197 条，对于提出的有专门知识的人出庭的申请，由法庭作出是否同意的决定。《法院解释》第 217 条进而规定，公诉人、当事人等在申请有专门知识的人出庭时，应当说明理由。法庭认为有必要时，应当通知其出庭。为保障控辩双方充分行使诉讼权利，法院原则上应当允许有专门知识的人出庭。具体而言，法院在审查提出申请的诉讼主体提供的理由时，可以考虑是否存在前述应当强制鉴定人出庭的情形。如存在，则应当允许有专门知识的人出庭。在有专门知识的人出庭的情形下，也应当依职权传唤鉴定人出庭。

2. 明确鉴定人、有专门知识的人不出庭的正当理由

法律和司法解释都没有明确何种情形属于鉴定人不出庭的正当理由。一般而言，证人不出庭的正当理由同样也适用于鉴定人，即通过证言保全程序制作的证言笔录、证人有不出庭的正当理由时所作的审前书面证言、具有可信性情况保障的书面证言。

但上述理由在适用于有专门知识的人时未必适用。因为有专门知识的人在之前的诉讼阶段并未作出书面的证言或意见。因此，除非因客观原因不能出庭，

其他情形下,有专门知识的人都应当出庭作证。

3. 明确鉴定意见用途

鉴定人作出的书面鉴定意见是否具有证据能力以及何种情形下具有证据能力应当明确。

从法律规定来看,书面鉴定意见被规定为法定证据种类的一种,因此一般情形下应当具有证据能力。

此外,司法实践中,对于存在几份相互矛盾的鉴定意见时,法院通常会采纳出庭鉴定人所提鉴定意见或者论证依据更加客观全面、分析评定理由更加充分的鉴定意见。此司法实践也可以予以吸收。即应当明确,在存在两份以上相互矛盾的鉴定意见时,法院不宜采信不出庭鉴定人所提鉴定意见或者论证依据不够客观全面、分析评定理由不够充分的鉴定意见。

三、询问规则:完善询问人证制度

就询问人证而言,包括询问模式、询问规则、询问技巧三个相互关联的问题。

(一)完善询问模式

我国现有的询问模式属于当事人询问为主、法官询问为辅的询问模式。具体而言,根据《刑事诉讼法》第194条的规定,公诉人、当事人和律师经审判长许可,可以对证人、鉴定人发问。

从世界范围看,询问人证的模式大体可以分为两种。一种是交叉询问模式,特点是当事人委托的律师主导询问,法官补充询问,此种模式被英美法系国家普遍采纳。另一种是职权询问模式,特点是法官依职权主导询问,当事人补充询问,此种模式被大陆法系国家普遍采纳。究竟采取何种询问人证模式,不仅要考虑刑事诉讼制度及庭审制度,而且要考虑诉讼观念与文化传统。可以说,不同的诉讼观念是导致采取不同的人证询问模式的根本原因。英美法系注重通过当事人及其律师之间的辩论来发现真实。在这种"辩论赛"式的庭审中,法官处于中立、消极地位,由当事人主导真实发现过程。询问人证这种对真实发现至关重要的活动自然也会由当事人及其律师主导。而大陆法系则一直将真实发现作为法官的法定职责。法官在为真实发现而进行的庭审中起主导作用,控辩双方只是法官真实发现的辅助人员。在这种“研讨会”式的庭审中，由法官处于积极的职权探知地位并主导真实发现过程，询问人证的工作自然主要由法官负责。

我国刑事诉讼法历来强调“准确、及时地查明犯罪事实”。但自 20 世纪末抗辩式庭审方式改革推行后，原来职权探知的真实发现模式让位于当事人抗辩式的真实发现模式，理论界对这一改革颇为欢迎，实务界对此也逐渐适应。可以说，抗辩式的庭审方式是被普遍接受的。目前我国采取的当事人询问为主、法官询问为辅的人证询问模式与抗辩式的庭审方式也是相适应的。

但根据《法院解释》第 215 条，审判人员认为有必要时，可以询问证人、鉴定人、有专门知识的人。这一规定存在两个弊端。一是是否必要由审判人员主观决定，给予了审判人员滥用此种权力的可能。二是此规定过于宽泛、模糊。依据此规定，当事人询问与法官询问之间的界限不够清晰，容易腐蚀庭审的抗辩性。解决的办法在于尽量明确法官进行询问的时机。可以将法官询问证人的时机界定为“对查明案件事实有必要时”。这一改变的益处在于，一方面，将法官询问证人的目的严格限定为为查明案件事实；另一方面，询问是否对查明案件事实有必要属于一种客观判断，避免了法官主观判断导致的恣意。

（二）细化询问规则

我国有关人证询问的规则被规定在《刑事诉讼法》第 194 条和《法院解释》第 211～217 条。其中《刑事诉讼法》第 194 条是有关询问证人、鉴定人的一般规定，《法院解释》的规定则是对其进行细化。我国有关人证询问的规定包括：审判人员核实人证身份及告知权利义务；由提请通知一方发问，经审判长准许后对方也可发问；向人证发问时应遵守的规则；异议规则；审判人员必要时的询问。但现有的询问规定仍稍显粗疏，询问方式、诱导性询问规则有进一步细化的必要。

《刑事诉讼法》并未明确规定询问人证的方式。《法院解释》也未明确阐明。《检察规则》第 442 条规定了公诉人询问证人时，可以要求证人陈述，也可以直接发问。证人陈述时，如其不能连贯陈述，公诉人也可以直接发问。笔者认为，《检察规则》有一定的借鉴意义，但其只针对公诉人向证人发问，对其他主体不具有约束力。同时，《检察规则》也未明确证人陈述与直接发问这两者之间的关系。容易导致不同的法庭出现不同的发问方式，同一次庭审也出现不同的发问方式。因此，未来有必要在《刑事诉讼法》或者《法院解释》中对此予以明确。笔者认为，考虑我国庭审中人证极少出庭，法官、检察官、律师询问人证的经验极少，与询问人证相关的技术规则也几乎没有，采取直接发问的方式的现实难度较大。因此，应以人证陈述方式为主，直接发问方式为辅。对于人证陈述存在遗漏、矛盾、模糊不清和有争议的内容时，再对其进行直接发问。发问采取一问一答方式，提问应简洁、清楚。

对于诱导性询问，《法院解释》明确禁止任何询问主体以诱导方式发问。这意味着，在庭审中，控辩双方在任何情况下均不得对人证提出诱导性问题。这一规定表面上看体现了"控辩平等"，但如果考虑到大多数出庭人证是控方人证的司法现实，这一规定实质上限制了辩方质疑人证可信性的范围。另外，人证在出庭作证之前，一般已经经过举证方的询问，很容易和举证方形成配合。在此种情况下，不允许对方当事人进行诱导性询问，无疑使其处于十分不利地位。而在人证与举证方不配合的情况下，不允许举证方对人证进行诱导性询问，又会使举证方处于十分不利的地位。鉴于此，应当废除绝对禁止诱导性询问的规则，代之以更为细化的规定。具体而言，应当允许对方进行诱导性询问，举证方一般不得对人证进行诱导性询问，但如果该人证当庭证言与先前证言不一致或为唤醒人证记忆时，可以允许对人证进行诱导性询问。

（三）提升询问技巧

由于司法实践中，人证极少出庭，无论检察官还是辩护律师都普遍缺乏询问人证技巧。因此，对询问技巧的介绍有相当大的实践意义。

1. 询问证人的询问技巧

就辩护人而言，在询问之前，应当通过阅读书面证言笔录及相关材料对本案形成大体印象。辩护人的询问大体可以分为询问不利于被告人的控方证人与询问有利于被告人的辩方证人两种。询问控方证人的目的是质疑证人的可信性，降低法官采信该证言的可能。为此，辩护人应当仔细审阅书面证言笔录，并寻找证言笔录内部、证言笔录与其他证据之间、证言笔录与客观事实可能存在的矛盾之处。应当审查作证时的环境因素，如周围的明暗度、证人的视力、目击的位置、经过的时间、是否受到惊吓等；应当审查证人的主体因素，如证人是否与被告人存在特殊关系、是否对被告人有偏见等。对于一些涉及案发现场的问题,有必要去现场进行调查。根据现场调查的结果,可能会发现新事实、新问题,并且因为了解案发现场,询问时也更有自信。在审判之前,辩护人可以依据证言笔录记载,大致推测出控方证人可能的回答。因此,辩护人可以在庭审前整理本案中可能涉及的争点,并在争点基础上拟定询问的问题提纲。需要注意的是,询问控方证人需要依据证人的态度等随机应变,单靠预先准备好的问题提纲照本宣科并不妥当,有必要将询问的重点在头脑中事先记牢。对于辩方证人的举证,通常应当从寻找证人开始。寻找证人可以通过询问被告人及其亲友获得。对于目击证人,则可以通过到事发现场附近打听获得。在寻找证人时,应尽量确保证言的可信性。同一事实有多个证人证实时,应选择最客观、最准确的证言。在询问辩方证人前,应充分审查现有证据,以厘清询问的顺序、方法和内容。

庭审时,公诉人在询问控方证人时,辩护人应随时做笔记进行标示,并观察证人、公诉人、法官的反应,对于诱导性询问等不当询问应立即提出异议。在检察官靠近证人进行询问时,辩护人也应走向证人,留意证人是否受到不当影响。在辩护人对该控方证人进行询问时,应当从证人感觉、记忆、表达等方面质疑证人的可信性。感觉方面因素包括证人的视力、听力等能力,现场的明暗程度、视野、噪声等状况,对事件的已知程度,感知案件所需时间的长短,有无应当特别有印象的理由等。记忆方面因素包括证人的记忆能力,对事件的记忆程度,从记忆到表达所经历的时间,有无应当特别记住的理由,有无可能扭曲记忆的事实等。表达方面因素包括证人作证的认真程度,作伪证的可能性,有无夸大事实,证人叙述的正确性和准确性等因素。

庭审时,辩护人在询问辩方证人时,应让证人放轻松,以平稳的语速和洪亮的声音对其进行询问。对于有争议的事实,不能提诱导性问题,但应恰当设置提问,让证人用自己的话把辩护人要表达的意思表达出来。

无论侦查人员如何费尽心力侦办案件,在具体个案中实现刑罚权仍是通过庭审才能实现,庭审中公诉人的职责非常重要。对于公诉人而言,庭审的目的并非复习侦查阶段收集的证据及其收集过程,而是使法官确信被告人实施了被指控的犯罪行为。因此,检察官在准备询问证人前,应当清楚了解案件的证据体系,一方面要对案件中所有证据有通盘了解，另一方面要据此假设所有的可能性，并制订最佳的举证计划。

为强化庭审询问效果，检察官可以在庭审前先行与证人接触，以此了解证人的性格、立场及表达能力等事项，并根据证人信息准备询问证人问题提纲。在准备提纲时，应尽量设置易于回答的问题，要以争点为中心提问，不要拘泥于证言笔录中的细枝末节，要联系其他证人证言中的内容提问。

公诉人在庭审中询问控方证人时，应当沉着从容地明确发问。发问应当简洁地一问一答。当证人在庭审中翻证、对关键事实陈述暧昧时，应冷静下来使用先前证言笔录对其可信性进行弹劾，或进行诱导性询问尽可能问出公诉人希望的回答。对于询问时辩护人提出异议的，不必与辩护人争论，而应当等待审判长的指挥。

2. 询问鉴定人、有专门知识的人的询问技巧

鉴定人、有专门知识的人都具有特定领域的知识，因此，在询问上述人员前，如有可能，应当涉猎该领域的知识，以期能够理解相关知识。另外，也可以通过网络或走访了解鉴定人、有专门知识的人及其所在机构在同行中的地位及声誉，并分析鉴定人和鉴定机构是否具有法定资质。

同时，可以通过庭审前阅卷审查用于鉴定的检材的来源、取得、保管、送检过程是否符合法律及相关规定，是否存在保管链断裂的情况，鉴定用的检材与相关提取笔录、扣押物品清单中记载的内容是否相符。

就鉴定意见本身而言，应当查看鉴定意见中是否注明鉴定的事由、鉴定委托人、鉴定机构、鉴定要求、鉴定过程、鉴定方法、鉴定日期等相关内容，是否由鉴定机构加盖司法鉴定专用章并由鉴定人签名、盖章等事项。

在当庭向鉴定人发问时，应当明确鉴定人是否与本案当事人存在特殊关系，是否应当回避等。

第三节　言词原则的配套措施

与言词原则贯彻相关的配套措施包括完善现有人证保护制度和证人补偿制

度等。其中前者可以免除人证出庭作证的后顾之忧,后者可以为人证出庭作证提供正向激励。

一、完善人证保护制度

《刑事诉讼法》第 64 条规定了人证保护制度。据此,我国人证保护制度保护的对象是证人、鉴定人、被害人本人或者其近亲属。人证保护的机关为人民法院、人民检察院和公安机关。人证保护的保护措施包括不公开个人信息、采取隐匿方式出庭作证、禁止特定人员接触、专门性保护措施及其他必要的保护措施等。在证人保护制度启动程序问题上,在保护对象的人身安全面临危险时,公安司法机关既可以依保护对象申请,也可以依职权启动证人保护程序。

可以说,《刑事诉讼法》现有规定初步建立了一套较为完整的人证保护制度框架,但目前的人证保护制度仍存在需要改进之处。

首先,保护对象范围过窄。现有的保护对象系证人、鉴定人、被害人本人或者其近亲属。将保护范围限于人证本人或者其近亲属,而不包括那些与证人有密切关系之人,有过窄之嫌。事实上,对上述两类的打击报复对证人的打击效果大体相同。[1] 考虑到人证也未必与自己近亲属关系密切,由此造成法律保护之人与实际应保护之人的脱节,从比较法角度,德国、加拿大、南非及我国台湾地区、香港地区都一致将证人保护对象规定为证人及与其关系密切的利害关系人。

其次,缺乏独立的人证保护执行机关。《刑事诉讼法》规定证人保护的机关为人民法院、人民检察院和公安机关,但并未将具体责任进行明确分工,也没有规定在诉讼中具体的衔接机制。由于没有独立的执行机关,造成有保护职责的公安司法机关之间,在具体执行过程中,每个机关基于冗杂的机关结构及不愿意承担风险的心理,都不愿意保护人证。由此,"大家负责"等于"无人负责"。[2]

最后,保护措施不完备。《刑事诉讼法》规定的保护措施都是针对人证人身

---

〔1〕 参见孙南申、彭岳:《证人保护制度构建之法律思考》,载《复旦学报》(社会科学版)2008 年第 1 期。

〔2〕 参见何家弘:《证人制度研究》,人民法院出版社 2004 年版,第 46 页。

安全予以保护的措施。《刑事诉讼法》规定了四项具体保护措施。[1] 这一规定存在两方面的不足。其一,司法实践中存在广泛的"非人身性"报复措施,如破坏财产、败坏名誉、影响工作等。可以说,对具体的人而言,有时针对财产或名誉方面报复造成的损害未必小于针对人身的报复。其二,保护措施欠缺系统而有效的后续保障机制。上述保障措施都是诉讼中的保障。一旦案结事了,人证就无法再享受来自公权力机关的保护。这使得证人可能存在"后顾之忧",影响证人出庭作证的积极性。

综上所述,有必要针对上述问题对我国人证保护制度予以完善。应当扩大保护对象范围,将与人证有密切关系之人也列为保护对象。至于在具体案件中谁与人证有密切关系,应当视案情而定。应当建立专门负责证人保护的机关。当然,鉴于另辟蹊径组建新机关的工作耗时较长,考虑到当下司法财政紧缺的实际情况,可以从公安机关内部成立新的部门,专门负责人证保护工作。这样可以在尽量短的时间内开展人证保护工作,让整个人证保护制度运转起来。并且由于公安机关肩负治安管理和刑事案件侦破的双重职责,对人证面临的危险最为了解,且在装备、技术、人力、管辖方面具有其他机关不可比拟的优势。应当将证人财产损失、精神损失补偿也作为保护措施。同时为了防止人证在审判后被报复,应当将提供临时安全屋及变更人证住所、变更保护对象身份也作为保护措施。

另外,完善人证保护程序规定,确保人证保护程序具备可操作性,也是需要重点论述的问题。具体而言,一个完整的人证保护程序应当包括程序启动、危险评估及保护计划制订、保护计划实施、保护计划终止等方面。目前,《刑事诉讼法》明确规定人证保护计划既可以依职权开启,也可以依人证申请开启。这一规定应当继续维持。在启动后,负责人证保护的机关应当评估证人面临的危险程度。在评估时,可以考虑案件涉及犯罪的严重程度、人证在指控犯罪中的重要程度、保护对象面临危险的可能性、保护对象面临危险的严重性等因素。在评估保护对象危

---

〔1〕《刑事诉讼法》第 64 条第 1 款规定:"对于危害国家安全犯罪、恐怖活动犯罪、黑社会性质的组织犯罪、毒品犯罪等案件,证人、鉴定人、被害人因在诉讼中作证,本人或者其近亲属的人身安全面临危险的,人民法院、人民检察院和公安机关应当采取以下一项或者多项保护措施:(一)不公开真实姓名、住址和工作单位等个人信息;(二)采取不暴露外貌、真实声音等出庭作证措施;(三)禁止特定的人员接触证人、鉴定人、被害人及其近亲属;(四)对人身和住宅采取专门性保护措施;(五)其他必要的保护措施。"

险严重程度后,据此根据具体案件制订保护计划。危险程度越高,保护级别应当越高。在保护计划制订好后,应当交由特定的警察执行。执行警察应当严格遵守保护计划,应当将证人安全情况及时反馈。出现下述情形时,人证保护程序终止:人证拒不出庭作证的;人证死亡的;人证危险已经消除的。

二、完善证人补偿制度

《刑事诉讼法》第65条规定了证人补偿制度,[1]但实施效果很不理想,这与现有法律规定过于粗疏有关。

就补偿对象而言,《刑事诉讼法》规定"履行了作证义务"的证人,都可以予以补助。问题在于,此种证人应当限于出庭作证的证人还是也包括在侦查、审查起诉阶段作证的证人。考虑到我国刑事诉讼采取三机关分工负责的原则,并且在侦查机关、检察机关提供证言也属于"作证",且立法并未采取"出庭作证"的措辞,可以认为在侦查、审查起诉阶段作证的证人也应当予以补助。

并非所有作证的证人都应当获得经济补偿。证人获得经济补偿应当满足三个条件:证人自愿且如实陈述;证人遭受了经济损失;证人的经济损失与作证之间存在因果关系。根据《刑事诉讼法》第193条的规定,无正当理由不出庭的证人,法院可以强制其出庭作证。被强制出庭作证的证人,是否有权获得经济补偿呢?有学者认为,只有自愿出庭的证人才应获得经济补偿,因为设立证人补偿制度的初衷就是鼓励证人出庭作证,对强制出庭作证的证人予以经济补偿违背了制度设立的初衷。[2] 也有学者认为,强制出庭作证的证人也应获得经济补偿。[3] 前一种观点更具有合理性。作证本就是公民的义务,对于不履行作证义务的公民,不仅应当强制其出庭作证,还应当让其负担由于其不作证而造成的经济损失。让其获得经济补偿于理不合。也正因如此,对于作伪证的证人也不应当获得经济补偿。证人获得经济补偿的另一个条件是证人遭受了经济损失,此种经济损失可能是为作

---

〔1〕《刑事诉讼法》第65条第1款规定:"证人因履行作证义务而支出的交通、住宿、就餐等费用,应当给予补助。证人作证的补助列入司法机关业务经费,由同级政府财政予以保障。"

〔2〕参见何家弘:《证人制度研究》,人民法院出版社2004年版,第209页。

〔3〕参见王玉国:《论我国证人经济补偿制度的构建——由"作证费"引出的法律思考》,载《宜宾学院学报》2006年第5期。

证而支出的交通费、住宿费、就餐费等费用,但不能是因作证造成的精神损失。并且,证人上述经济损失应当直接源于证人的作证行为,而非其他原因导致的损失。

根据《刑事诉讼法》第65条的规定,证人作证的补助由同级政府财政予以保障。但政府财政如何保障,法律并未明确规定。为真正将证人补偿落到实处,各级政府应当设立专项的证人基金,专款专用于证人补偿。同时,为扩大证人基金资金来源渠道,有效鼓励证人出庭,建议采取社会募捐和募集的方式对证人补偿经费予以适当的补充。[1]

证人补偿应当限于证人因作证行为导致的直接经济损失。对于餐饮费而言,不宜以证人实际消费为准计算。一方面,按实际消费计算容易导致证人奢侈之风,浪费国家资源;另一方面,有些餐饮费无法提供发票,很难精确计算。可行的办法是结合当地大众平均日常饮食的花费标准,制定餐饮费补偿标准,并按日计算。对于住宿费而言,同样基于上述考虑,也应当制定统一标准。具体可以参考当地普通公务员的出差的日住宿费用基本标准对证人进行补偿。对于交通费而言,补偿标准应以证人住所地到要求出庭的司法机关之间最直接路径乘坐的公共交通工具所花费的费用为基准。[2] 需要注意的是,办案人员在向证人邮寄传票时,应当事先告知证人最直接的路径为何。另外,在该最直接路径中,需要乘坐飞机或火车的,应当以邮寄传票时中等价位的机票及火车票价格为准。在具体案件中,补偿标准也应事先告知证人。当然,如果开庭时间急迫,需要证人尽快出庭,可以允许证人超出本标准。对于无固定工作的证人,应当由国家补偿其误工费。考虑到此类证人没有固定工作,收入不稳定,故应当制定统一补偿标准。据此,无固定工作的证人误工费的计算标准应当是该省级行政区域上年度平均工资标准。

公安司法机关的办案人员应当负责审查证人提交的补偿申请、计算补偿费用,并在证人作证之日后5个工作日交由本机关的财务部门发放经济补偿。财物部门应当在证人作证之日后10个工作日内将证人经济补偿给付给证人。对于因经济困难需要预支的证人,在证人提出预支申请后,公安司法机关的办案人员应当审查并决定是否预支。对于决定预支的,由办案人员联系该机关财务部门预

---

〔1〕 参见陈彬等:《刑事被害人救济制度研究》,法律出版社2009年版,第182页。

〔2〕 参见何家弘:《证人制度研究》,人民法院出版社2004年版,第212页。

支,并在开庭前支付给证人。支付可以采取灵活方式。对于支付后,发现证人不应享有经济补偿的情形,公安司法机关应当追回经济补偿。应当追回经济补偿的情形包括:预支经济补偿后证人拒绝作证或法院强制其出庭作证的;证人作伪证的;支付的经济补偿超出证人实际损失的;重复支付经济补偿的;其他应当追回经济补偿的情形。

结　　语

言词原则是大陆法系的舶来品，其在中国的命运可谓几经曲折，至今仍未获得法典给予的正式“名分”。名不正则言不顺，法典中“名分”的缺失阻碍了国内学者对言词原则研究的步伐，以至于相当一部分对此问题的研究成果仍是对日本和我国台湾地区学者研究成果的二次咀嚼。言不顺则事不成，对言词原则有意无意的轻视、漠视，使我国司法实践长期在言词原则的对立面上裹足不前。

历史的大势从来都不以人的意志为转移。即使前进中有曲折，但进步的车轮终会在时空大道上滚滚向前。

在科技昌明、人权彰显的中国，刑事诉讼的大势就是给予参与诉讼的人以人所应有的尊重，就是国家对人的基本权利予以保障。在这样的宏观背景下，计划经济时代临摹苏联建立的旧有的诉讼制度，要么进行“用户友好型”改革，要么就要被“卸载”，黯然退出历史舞台。

在信息爆炸、沟通便捷的世界，刑事诉讼的大势就是大陆法系与英美法系刑事诉讼之间向“中间位置”缓慢融合的趋势。在这一融合过程中，言词的对抗制程序与书面的审问制程序都从对方各取所需，两大法系之间的鸿沟正在加速闭合。在这种缓慢的融合趋势下，不同法系国家之间借鉴对方的规则会越来越频繁，最终达到一个“中间位置”。

在构建适合中国的言词原则时，既要考虑中国的大势，也要考虑世界的大势,并在二者之间寻找一个平衡点。这一工作绝非一人可以完成。本书的研究也仅是对此问题的一次稚嫩的尝试。限于篇幅和能力,对与言词原则相关的许多问题笔者仍未敢涉足。诸如言词原则与传闻规则之间的深层关系、大陆法系言词原则的实践情况、言词原则在德法等国的最新发展趋势、中国贯彻言词原则的实证分析、构建言词原则可能遇到的阻力等问题,在本书的论述中要么蜻蜓点水、一笔带过,要么根本未予论述。

综上所述,笔者对言词原则的研究,难免挂一漏万,唯希望可起抛砖引玉之效果,做后来研究者的一块垫脚石。

附录：本书参考的北大法宝案例摘要

一、证人出庭案例摘要

案号	案件类型	申请证人出庭主体	当庭证言作用	法院决定	证人经传唤后是否出庭	法院对证据态度
(2012)安刑初字第424号	盗窃案	辩护人	无罪证据(不在场)	同意	出庭	辩方证人出庭,当庭证言未被采纳
(2012)鼓刑初字第106号	故意伤害案	被告人	无关联性证据	同意	出庭	辩方证人出庭,当庭证言未被采纳
(2012)嘉平刑初字第962号	诈骗、伪造国家机关证件案	法院	减刑证据(数额)	依职权	出庭	控方证人出庭,当庭证言与书面证言一致,被采纳
(2012)京刑初字第248号	受贿案	辩护人	有罪证据(直接证据)	同意	出庭	控方证人当庭翻证,后又改变证言。最终当庭证言与书面证言一致,被采纳
(2012)乐刑初字第195号	交通肇事案	附带民事诉讼原告	加刑证据(赔偿数额)	同意	出庭	附带原告证人出庭,当庭证言未被采纳

续表

案号	案件类型	申请证人出庭主体	当庭证言作用	法院决定	证人经传唤后是否出庭	法院对证据态度
(2012)丽莲刑初字第667号	滥用职权、受贿案	辩护人	是否非法证据	变通	—	证人不出庭时法院变通措施
(2012)穗中法刑二初字第186号	诈骗案	辩护人	无关联性证据	不同意	—	证人出庭必要性问题
(2012)玄刑初字第495号	受贿案	公诉人	有罪证据(直接证据)	同意	出庭	控方证人出庭,当庭证言与书面证言一致,被采纳
(2012)宜刑初字第195号	挪用公款、职务侵占案	辩护人	减刑证据(数额)	同意	出庭	辩方证人出庭,当庭证言被采。且证人与书证印证
(2012)鱼刑初字第487号	故意伤害案	辩护人	无罪证据(不在场)	同意	出庭	辩方证人出庭,当庭证言未被采纳
(2012)沅刑初字第189号	组织卖淫案	辩护人	有罪证据(直接证据)	同意	出庭	控方证人出庭,当庭证言与书面证言一致,被采纳
(2012)舟岱刑初字第140号	寻衅滋事案	附带民事诉讼原告	加刑证据(赔偿数额)	同意	出庭	附带原告证人出庭,当庭证言未被采纳

续表

案号	案件类型	申请证人出庭主体	当庭证言作用	法院决定	证人经传唤后是否出庭	法院对证据态度
(2013)阿左刑一初字第114号	交通肇事案	附带民事诉讼被告	减刑证据(赔偿数额)	同意	出庭	附带被告证人出庭,当庭证言未被采纳
(2013)安刑初字第126号	非法处置查封、扣押的财产案	公诉人	有罪证据(直接证据)	同意	出庭	控方证人出庭,当庭证言与书面证言一致,被采纳
(2013)安刑初字第33号	故意毁坏财物案	辩护人	无罪证据(正当防卫)	同意	出庭	辩方证人出庭,当庭证言未被采纳
(2013)安刑初字第579号	生产、销售伪劣产品、销售伪劣产品案	辩护人	减刑证据(被害人过错)	不同意	—	证人出庭必要性问题
(2013)安刑二初字第0091号	受贿、滥用职权案	辩护人	有罪证据(直接证据)	同意	未出庭	控方证人未出庭,书面证言被采纳
(2013)安刑二初字第0118号	受贿案	辩护人	是否非法证据	同意	未出庭	控方证人未出庭,书面证言被采纳
(2013)鞍千刑初字第56号	抢劫、故意伤害、寻衅滋事案	辩护人	有罪证据(直接证据)	同意	出庭	控方证人当庭翻证,书面证言被采纳
(2013)拜刑初字第4号	非法占用农用地、诈骗案	辩护人	有罪证据(直接证据)	同意	出庭	控方证人当庭翻证,书面证言被采纳

续表

案号	案件类型	申请证人出庭主体	当庭证言作用	法院决定	证人经传唤后是否出庭	法院对证据态度
(2013)拜刑初字第4号	非法占用农用地、诈骗案	辩护人	有罪证据(直接证据)	同意	出庭	控方证人出庭,当庭证言与书面证言一致,被采纳
(2013)蚌山刑初字第00316号	聚众扰乱公共场所秩序案	辩护人	有罪证据(直接证据)	同意	未出庭	控方证人未出庭,书面证言被采纳
(2013)宾刑初字第192号	危险物品肇事案	被告人	有罪证据(直接证据)	同意	出庭	辩方证人出庭,当庭证言被采。但未影响定罪量刑
(2013)博刑初字第254号	寻衅滋事案	被告人	无罪证据(不构成犯罪)	同意	出庭	辩方证人出庭,当庭证言未被采纳
(2013)博刑初字第433号	故意伤害案	辩护人	减刑证据(被害人过错)	同意	出庭	辩方证人出庭,当庭证言未被采纳
(2013)成刑初字第152号	贩卖、制造毒品案	辩护人	无关联性证据	同意	出庭	辩方证人出庭,当庭证言未被采纳
(2013)城刑初字第7号	受贿案	辩护人	减刑证据(数额)	同意	出庭	控方证人当庭翻证,书面证言被采纳
(2013)磁刑初字第101号	交通肇事案	附带民事诉讼原告	加刑证据(数额)	同意	出庭	附带原告证人出庭,当庭证言被采纳

续表

案号	案件类型	申请证人出庭主体	当庭证言作用	法院决定	证人经传唤后是否出庭	法院对证据态度
(2013)大铁刑初字第17号	受贿案	辩护人	有罪证据(直接证据)	不同意	—	证人出庭必要性问题
(2013)大刑二初字第0168号	受贿、滥用职权案	辩护人	是否非法证据	不同意	—	证人出庭必要性问题
(2013)登刑初字第219号	诈骗案	被害人	加刑证据(数额)	不同意	—	被害人证人出庭,当庭证言未被采纳
(2013)邓刑初字第578号	贪污案	辩护人	减刑证据(数额)	同意	出庭	辩方证人出庭,当庭证言未被采纳
(2013)定刑初字第48号	贪污案	辩护人	无罪证据(不在场)	同意	出庭	辩方证人出庭,当庭证言未被采纳
(2013)东二法刑初字第918号	故意伤害案	辩护人	减刑证据(自首)	同意	出庭	辩方证人出庭,当庭证言未被采纳
(2013)东刑初字第00162号	受贿案	被告人和辩护人	减刑证据(数额)	同意	出庭	辩方证人出庭,当庭证言被采纳
(2013)东刑公初字第145号	故意伤害、窝藏案	辩护人	有罪证据(直接证据)	同意	出庭	控方证人出庭,当庭证言与书面证言一致,被采纳

续表

案号	案件类型	申请证人出庭主体	当庭证言作用	法院决定	证人经传唤后是否出庭	法院对证据态度
(2013)洞刑初字第182号	受贿案	被告人和辩护人	减刑证据(数额)	同意	出庭	控方证人当庭翻证,书面证言被采纳
(2013)洞刑初字第259号	滥用职权、受贿案	辩护人	减刑证据(数额)	同意	出庭	辩方证人出庭,当庭证言被采纳
(2013)鄂洪湖刑初字第00120号	受贿案	被告人和辩护人	加刑证据(数额)	同意	未出庭	控方证人未出庭,书面证言未被采纳
(2013)鄂梁子湖刑初字第00048号	贪污案	公诉人	有罪证据(直接证据)	同意	出庭	控方证人出庭,当庭证言与书面证言一致,被采纳
(2013)鄂随县刑初字第00269号	挪用公款案	公诉人	有罪证据(直接证据)	同意	出庭	控方证人出庭,当庭证言与书面证言一致,被采纳
(2013)鄂咸安刑初字第00179号	破坏生产经营案	辩护人	无关联性证据	同意	出庭	辩方证人出庭,当庭证言被采。但未影响定罪量刑
(2013)鄂襄城刑初字第00156号	玩忽职守案	辩护人	无罪证据(不构成犯罪)	同意	出庭	辩方证人出庭,当庭证言未被采纳
(2013)鄂钟祥刑初字第00211号	滥用职权、受贿案	辩护人	有罪证据(直接证据)	同意	未出庭	控方证人未出庭,书面证言被采纳

续表

案号	案件类型	申请证人出庭主体	当庭证言作用	法院决定	证人经传唤后是否出庭	法院对证据态度
(2013)鄂竹溪刑初字第00093号	交通肇事案	附带民事诉讼原告	加刑证据(车速)	同意	出庭	附带原告证人出庭,当庭证言未被采纳
(2013)方刑初字第31号	开设赌场案	辩护人	是否非法证据	不同意	—	证人出庭必要性问题
(2013)费刑初字第311号	受贿案	辩护人	有罪证据(直接证据)	同意	出庭	控方证人出庭,当庭证言与书面证言一致,被采纳
(2013)奉刑初字第1371号	寻衅滋事案	辩护人	无罪证据(不在场)	同意	出庭	辩方证人出庭,当庭证言未被采纳
(2013)奉刑初字第1420号	滥用职权案	辩护人	无罪证据(不构成犯罪)	同意	出庭	辩方证人出庭,当庭证言未被采纳
(2013)佛城法刑初字第367号	非法吸收公众存款案	辩护人	有罪证据(直接证据)	同意	出庭	控方证人出庭,当庭证言与书面证言一致,被采纳
(2013)扶刑初字第102号	受贿案	被告人	无关联性证据	同意	出庭	辩方证人出庭,当庭证言未被采纳
(2013)府刑初字第00229号	受贿案	被告人	减刑证据(数额)	同意	出庭	辩方证人出庭,当庭证言被采纳

续表

案号	案件类型	申请证人出庭主体	当庭证言作用	法院决定	证人经传唤后是否出庭	法院对证据态度
(2013)阜刑初字第0283号	容留他人吸毒案	辩护人	无关联性证据	同意	出庭	辩方证人出庭,当庭证言未被采纳
(2013)鼓刑初字第63号	故意伤害案	公诉人	有罪证据(直接证据)	同意	出庭	控方证人出庭,当庭证言与书面证言一致,被采纳
(2013)固刑初字第84号	故意伤害案	辩护人	有罪证据(直接证据)	同意	未出庭	控方证人未出庭,书面证言被采纳
(2013)海刑初字第2614号	诈骗案	公诉人	有罪证据(直接证据)	同意	出庭	控方证人出庭,当庭证言与书面证言一致,被采纳
(2013)杭经开刑初字第138号	贩卖毒品案	辩护人	有罪证据(直接证据)	同意	出庭	控方证人当庭翻证,书面证言被采纳
(2013)杭上刑初字第607号	故意伤害案	辩护人	减刑证据(认罪态度)	同意	出庭	辩方证人出庭,当庭证言被采纳
(2013)杭西刑初字第792号	受贿案	辩护人	减刑证据(数额)	同意	出庭	控方证人当庭翻证,当庭证言被采。且有其他证人当庭证言印证

续表

案号	案件类型	申请证人出庭主体	当庭证言作用	法院决定	证人经传唤后是否出庭	法院对证据态度
(2013)杭萧刑初字第574号	开设赌场案	被告人	无罪证据(未参与犯罪)	同意	出庭	控方证人当庭翻证,书面证言被采纳
(2013)杭萧刑初字第574号	开设赌场案	被告人	无罪证据(未参与犯罪)	同意	出庭	控方证人当庭翻证,当庭证言与书面证据都未被采纳
(2013)杭余刑初字第314号	敲诈勒索案	被告人	有罪证据(直接证据)	不同意	—	证人出庭必要性问题
(2013)荷刑初字第198号	贩卖毒品案	被告人	减刑证据(贩毒次数)	同意	出庭	辩方证人出庭,当庭证言被采纳,但未影响定罪量刑
(2013)赫刑初字第721号	隐匿会计凭证、会计账簿、财务会计报告案	辩护人	有罪证据(直接证据)	同意	出庭	控方证人出庭,当庭证言与书面证言一致,被采纳
(2013)鹤山刑初字第13号	受贿案	被告人和辩护人	无关联性证据	同意	出庭	辩方证人出庭,当庭证言未被采纳
(2013)衡中法刑二初字第6号	诈骗案	未申请	无关联性证据	同意	未出庭	辩方证人未出庭,书面证言未被采纳

续表

案号	案件类型	申请证人出庭主体	当庭证言作用	法院决定	证人经传唤后是否出庭	法院对证据态度
(2013)红刑初字第105号	诈骗、伪造国家机关公文证件、伪造企业印章案	辩护人	减刑证据(被害人谅解)	同意	出庭	辩方证人出庭，当庭证言被采纳
(2013)虹刑初字第258号	故意伤害案	公诉人	有罪证据(直接证据)	同意	出庭	控方证人出庭，当庭证言与书面证言一致，被采纳
(2013)虹刑初字第708号	合同诈骗案	辩护人	减刑证据(数额)	同意	出庭	辩方证人出庭，当庭证言未被采纳
(2013)湖刑初字第387号	受贿案	被告人	减刑证据(自首)	同意	出庭	辩方证人出庭，当庭证言未被采纳
(2013)湖长刑初字第394号	故意伤害案	辩护人	有罪证据(直接证据)	同意	出庭	辩方证人出庭，当庭证言被采。但未影响定罪量刑
(2013)户刑初字第00063号	受贿案	辩护人	减刑证据(数额)	同意	出庭	控方证人当庭翻证，当庭证言被采纳
(2013)滑刑初字第321号	故意伤害案	被告人	有罪证据(直接证据)	同意	未出庭	控方证人未出庭，书面证言被采纳

续表

案号	案件类型	申请证人出庭主体	当庭证言作用	法院决定	证人经传唤后是否出庭	法院对证据态度
(2013)黄浦刑初字第331号	盗窃案	公诉人	有罪证据(直接证据)	同意	出庭	控方证人出庭,当庭证言与书面证言一致,被采纳
(2013)黄浦刑初字第609号	职务侵占案	辩护人	减刑证据(自首)	同意	出庭	辩方证人出庭,当庭证言被采。有利被告原则
(2013)辉刑初字第242号	挪用公款、贪污案	辩护人	无关联性证据	同意	出庭	辩方证人出庭,当庭证言未被采纳
(2013)辉刑初字第5号	寻衅滋事案	辩护人	无罪证据(不构成犯罪)	同意	出庭	辩方证人出庭,当庭证言未被采纳
(2013)吉丰刑初字第135号	故意伤害案	附带民事诉讼被告	减刑证据(赔偿数额)	同意	出庭	附带被告证人出庭,当庭证言未被采纳
(2013)佳刑初字第00070号	诈骗案	公诉人	有罪证据(直接证据)	同意	出庭	控方证人出庭,当庭证言与书面证言一致,被采纳
(2013)嘉海刑初字第856号	受贿案	辩护人	减刑证据(数额)	同意	出庭	辩方证人出庭,当庭证言被采纳,且证人与被告人辩解印证

续表

案号	案件类型	申请证人出庭主体	当庭证言作用	法院决定	证人经传唤后是否出庭	法院对证据态度
(2013)嘉平刑初字第781号	滥用职权、受贿案	辩护人	减刑证据(数额)	同意	出庭	辩方证人出庭,当庭证言未被采纳
(2013)嘉盐刑初字第191号	受贿案	公诉人	有罪证据(直接证据)	同意	出庭	控方证人出庭,当庭证言与书面证言一致,被采纳
(2013)江刑初字第217号	敲诈勒索案	被告人	无罪证据(不构成犯罪)	同意	出庭	辩方证人出庭,当庭证言未被采纳
(2013)江阳刑初字第272号	受贿案	被告人	减刑证据(数额)	同意	出庭	辩方证人出庭,当庭证言被采纳
(2013)江中法刑二初字第32号	受贿案	法院	是否非法证据	同意	出庭	控方证人出庭,当庭证言与书面证言一致,被采纳
(2013)金刑初字第42号	贪污案	被告人	减刑证据(自首)	同意	出庭	辩方证人出庭,当庭证言被采纳
(2013)金义刑初字第139号	受贿案	辩护人	有罪证据(直接证据)	同意	未出庭	控方证人未出庭,书面证言被采纳

续表

案号	案件类型	申请证人出庭主体	当庭证言作用	法院决定	证人经传唤后是否出庭	法院对证据态度
(2013)津刑初字第103号	贩卖毒品案	辩护人	有罪证据(直接证据)	同意	出庭	控方证人当庭翻证,书面证言被采纳
(2013)锦江刑初字第620号	故意伤害案	辩护人	有罪证据(直接证据)	同意	出庭	辩方证人出庭,当庭证言被采纳,但未影响定罪量刑
(2013)泾刑初字第00095号	受贿案	被告人	有罪证据(直接证据)	变通	—	证人不出庭时法院变通措施
(2013)靖刑初字第246号	受贿案	辩护人	有罪证据(直接证据)	同意	未出庭	控方证人未出庭,书面证言被采纳
(2013)九法刑初字第01366号	故意伤害案	被害人代理人	加刑证据(被害人无过错)	同意	出庭	被害人证人出庭,当庭证言被采纳
(2013)君刑初字第34号	受贿案	被告人	减刑证据(数额)	同意	出庭	控方证人当庭翻证,书面证言被采纳
(2013)昆刑初字第467号	受贿案	辩护人	无关联性证据	同意	出庭	辩方证人出庭,当庭证言未被采纳
(2013)醴法刑初字第225号	受贿案	被告人和辩护人	减刑证据(数额)	不同意	—	证人出庭必要性问题

续表

案号	案件类型	申请证人出庭主体	当庭证言作用	法院决定	证人经传唤后是否出庭	法院对证据态度
(2013)历刑初字第385号	贪污、受贿案	被告人	减刑证据(数额)	同意	出庭	控方证人出庭,当庭证言与书面证言一致,被采纳
(2013)连刑初字第330号	职务侵占案	公诉人	有罪证据(直接证据)	同意	出庭	控方证人出庭,当庭证言与书面证言一致,被采纳
(2013)涟刑初字第0056号	受贿案	辩护人	减刑证据(数额)	同意	出庭	辩方证人出庭,当庭证言未被采纳。印证原则
(2013)辽刑重初字第5号	贪污案	辩护人	有罪证据(直接证据)	不同意	—	证人出庭必要性问题
(2013)临刑初字第2号	故意伤害案	被告人	无罪证据(被害人自伤)	同意	出庭	辩方证人出庭,当庭证言未被采纳
(2013)临刑初字第2号	故意伤害案	被告人	无罪证据(被害人自伤)	同意	出庭	控方证人当庭翻证,书面证言被采纳
(2013)陵刑初字第38号	故意伤害案	辩护人	有罪证据(直接证据)	不同意	—	证人出庭必要性问题
(2013)龙刑初字第195号	私分国有资产案	被告人和辩护人	有罪证据(直接证据)	同意	出庭	辩方证人出庭,当庭证言被采纳,但未影响定罪量刑

续表

案号	案件类型	申请证人出庭主体	当庭证言作用	法院决定	证人经传唤后是否出庭	法院对证据态度
(2013)龙刑初字第498号	非法拘禁案	法院	无罪证据(不构成犯罪)	同意	未出庭	控方证人未出庭,书面证言未被采纳
(2013)隆刑初字第233号	受贿案	辩护人	是否非法证据	同意	出庭	控方证人当庭翻证,当庭证言被采。且书面证言为瑕疵证据
(2013)隆刑初字第57号	诈骗案	公诉人	有罪证据(直接证据)	同意	出庭	控方证人出庭,当庭证言与书面证言一致,被采纳
(2013)楼刑二初字第40号	受贿案	辩护人	有罪证据(直接证据)	同意	未出庭	控方证人未出庭,书面证言被采纳
(2013)泸泸刑初字第152号	故意伤害案	辩护人	无罪证据(不在场)	同意	出庭	辩方证人出庭,当庭证言未被采纳
(2013)罗刑初字第112号	滥用职权案	未申请	减刑证据(数额)	同意	未出庭	辩方证人未出庭,书面证言未被采纳
(2013)罗刑初字第9号	故意伤害案	辩护人	无罪证据(未实施犯罪)	同意	出庭	控方证人当庭翻证,书面证言被采纳

续表

案号	案件类型	申请证人出庭主体	当庭证言作用	法院决定	证人经传唤后是否出庭	法院对证据态度
(2013)马刑初字第119号	受贿案	辩护人	减刑证据(数额)	同意	出庭	辩方证人出庭,当庭证言未被采纳
(2013)马刑初字第40号	职务侵占、掩饰、隐瞒犯罪所得、犯罪所得收益案	辩护人	有罪证据(直接证据)	不同意	—	证人出庭必要性问题
(2013)泌刑初字第216号	交通肇事案	未申请	判决书未涉及	同意	未出庭	辩方证人未出庭,书面证言未被采纳
(2013)泌刑重初字第00006号	交通肇事案	辩护人	无罪证据(未实施犯罪)	同意	出庭	辩方证人出庭,当庭证言未被采纳
(2013)绵刑初字第22号	贩卖、运输毒品案	辩护人	减刑证据(特殊身份)	同意	出庭	辩方证人出庭,当庭证言被采。证人特殊身份(警察)
(2013)乃刑初字第16号	容留他人吸毒案	辩护人	无关联性证据	同意	出庭	辩方证人出庭,当庭证言被采。但未影响定罪量刑
(2013)南召刑初字第111号	受贿案	辩护人	减刑证据(数额)	同意	出庭	控方证人当庭翻证,书面证言被采纳

续表

案号	案件类型	申请证人出庭主体	当庭证言作用	法院决定	证人经传唤后是否出庭	法院对证据态度
(2013)内东刑初字第153号	受贿案	辩护人	无罪证据(未实施犯罪)	同意	出庭	控方证人当庭翻证,当庭证言被采纳
(2013)内刑初字第334号	玩忽职守、故意杀人、故意伤害案	被告人	有罪证据(直接证据)	同意	未出庭	控方证人未出庭,书面证言未被采纳
(2013)内刑初字第60号	非法制造、买卖爆炸物、非法买卖爆炸物、非法运输爆炸物案	被告人	无罪证据(无犯罪故意)	同意	未出庭	辩方证人未出庭,书面证言未被采纳
(2013)浦刑初字第3707号	逃税案	辩护人	有罪证据(直接证据)	同意	出庭	控方证人出庭,当庭证言与书面证言一致,被采纳
(2013)迁刑初字第54号	受贿案	被告人	无关联性证据	同意	出庭	辩方证人出庭,当庭证言未被采纳
(2013)迁刑初字第81号	交通肇事案	辩护人	无罪证据(未实施犯罪)	同意	出庭	辩方证人出庭,当庭证言未被采纳
(2013)秦刑初字第15号	故意伤害案	辩护人	判决书未涉及	同意	出庭	控方证人当庭翻证,书面证言被采纳

续表

案号	案件类型	申请证人出庭主体	当庭证言作用	法院决定	证人经传唤后是否出庭	法院对证据态度
(2013)秦刑初字第60号	贩卖毒品案	辩护人	有罪证据(直接证据)	变通	—	证人不出庭时法院变通措施
(2013)沁刑初字第00081号	危险驾驶案	被告人	无罪证据(不构成犯罪)	不同意	—	证人出庭必要性问题
(2013)青神刑初字第75号	受贿、徇私枉法案	被告人和辩护人	有罪证据(直接证据)	不同意	—	证人出庭必要性问题
(2013)青刑初字第164号	诈骗案	辩护人	无关联性证据	同意	出庭	辩方证人出庭,当庭证言未被采纳
(2013)清刑初字第82号	保险诈骗、危险驾驶案	辩护人	无关联性证据	同意	出庭	辩方证人出庭,当庭证言未被采纳
(2013)全刑初字第00060号	受贿、滥用职权案	辩护人	有罪证据(直接证据)	不同意	—	证人出庭必要性问题
(2013)沙法刑初字第00949号	盗窃案	公诉人	有罪证据(销赃)	同意	出庭	控方证人出庭,当庭证言与书面证言一致,被采纳
(2013)商睢区刑初字第214号	故意伤害案	被告人	无关联性证据	同意	出庭	辩方证人出庭,当庭证言未被采纳

续表

案号	案件类型	申请证人出庭主体	当庭证言作用	法院决定	证人经传唤后是否出庭	法院对证据态度
(2013)商刑初字第168号	贪污、受贿案	公诉人	有罪证据(直接证据)	同意	出庭	控方证人出庭,当庭证言与书面证言一致,未被采纳
(2013)绍诸刑初字第1164号	受贿、职务侵占案	辩护人	有罪证据(直接证据)	不同意	—	证人出庭必要性问题
(2013)绍诸刑初字第508号	故意伤害、聚众扰乱社会秩序案	辩护人	无关联性证据	不同意	—	辩方证人未出庭,书面证言未被采纳。证人出庭必要性问题
(2013)涉刑初字第32号	非国家工作人员受贿案	辩护人	减刑证据(数额)	同意	出庭	控方证人当庭翻证,当庭证言被采。且证人当庭证言印证
(2013)莘刑初字第148号	故意伤害案	辩护人	减刑证据(被害人过错)	同意	出庭	辩方证人出庭,当庭证言被采纳
(2013)深南法刑初字第693号	盗窃、掩饰、隐瞒犯罪所得案	公诉人	有罪证据(销赃)	同意	出庭	控方证人出庭,当庭证言与书面证言一致,被采纳
(2013)深南法刑初字第957号	故意伤害案	被告人和辩护人	判决书未涉及	同意	出庭	控方证人出庭,当庭证言与书面证言一致,被采纳

续表

案号	案件类型	申请证人出庭主体	当庭证言作用	法院决定	证人经传唤后是否出庭	法院对证据态度
(2013)沈中刑三初字第4号	合同诈骗、诈骗、票据诈骗案	辩护人	减刑证据(数额)	同意	出庭	辩方证人出庭,当庭证言被采纳
(2013)沈中刑一初字第169号	故意伤害案	附带民事诉讼原告	加刑证据(被害人无过错)	同意	出庭	附带原告证人出庭,当庭证言未被采纳
(2013)石法刑初字第00227号	盗窃案	辩护人	有罪证据(销赃)	同意	出庭	控方证人当庭翻证,后又改变证言。最终当庭证言与书面证言一致,被采纳
(2013)双滦刑初字第73号	交通肇事案	附带民事诉讼原告	加刑证据(赔偿数额)	同意	出庭	附带原告证人出庭,当庭证言被采纳
(2013)双刑初字第125号	贪污、受贿案	被告人	减刑证据(数额)	同意	出庭	辩方证人出庭,当庭证言被采。有利被告原则
(2013)松刑初字第00096号	受贿案	被告人	有罪证据(直接证据)	同意	出庭	控方证人当庭翻证,书面证言被采纳
(2013)穗黄法刑初字第100号	交通肇事案	辩护人	减刑证据(未逃逸)	同意	出庭	辩方证人出庭,当庭证言被采纳

续表

案号	案件类型	申请证人出庭主体	当庭证言作用	法院决定	证人经传唤后是否出庭	法院对证据态度
(2013)穗南法刑初字第157号	破坏电力设备案	辩护人	无罪证据(不在场)	同意	出庭	辩方证人出庭,当庭证言未被采纳
(2013)穗云法刑初字第2496号	寻衅滋事、抢夺案	辩护人	无罪证据(不在场)	同意	出庭	辩方证人出庭,当庭证言未被采纳
(2013)穗增法刑初字第1009号	受贿、行贿案	辩护人	无关联性证据	同意	出庭	辩方证人出庭,当庭证言未被采纳
(2013)穗中法刑一初字第272号	非法持有毒品案	辩护人	无罪证据(不构成贩卖)	同意	出庭	控方证人当庭翻证,当庭证言被采,改变罪名
(2013)台椒刑初字第951号	受贿案	辩护人	有罪证据(直接证据)	同意	未出庭	控方证人未出庭,书面证言被采纳
(2013)台仙刑初字第307号	受贿案	辩护人	有罪证据(直接证据)	同意	未出庭	控方证人未出庭,书面证言被采纳
(2013)泰海刑初字第91号	生产、销售有毒、有害食品案	辩护人	有罪证据(直接证据)	同意	未出庭	控方证人未出庭,书面证言被采纳
(2013)泰靖刑初字第39号	利用邪教组织破坏法律实施案	被告人	无关联性证据	不同意	—	证人出庭必要性问题

续表

案号	案件类型	申请证人出庭主体	当庭证言作用	法院决定	证人经传唤后是否出庭	法院对证据态度
(2013)覃刑初字第16号	滥伐林木案	被告人	有罪证据(直接证据)	不同意	—	证人出庭必要性问题
(2013)唐刑初字第501号	贪污、受贿案	辩护人	减刑证据(数额)	同意	出庭	辩方证人出庭,当庭证言未被采纳
(2013)桃刑初字第40号	非法吸收公众存款案	辩护人	无罪证据(无犯罪故意)	同意	出庭	控方证人当庭翻证,书面证言被采纳
(2013)桃刑初字第51号	贩卖毒品案	辩护人	有罪证据(直接证据)	同意	未出庭	控方证人未出庭,书面证言被采纳
(2013)天刑初字第349号	贩卖毒品案	辩护人	无罪证据(未实施犯罪)	同意	出庭	控方证人当庭翻证,当庭证言被采纳
(2013)天刑初字第52号	非法采矿案	未申请	无关联性证据	同意	未出庭	辩方证人未出庭,书面证言未被采纳
(2013)桐刑初字第244号	受贿、寻衅滋事案	辩护人	减刑证据(数额)	同意	出庭	辩方证人出庭,当庭证言被采纳,且证据间印证
(2013)望刑初字第00233号	受贿案	辩护人	减刑证据(数额)	同意	出庭	控方证人当庭翻证,当庭证言被采纳

续表

案号	案件类型	申请证人出庭主体	当庭证言作用	法院决定	证人经传唤后是否出庭	法院对证据态度
(2013)威高刑初字第181号	受贿案	公诉人	有罪证据(直接证据)	同意	出庭	控方证人出庭,当庭证言与书面证言一致,被采纳
(2013)温苍刑初字第1063号	交通肇事案	被害人代理人	加刑证据(逃逸)	同意	出庭	被害人证人出庭,当庭证言未被采纳
(2013)温苍刑初字第367号	故意伤害案	辩护人	有罪证据(间接证据)	同意	出庭	控方证人出庭,当庭证言与书面证言一致,被采纳
(2013)温鹿刑初字第1363号	容留卖淫案	辩护人	有罪证据(直接证据)	不同意	—	证人出庭必要性问题
(2013)吴利刑初字第494号	贪污案	辩护人	减刑证据(数额)	同意	出庭	控方证人当庭翻证,当庭证言被采纳
(2013)武凉刑初字第72号	贪污案	辩护人	减刑证据(数额)	同意	出庭	辩方证人出庭,当庭证言被采纳,且证人与书证印证
(2013)武刑初字第338号	交通肇事案	辩护人	有罪证据(直接证据)	同意	未出庭	控方证人未出庭,书面证言被采纳
(2013)西刑初字第20号	滥伐林木案	未申请	无罪证据(未实施犯罪)	同意	未出庭	辩方证人未出庭,书面证言未被采纳

续表

案号	案件类型	申请证人出庭主体	当庭证言作用	法院决定	证人经传唤后是否出庭	法院对证据态度
(2013)西刑初字第42号	滥伐林木案	辩护人	有罪证据(直接证据)	不同意	—	证人出庭必要性问题
(2013)咸渭刑初字第00150号	盗窃案	被告人	无关联性证据	同意	出庭	辩方证人出庭,当庭证言未被采纳
(2013)翔刑初字第408号	非国家工作人员受贿案	被告人和辩护人	减刑证据(数额)	同意	出庭	控方证人当庭翻证,书面证言被采纳
(2013)辛刑初字第136号	诈骗案	辩护人	无罪证据(无犯罪故意)	同意	出庭	辩方证人出庭,当庭证言未被采纳
(2013)新都刑初字第349号	交通肇事案	辩护人	有罪证据(间接证据)	同意	出庭	控方证人出庭,当庭证言与书面证言一致,被采纳
(2013)新刑初字第234号	故意伤害案	被告人	无罪证据(未实施犯罪)	同意	出庭	辩方证人出庭,当庭证言未被采纳
(2013)新刑初字第308号	受贿案	公诉人	有罪证据(直接证据)	同意	出庭	控方证人出庭,当庭证言与书面证言一致,被采纳
(2013)新刑初字第591号	故意伤害案	辩护人	有罪证据(直接证据)	同意	未出庭	控方证人未出庭,书面证言被采纳

续表

案号	案件类型	申请证人出庭主体	当庭证言作用	法院决定	证人经传唤后是否出庭	法院对证据态度
(2013)邢刑初字第149号	贪污、诈骗案	公诉人	判决书未涉及	同意	出庭	控方证人出庭,当庭证言与书面证言一致,被采纳
(2013)修刑初字第66号	故意伤害案	辩护人	无罪证据(正当防卫)	同意	出庭	辩方证人出庭,当庭证言未被采纳
(2013)徐刑初字第749号	贩卖毒品案	被告人	无关联性证据	不同意	—	证人出庭必要性问题
(2013)溆刑初字第28号	故意伤害案	辩护人	无罪证据(不在场)	同意	出庭	辩方证人出庭,当庭证言未被采纳
(2013)延刑初字第60号	受贿案	辩护人	有罪证据(直接证据)	同意	出庭	控方证人当庭翻证,后又改变证言。最终当庭证言与书面证言一致,被采纳
(2013)兖刑初字第377号	交通肇事案	附带民事诉讼被告	无罪证据(无过错)	同意	出庭	附带被告证人出庭,当庭证言被采纳
(2013)扬广刑初字第0009号	伪造公司印章案	公诉人	有罪证据(直接证据)	同意	出庭	控方证人出庭,当庭证言与书面证言一致,被采纳

续表

案号	案件类型	申请证人出庭主体	当庭证言作用	法院决定	证人经传唤后是否出庭	法院对证据态度
(2013)扬邗刑初字第0352号	滥用职权、受贿、挪用公款案	辩护人	减刑证据(数额)	不同意	—	证人出庭必要性问题
(2013)一中刑初字第4888号	受贿案	辩护人	有罪证据(直接证据)	不同意	—	证人出庭必要性问题
(2013)伊刑重初字第9号	组织、领导、参加黑社会性质组织、故意伤害、开设赌场、寻衅滋事、非法拘禁、故意毁坏财物案	公诉人	有罪证据(直接证据)	同意	出庭	控方证人出庭,当庭证言与书面证言一致,未被采纳
(2013)峄刑初字第129号	贪污案	被告人	无关联性证据	同意	出庭	辩方证人出庭,当庭证言未被采纳
(2013)永冷刑初字第185号	诈骗案	辩护人	无罪证据(不在场)	同意	出庭	辩方证人出庭,当庭证言被采纳,且有书证印证
(2013)永刑初字第93号	盗窃案	辩护人	无罪证据(不在场)	同意	出庭	辩方证人出庭,当庭证言被采纳,且有书证印证

续表

案号	案件类型	申请证人出庭主体	当庭证言作用	法院决定	证人经传唤后是否出庭	法院对证据态度
(2013)甬海刑初字第336号	危险驾驶案	辩护人	有罪证据(直接证据)	同意	出庭	控方证人出庭,当庭证言与书面证言一致,被采纳
(2013)甬鄞刑初字第1330号	妨害公务、聚众扰乱社会秩序案	辩护人	减刑证据(被害人过错)	同意	出庭	辩方证人出庭,当庭证言未被采纳
(2013)甬鄞刑初字第1340号	受贿案	法院	有罪证据(直接证据)	同意	未出庭	控方证人未出庭,书面证言未被采纳
(2013)甬余刑初字第1804号	受贿、玩忽职守案	辩护人	有罪证据(直接证据)	同意	未出庭	控方证人未出庭,书面证言被采纳
(2013)攸法刑初字第311号	非法采矿案	公诉人	有罪证据(间接证据)	同意	出庭	控方证人出庭,当庭证言与书面证言一致,被采纳
(2013)鱼刑初字第86号	故意伤害案	辩护人	无罪证据(不在场)	同意	出庭	辩方证人出庭,当庭证言未被采纳
(2013)虞少刑初字第77号	故意伤害案	被告人	减刑证据(被害人过错)	同意	出庭	辩方证人出庭,当庭证言被采纳
(2013)雨法刑初字第429号	贩卖毒品案	未申请	无罪证据(不在场)	同意	未出庭	辩方证人未出庭,书面证言未被采纳

续表

案号	案件类型	申请证人出庭主体	当庭证言作用	法院决定	证人经传唤后是否出庭	法院对证据态度
(2013)雨刑初字第60号	故意伤害案	辩护人	有罪证据(间接证据)	同意	出庭	控方证人出庭,当庭证言与书面证言一致,被采纳
(2013)玉刑初字第126号	抢劫案	辩护人	无罪证据(不构成犯罪)	同意	出庭	辩方证人出庭,当庭证言未被采纳
(2013)源刑初字第53号	挪用公款案	辩护人	无罪证据(未实施犯罪)	同意	出庭	控方证人当庭翻证,当庭证言被采纳
(2013)云罗法刑初字第345号	玩忽职守案	被告人	减刑证据(林业站过错)	同意	出庭	辩方证人出庭,当庭证言被采纳
(2013)扎刑初字第205号	诈骗案	公诉人	有罪证据(直接证据)	同意	出庭	控方证人出庭,当庭证言与书面证言一致,被采纳
(2013)张刑初字第33号	故意伤害案	辩护人	无关联性证据	同意	出庭	辩方证人出庭,当庭证言未被采纳
(2013)长刑初字第00125号	贪污、受贿案	辩护人	减刑证据(数额)	同意	出庭	辩方证人出庭,当庭证言未被采纳
(2013)长刑初字第00265号	滥用职权案	被告人	减刑证据(数额)	同意	出庭	辩方证人出庭,当庭证言被采纳,且有书证印证

续表

案号	案件类型	申请证人出庭主体	当庭证言作用	法院决定	证人经传唤后是否出庭	法院对证据态度
(2013)长刑初字第125号	非法持有毒品案	公诉人	有罪证据(直接证据)	同意	出庭	控方证人出庭,当庭证言与书面证言一致,被采纳
(2013)长刑初字第263号	故意伤害案	辩护人	无罪证据(无犯罪故意)	同意	出庭	辩方证人出庭,当庭证言未被采纳
(2013)长刑初字第399号	贩卖毒品案	控辩双方	有罪证据(直接证据)	同意	出庭	控方证人出庭,当庭证言与书面证言一致,被采纳
(2013)长刑初字第399号	贩卖毒品案	控辩双方	有罪证据(间接证据)	同意	出庭	辩方证人出庭,当庭证言被采纳
(2013)长刑初字第694号	非国家工作人员受贿案	公诉人	有罪证据(直接证据)	同意	出庭	控方证人出庭,当庭证言与书面证言一致,被采纳
(2013)长刑初字第874号	诈骗案	公诉人	有罪证据(直接证据)	同意	出庭	控方证人出庭,当庭证言与书面证言一致,被采纳
(2013)浙杭刑初字第211号	受贿、滥用职权案	辩护人	无罪证据(未实施犯罪)	同意	出庭	控方证人当庭翻证,当庭证言被采纳
(2013)燕刑初字第197号	交通肇事案	公诉人	有罪证据(间接证据)	同意	出庭	控方证人出庭,当庭证言与书面证言一致,被采纳

续表

案号	案件类型	申请证人出庭主体	当庭证言作用	法院决定	证人经传唤后是否出庭	法院对证据态度
(2013)正少刑初字第30号	故意伤害案	未申请	无罪证据(未实施犯罪)	同意	未出庭	辩方证人未出庭,书面证言未被采纳
(2013)正少刑初字第30号	故意伤害案	辩护人	有罪证据(直接证据)	同意	未出庭	控方证人未出庭,书面证言被采纳
(2013)正刑初字第00190号	介绍贿赂案	辩护人	减刑证据(数额)	同意	出庭	控方证人当庭翻证,当庭证言被采纳
(2013)郑刑二初字第25号	故意杀人案	被告人	减刑证据(被害人过错)	同意	出庭	辩方证人出庭,当庭证言被采纳
(2013)钟刑二初字第83号	敲诈勒索案	辩护人	有罪证据(直接证据)	不同意	—	证人出庭必要性问题
(2013)株石法刑初字第142号	受贿案	辩护人	减刑证据(数额)	同意	出庭	辩方证人出庭,当庭证言被采纳
(2013)驻刑一初字第11号	故意杀人案	判决书未涉及	有罪证据(间接证据)	同意	出庭	控方证人出庭,当庭证言与书面证言一致,被采纳
(2014)爱刑初字第137号	盗窃案	未申请	有罪证据(直接证据)	—	未出庭	控方证人未出庭,书面证言未被采纳,有利被告原则

续表

案号	案件类型	申请证人出庭主体	当庭证言作用	法院决定	证人经传唤后是否出庭	法院对证据态度
(2014)爱刑初字第49号	贩卖毒品、非法处置扣押的财产案	被告人	有罪证据(直接证据)	同意	出庭	控方证人出庭,当庭证言与书面证言一致,被采纳
(2014)安刑初字第22号	贪污案	被告人和辩护人	减刑证据(数额)	同意	出庭	辩方证人出庭,当庭证言被采。且证据间印证
(2014)安刑初字第69号	寻衅滋事案	辩护人	无罪证据(未实施犯罪)	同意	出庭	辩方证人出庭,当庭证言未被采纳
(2014)巴法刑初字第00559号	盗窃案	被告人和辩护人	减刑证据(数额)	同意	出庭	辩方证人出庭,当庭证言被采纳
(2014)巴刑初字第4号	故意伤害案	辩护人	有罪证据(直接证据)	不同意	—	证人出庭必要性问题
(2014)霸刑初字第205号	合同诈骗案	辩护人	无关联性证据	同意	出庭	辩方证人出庭,当庭证言未被采纳
(2014)白刑初字第199号	强迫交易案	公诉人	判决书未涉及	同意	出庭	控方证人出庭,当庭证言与书面证言一致,被采纳
(2014)白刑初字第232号	盗窃案	公诉人	判决书未涉及	同意	出庭	控方证人出庭,当庭证言与书面证言一致,被采纳

续表

案号	案件类型	申请证人出庭主体	当庭证言作用	法院决定	证人经传唤后是否出庭	法院对证据态度
(2014)白刑初字第245号	盗窃案	辩护人	减刑证据(数额)	同意	出庭	辩方证人出庭,当庭证言被采纳
(2014)柏刑初字第22号	信用卡诈骗案	被告人	减刑证据(自首)	同意	出庭	辩方证人出庭,当庭证言被采纳
(2014)宝刑初字第0345号	职务侵占案	被告人	减刑证据(数额)	同意	出庭	辩方证人出庭,当庭证言被采纳,且有书证印证
(2014)宝刑初字第457号	贩卖毒品案	辩护人	无关联性证据	同意	出庭	辩方证人出庭,当庭证言被采纳,但未影响定罪量刑
(2014)北刑一初字第7号	故意伤害案	被告人	有罪证据(直接证据)	不同意	—	证人出庭必要性问题
(2014)碧刑初字第264号	故意伤害案	被告人	减刑证据(被害人过错)	同意	出庭	辩方证人出庭,当庭证言被采纳
(2014)宾刑初字第23号	妨害公务案	被告人	无罪证据(未实施犯罪)	同意	出庭	辩方证人出庭,当庭证言未被采纳
(2014)宾刑初字第273号	故意伤害案	法院	有罪证据(直接证据)	同意	出庭	控方证人出庭,当庭证言未被采纳,有利被告原则

续表

案号	案件类型	申请证人出庭主体	当庭证言作用	法院决定	证人经传唤后是否出庭	法院对证据态度
(2014)宾刑初字第97号	交通肇事案	被告人	无关联性证据	同意	出庭	辩方证人出庭,当庭证言未被采纳
(2014)滨塘刑初字第232号	诈骗案	辩护人	无罪证据(无犯罪故意)	同意	出庭	控方证人当庭翻证,当庭证言与书面证言都未被采纳
(2014)滨刑初字第4号	合同诈骗案	辩护人	无罪证据(不构成犯罪)	同意	出庭	辩方证人出庭,当庭证言被采纳,被告人无罪
(2014)博刑初字第106号	故意伤害案	辩护人	无关联性证据	同意	出庭	辩方证人出庭,当庭证言未被采纳
(2014)博刑初字第199号	污染环境案	判决书未涉及	有罪证据(间接证据)	同意	出庭	控方证人出庭,当庭证言被采纳
(2014)博刑初字第329号	盗窃案	辩护人	无罪证据(不在场)	同意	出庭	辩方证人出庭,当庭证言未被采纳
(2014)苍溪刑初字第81号	集资诈骗案	判决书未涉及	有罪证据(直接证据)	同意	出庭	控方证人出庭,当庭证言与书面证言一致,被采纳
(2014)曹刑初字第224号	非法经营案	辩护人	无罪证据(不构成犯罪)	同意	出庭	控方证人当庭翻证,书面证言被采纳

续表

案号	案件类型	申请证人出庭主体	当庭证言作用	法院决定	证人经传唤后是否出庭	法院对证据态度
(2014)昌刑初字第33号	故意伤害案	被告人	有罪证据(直接证据)	同意	出庭	辩方证人出庭,当庭证言被采纳,但未影响定罪量刑
(2014)常刑重初字第01号	非法持有毒品案	辩护人	无罪证据(不构成犯罪)	同意	出庭	控方证人当庭翻证,当庭证言被采纳,且书面证言矛盾
(2014)朝刑初字第1168号	故意伤害案	被告人	有罪证据(直接证据)	同意	出庭	控方证人出庭,当庭证言与书面证言一致,被采纳
(2014)朝刑初字第1617号	妨害公务案	被告人	有罪证据(直接证据)	同意	出庭	辩方证人出庭,当庭证言被采纳,但未影响定罪量刑
(2014)朝刑初字第193号	挪用资金案	附带民事诉讼原告	加刑证据(数额)	同意	出庭	附带原告证人出庭,当庭证言未被采纳
(2014)城刑初字第295号	故意伤害案	辩护人	有罪证据(直接证据)	同意	出庭	控方证人出庭,当庭证言与书面证言一致,被采纳
(2014)崇州刑初字第309号	非法持有毒品案	辩护人	有罪证据(直接证据)	同意	未出庭	控方证人未出庭,书面证言未被采纳

续表

案号	案件类型	申请证人出庭主体	当庭证言作用	法院决定	证人经传唤后是否出庭	法院对证据态度
(2014)大洼刑初字第00179号	受贿案	辩护人	减刑证据(数额)	同意	出庭	控方证人当庭翻证,书面证言被采纳
(2014)大刑初字第237号	故意伤害案	判决书未涉及	无罪证据(未实施犯罪)	同意	出庭	控方证人当庭翻证,当庭证言被采纳,改变罪名
(2014)大刑初字第487号	重大责任事故案	未申请	无关联性证据	同意	未出庭	辩方证人出庭,当庭证言未被采纳
(2014)丹刑初字第44号	故意伤害案	辩护人	减刑证据(自首)	同意	出庭	辩方证人出庭,当庭证言未被采纳
(2014)儋刑初字第70号	故意伤害、妨害公务案	辩护人	无罪证据(未实施犯罪)	不同意	—	证人出庭必要性问题
(2014)德中刑二初字第7号	诈骗案	被告人	有罪证据(直接证据)	不同意	—	证人出庭必要性问题
(2014)邓刑一初字第5号	故意伤害案	辩护人	无罪证据(间接证据)	同意	出庭	辩方证人出庭,当庭证言未被采纳
(2014)定刑初字第168号	故意伤害案	辩护人	有罪证据(直接证据)	同意	未出庭	控方证人未出庭,书面证言未被采纳

续表

案号	案件类型	申请证人出庭主体	当庭证言作用	法院决定	证人经传唤后是否出庭	法院对证据态度
(2014)东二法刑初字第447号	故意伤害案	辩护人	减刑证据(自首和被害人过错)	同意	出庭	辩方证人出庭,当庭证言被采纳
(2014)东二法刑初字第701号	故意伤害案	被告人和辩护人	无罪证据(不在场)	同意	出庭	控方证人当庭翻证,书面证言被采纳
(2014)东二法刑初字第902号	交通肇事案	辩护人	减刑证据(自首)	同意	出庭	辩方证人出庭,当庭证言未被采纳
(2014)东刑初字第33号	故意伤害案	控辩审三方	有罪证据(直接证据)	同意	出庭	控辩审三方证人当庭证言矛盾,法院依据印证原则决定
(2014)东刑初字第424号	非国家工作人员受贿案	辩护人	减刑证据(数额)	同意	出庭	控方证人当庭翻证,书面证言被采纳
(2014)东刑初字第73号	非法拘禁案	辩护人	减刑证据(自首)	同意	出庭	辩方证人出庭,当庭证言被采纳
(2014)峨刑初字第37号	故意伤害案	被告人	减刑证据(被害人过错)	同意	出庭	控方证人当庭翻证,书面证言被采纳
(2014)鄂华容刑初字第00041号	职务侵占案	判决书未涉及	减刑证据(数额)	同意	出庭	控方证人当庭翻证,书面证言被采纳

续表

案号	案件类型	申请证人出庭主体	当庭证言作用	法院决定	证人经传唤后是否出庭	法院对证据态度
(2014)鄂罗田刑初字第00088号	抢夺案	辩护人	减刑证据(被害人谅解)	同意	出庭	辩方证人出庭,当庭证言被采纳
(2014)鄂硚口刑初字第00048号	抢劫案	被告人	减刑证据(自首)	同意	未出庭	控方证人未出庭,书面证言被采纳
(2014)鄂沙洋县刑初字第00069号	受贿案	判决书未涉及	有罪证据(直接证据)	同意	出庭	控方证人出庭,当庭证言与书面证言一致,被采纳
(2014)鄂武昌刑初字第00037号	诈骗案	辩护人	减刑证据(退赃)	同意	出庭	辩方证人出庭,当庭证言未被采纳
(2014)鄂仙桃刑初字第00106号	寻衅滋事案	未申请	判决书未涉及	同意	未出庭	辩方证人未出庭,书面证言未被采纳
(2014)鄂仙桃刑初字第00297号	贩卖毒品案	辩护人	判决书未涉及	同意	未出庭	辩方证人未出庭,书面证言未被采纳
(2014)法刑初字第66号	贩卖毒品、容留他人吸毒、非法持有毒品案	辩护人	有罪证据(直接证据)	不同意	—	证人出庭必要性问题

续表

案号	案件类型	申请证人出庭主体	当庭证言作用	法院决定	证人经传唤后是否出庭	法院对证据态度
(2014)防市刑一初字第25号	故意伤害案	辩护人	是否非法证据	同意	出庭	控方证人当庭翻证,当庭证言被采纳,且书面证言存在瑕疵
(2014)丰刑初字第108号	非法采矿、包庇案	辩护人	判决书未涉及	同意	未出庭	辩方证人未出庭,书面证言未被采纳
(2014)佛南法刑初字第448号	抢夺案	辩护人	无罪证据(不在场)	变通	—	证人不出庭时法院变通措施
(2014)佛南法知刑初字第5号	假冒注册商标案	辩护人	无罪证据(未实施犯罪)	同意	出庭	辩方证人出庭,当庭证言未被采纳
(2014)佛顺法刑初字第616号	故意伤害、妨害公务案	辩护人	减刑证据(被害人过错)	同意	出庭	辩方证人出庭,当庭证言被采纳
(2014)扶刑初字第47号	贩卖毒品案	被告人	有罪证据(直接证据)	同意	出庭	控方证人出庭,当庭证言与书面证言一致,被采纳
(2014)府刑初字第00022号	盗窃、故意毁坏财物案	辩护人	无罪证据(未实施犯罪)	同意	出庭	辩方证人出庭,当庭证言未被采纳

续表

案号	案件类型	申请证人出庭主体	当庭证言作用	法院决定	证人经传唤后是否出庭	法院对证据态度
(2014)古刑初字第00106号	盗窃案	公诉人	有罪证据(间接证据)	同意	出庭	控方证人出庭,当庭证言与书面证言一致,被采纳
(2014)鼓刑初字第0023号	职务侵占案	辩护人	减刑证据(退赃)	不同意	—	证人出庭必要性问题
(2014)故刑初字第38号	敲诈勒索、非法拘禁案	公诉人	有罪证据(直接证据)	同意	出庭	控方证人出庭,当庭证言与书面证言一致,被采纳
(2014)管刑初字第261号	寻衅滋事案	公诉人	有罪证据(直接证据)	同意	出庭	控方证人出庭,当庭证言与书面证言一致,被采纳
(2014)光刑初字第00043号	破坏电力设备案	辩护人	无罪证据(未实施犯罪)	同意	出庭	辩方证人出庭,当庭证言未被采纳
(2014)光刑初字第00151号	购买、运输假币案	公诉人	有罪证据(直接证据)	同意	出庭	控方证人出庭,当庭证言与书面证言一致,被采纳
(2014)广汉刑初字第123号	受贿案	辩护人	有罪证据(直接证据)	同意	出庭	控方证人出庭,当庭证言与书面证言一致,被采纳

续表

案号	案件类型	申请证人出庭主体	当庭证言作用	法院决定	证人经传唤后是否出庭	法院对证据态度
(2014)广汉刑初字第129号	故意伤害案	被害人	加刑证据(犯罪工具)	同意	出庭	被害人证人出庭,当庭证言未被采纳
(2014)广刑初字第16号	寻衅滋事案	辩护人	有罪证据(直接证据)	同意	未出庭	控方证人未出庭,书面证言未被采纳
(2014)海刑初字第171号	销售假冒注册商标的商品案	辩护人	无关联性证据	同意	出庭	辩方证人出庭,当庭证言未被采纳
(2014)海刑初字第2428号	盗窃案	控辩双方	有罪证据(销赃)	同意	出庭	控方证人出庭,当庭证言与书面证言一致,被采纳
(2014)海刑初字第2591号	诈骗案	辩护人	减刑证据(退赃)	同意	出庭	辩方证人出庭,当庭证言被采纳
(2014)海刑初字第320号	诈骗案	辩护人	有罪证据(直接证据)	同意	出庭	控方证人出庭,当庭证言与书面证言一致,被采纳
(2014)海刑初字第359号	诈骗案	辩护人	无罪证据(无犯罪故意)	同意	出庭	辩方证人出庭,当庭证言未被采纳
(2014)海刑初字第929号	信用卡诈骗案	辩护人	有罪证据(直接证据)	不同意	—	证人出庭必要性问题

续表

案号	案件类型	申请证人出庭主体	当庭证言作用	法院决定	证人经传唤后是否出庭	法院对证据态度
(2014)杭拱刑初字第302号	受贿案	辩护人	减刑证据(数额)	同意	出庭	辩方证人出庭,当庭证言未被采纳
(2014)杭江刑初字第553号	寻衅滋事案	辩护人	判决书未涉及	不同意	—	证人出庭必要性问题
(2014)杭经开刑初字第193号	非国家工作人员受贿案	公诉人	有罪证据(直接证据)	同意	出庭	控方证人出庭,当庭证言与书面证言一致,被采纳
(2014)杭铁刑初字第38号	盗窃案	公诉人	有罪证据(间接证据)	同意	出庭	控方证人出庭,当庭证言与书面证言一致,被采纳
(2014)杭铁刑初字第6号	盗窃案	被告人	有罪证据(直接证据)	不同意	—	证人出庭必要性问题
(2014)杭西刑初字第569号	受贿案	被告人	减刑证据(数额)	同意	出庭	控方证人当庭翻证,书面证言被采纳
(2014)杭下刑初字第280号	故意伤害、赌博案	辩护人	无罪证据(未实施犯罪)	同意	出庭	辩方证人出庭,当庭证言未被采纳
(2014)杭下刑初字第457号	受贿案	辩护人	有罪证据(直接证据)	变通	—	证人不出庭时法院变通措施

续表

案号	案件类型	申请证人出庭主体	当庭证言作用	法院决定	证人经传唤后是否出庭	法院对证据态度
(2014)杭余刑初字第13号	寻衅滋事案	辩护人	有罪证据(直接证据)	同意	出庭	控方证人当庭翻证,书面证言被采纳
(2014)杭余刑初字第822号	诬告陷害、伪证案	辩护人	减刑证据(被害人过错)	同意	出庭	辩方证人出庭,当庭证言未被采纳
(2014)黑刑初字第00047号	故意伤害案	被告人	判决书未涉及	同意	出庭	辩方证人出庭,当庭证言未被采纳
(2014)衡中法刑二初字第3号	盗窃、掩饰、隐瞒犯罪所得案	辩护人	无罪证据(不在场)	同意	出庭	辩方证人出庭,当庭证言未被采纳
(2014)虹刑初字第814号	贩卖毒品案	被告人	无罪证据(不构成犯罪)	同意	出庭	辩方证人出庭,当庭证言被采纳
(2014)洪法刑初字第22号	故意伤害案	公诉人	有罪证据(直接证据)	同意	出庭	控方证人出庭,当庭证言与书面证言一致,被采纳
(2014)侯刑初字第253号	受贿案	辩护人	有罪证据(直接证据)	不同意	—	证人出庭必要性问题
(2014)呼刑初字第4号	非法转让土地使用权案	辩护人	减刑证据(主观恶意程度)	同意	出庭	辩方证人出庭,当庭证言未被采纳

续表

案号	案件类型	申请证人出庭主体	当庭证言作用	法院决定	证人经传唤后是否出庭	法院对证据态度
(2014)呼刑知初字第5号	假冒注册商标案	未申请	判决书未涉及	同意	未出庭	辩方证人未出庭,书面证言未被采纳
(2014)湖长刑初字第262号	受贿案	辩护人	减刑证据(数额)	同意	出庭	控方证人当庭翻证,书面证言被采纳
(2014)华区少刑初字第1号	故意伤害案	被告人	无罪证据(未实施犯罪)	同意	出庭	辩方证人出庭,当庭证言未被采纳
(2014)华刑初字第131号	贪污、受贿案	辩护人	减刑证据(数额)	同意	出庭	辩方证人出庭,当庭证言未被采纳
(2014)华刑初字第29号	妨害公务案	辩护人	无罪证据(未实施犯罪)	同意	出庭	控方证人当庭翻证,书面证言被采纳
(2014)环刑初字第82号	故意伤害案	被告人	减刑证据(被害人过错)	同意	出庭	辩方证人出庭,当庭证言未被采纳
(2014)潢刑初字第46号	故意伤害案	被告人	无罪证据(不在场)	同意	出庭	辩方证人出庭,当庭证言未被采纳
(2014)惠东法刑二初字第43号	敲诈勒索案	被告人	判决书未涉及	同意	出庭	辩方证人出庭,当庭证言未被采纳

续表

案号	案件类型	申请证人出庭主体	当庭证言作用	法院决定	证人经传唤后是否出庭	法院对证据态度
(2014)惠东法刑二初字第43号	敲诈勒索案	被告人	有罪证据(直接证据)	同意	未出庭出庭	控方证人未出庭,书面证言被采纳
(2014)嘉平刑初字第674号	盗窃案	辩护人	无罪证据(不在场)	同意	未出庭	辩方证人未出庭,书面证言未被采纳
(2014)嘉平刑初字第705号	生产、销售伪劣产品案	被告人和辩护人	减刑证据(犯罪持续时间)	同意	出庭	辩方证人出庭,当庭证言未被采纳
(2014)剑刑初字第0069号	盗伐林木案	被告人	判决书未涉及	同意	出庭	辩方证人出庭,当庭证言未被采纳
(2014)江恩法刑初字第78号	交通肇事案	法院	加刑证据(雇主责任)	同意	出庭	控方证人出庭,当庭证言与书面证言一致,被采纳
(2014)江法刑初字第00028号	抢劫案	公诉人	有罪证据(直接证据)	同意	出庭	控方证人出庭,当庭证言与书面证言一致,被采纳
(2014)江蓬法刑初字第331号	聚众斗殴案	被告人	无罪证据(不在场)	同意	出庭	辩方证人出庭,当庭证言未被采纳
(2014)江刑初字第70号	受贿、利用影响力受贿案	辩护人	有罪证据(直接证据)	同意	出庭	控方证人当庭翻证,书面证言被采纳

续表

案号	案件类型	申请证人出庭主体	当庭证言作用	法院决定	证人经传唤后是否出庭	法院对证据态度
(2014)金口刑初字第4号	抢劫案	公诉人	有罪证据(直接证据)	同意	出庭	控方证人出庭,当庭证言与书面证言一致,被采纳
(2014)金武刑初字第338号	盗窃案	被告人	无关联性证据	不同意	—	证人出庭必要性问题
(2014)金刑初字第0111号	诈骗案	辩护人	有罪证据(直接证据)	同意	未出庭	控方证人未出庭,书面证言被采纳
(2014)金刑初字第110号	盗窃案	公诉人	有罪证据(间接证据)	同意	出庭	控方证人出庭,当庭证言与书面证言一致,被采纳
(2014)金义知刑初字第34号	假冒注册商标案	辩护人	有罪证据(直接证据)	不同意	—	证人出庭必要性问题
(2014)津刑初字第4号	非法持有毒品案	辩护人	判决书未涉及	同意	出庭	辩方证人出庭,当庭证言未被采纳
(2014)晋刑初字第00075号	抢夺案	辩护人	减刑证据(数额)	同意	出庭	辩方证人出庭,当庭证言未被采纳
(2014)晋刑初字第1377号	故意伤害案	公诉人	有罪证据(间接证据)	同意	出庭	控方证人出庭,当庭证言与书面证言一致,被采纳

续表

案号	案件类型	申请证人出庭主体	当庭证言作用	法院决定	证人经传唤后是否出庭	法院对证据态度
(2014)旌刑初字第00039号	故意伤害案	被告人	减刑证据(被害人过错)	同意	出庭	辩方证人出庭,当庭证言被采纳
(2014)景刑初字第136号	交通肇事案	附带民事诉讼原告	加刑证据(赔偿数额)	同意	未出庭	附带原告证人未出庭,书面证言未被采纳
(2014)靖审监刑初字第1号	交通肇事案	辩护人	减刑证据(交警过错)	同意	出庭	辩方证人出庭,当庭证言未被采纳
(2014)巨刑初字第26号	拐卖儿童案	辩护人	减刑证据(自首)	同意	出庭	辩方证人出庭,当庭证言未被采纳
(2014)开刑初字第00487号	盗窃案	被告人	减刑证据(非转化型抢劫)	同意	出庭	控方证人出庭,当庭证言与书面证言一致,被采纳
(2014)开刑初字第0066号	诈骗案	辩护人	无关联性证据	同意	出庭	辩方证人出庭,当庭证言未被采纳
(2014)开刑初字第77号	放火、开设赌场案	附带民事诉讼原告	加刑证据(赔偿数额)	同意	出庭	附带原告证人出庭,当庭证言未被采纳
(2014)克刑初字第36号	职务侵占案	辩护人	无罪证据(不构成犯罪)	同意	出庭	辩方证人出庭,当庭证言未被采纳

续表

案号	案件类型	申请证人出庭主体	当庭证言作用	法院决定	证人经传唤后是否出庭	法院对证据态度
(2014)蓝法林刑初字第14号	滥伐林木案	被告人	减刑证据(数额)	同意	出庭	辩方证人出庭,当庭证言未被采纳
(2014)蓝刑初字第222号	挪用公款、贪污案	被告人	无罪证据(不构成犯罪)	同意	出庭	辩方证人出庭,当庭证言被采纳
(2014)蓝刑初字第70号	赌博案	辩护人	无关联性证据	同意	出庭	辩方证人出庭,当庭证言未被采纳
(2014)老刑初字第8号	故意伤害案	辩护人	减刑证据(被害人过错)	同意	出庭	辩方证人出庭,当庭证言未被采纳
(2014)乐刑初字第110号	挪用公款案	被告人	减刑证据(数额)	同意	出庭	辩方证人出庭,当庭证言未被采纳
(2014)醴法刑初字第224号	故意伤害案	判决书未涉及	无罪证据(不在场)	同意	出庭	控方证人当庭翻证,当庭证言被采纳
(2014)丽庆刑初字第109号	贪污案	辩护人	减刑证据(数额)	同意	出庭	辩方证人出庭,当庭证言被采纳
(2014)涟刑初字第56号	寻衅滋事、敲诈勒索案	被告人和辩护人	减刑证据(自首)	同意	出庭	辩方证人出庭,当庭证言未被采纳

续表

案号	案件类型	申请证人出庭主体	当庭证言作用	法院决定	证人经传唤后是否出庭	法院对证据态度
(2014)梁刑初字第160号	故意伤害案	辩护人	无关联性证据	同意	出庭	辩方证人出庭,当庭证言被采纳,但未影响定罪量刑
(2014)梁刑初字第212号	合同诈骗案	辩护人	有罪证据(直接证据)	同意	出庭	控方证人出庭,当庭证言与书面证言一致,被采纳
(2014)辽西刑初字第44号	非法行医案	辩护人	无关联性证据	同意	出庭	辩方证人出庭,当庭证言未被采纳
(2014)辽中刑初字第353号	盗窃案	被告人	无罪证据(不在场)	同意	出庭	辩方证人出庭,当庭证言未被采纳
(2014)烈刑初字第00007号	故意伤害案	被告人	无罪证据(未实施犯罪)	同意	出庭	控方证人当庭翻证,书面证言被采纳
(2014)临刑初字第106号	聚众扰乱社会秩序案	被告人	无罪证据(不在场)	同意	出庭	辩方证人出庭,当庭证言未被采纳
(2014)临刑初字第15号	贩卖毒品、容留他人吸毒案	辩护人	有罪证据(直接证据)	同意	未出庭	控方证人未出庭,书面证言被采纳
(2014)灵刑初字第00188号	非法经营案	辩护人	减刑证据(数额)	同意	出庭	控方证人当庭翻证,当庭证言被采纳

续表

案号	案件类型	申请证人出庭主体	当庭证言作用	法院决定	证人经传唤后是否出庭	法院对证据态度
(2014)灵刑初字第9号	故意毁坏财物案	辩护人	有罪证据(直接证据)	同意	出庭	控方证人当庭翻证,书面证言被采纳
(2014)柳刑初字第101号	交通肇事案	辩护人	减刑证据(自首)	同意	出庭	控方证人当庭翻证,当庭证言被采纳,且有其他证据印证
(2014)柳刑初字第61号	交通肇事案	辩护人	减刑证据(自首)	同意	出庭	辩方证人出庭,当庭证言被采纳
(2014)龙新刑初字第208号	诈骗案	辩护人	无罪证据(不在场)	同意	出庭	辩方证人出庭,当庭证言未被采纳
(2014)隆刑初字第78号	受贿案	辩护人	有罪证据(直接证据)	同意	出庭	控方证人出庭,当庭证言与书面证言一致,被采纳
(2014)芦山刑初字第21号	挪用公款、贪污案	辩护人	减刑证据(数额)	同意	出庭	辩方证人出庭,当庭证言被采纳
(2014)栾刑初字第51号	故意伤害案	被告人	无罪证据(未实施犯罪)	同意	出庭	控方证人当庭翻证,书面证言被采纳
(2014)洛刑初字第24号	受贿案	辩护人	减刑证据(数额)	同意	出庭	辩方证人出庭,当庭证言未被采纳

续表

案号	案件类型	申请证人出庭主体	当庭证言作用	法院决定	证人经传唤后是否出庭	法院对证据态度
(2014)漯郾刑初字第13号	贪污案	被告人	无罪证据(不构成犯罪)	同意	出庭	辩方证人出庭,当庭证言未被采纳
(2014)漯郾刑初字第3号	交通肇事案	辩护人	有罪证据(间接证据)	同意	未出庭	控方证人未出庭,书面证言未被采纳,被告人无罪释放
(2014)梅刑初字第30号	故意伤害案	辩护人	减刑证据(自首)	同意	出庭	控方证人出庭,当庭证言与书面证言一致,被采纳
(2014)孟刑初字第55号	交通肇事案	辩护人	减刑证据(自首)	同意	出庭	辩方证人出庭,当庭证言未被采纳
(2014)米易刑初字第26号	故意伤害案	公诉人	有罪证据(直接证据)	同意	出庭	控方证人出庭,当庭证言与书面证言一致,被采纳
(2014)泌刑初字第00495号	危险驾驶案	未申请	有罪证据(间接证据)	同意	未出庭	控方证人未出庭,书面证言被采纳
(2014)泌刑初字第00589号	贪污案	辩护人	减刑证据(数额)	同意	出庭	辩方证人出庭,当庭证言未被采纳
(2014)民刑初字第15号	受贿、挪用公款、私分国有资产案	辩护人	减刑证据(数额)	同意	出庭	辩方证人出庭,当庭证言未被采纳

续表

案号	案件类型	申请证人出庭主体	当庭证言作用	法院决定	证人经传唤后是否出庭	法院对证据态度
(2014)明法刑初字第44号	故意伤害案	辩护人	减刑证据(自首)	同意	出庭	辩方证人出庭,当庭证言被采纳
(2014)明刑初字第10号	受贿、滥用职权案	辩护人	无罪证据(未实施犯罪)	同意	出庭	控方证人当庭翻证,书面证言被采纳
(2014)南刑初字第659号	妨害公务案	辩护人	无罪证据(未实施犯罪)	同意	出庭	辩方证人出庭,当庭证言未被采纳
(2014)南刑二初字第0044号	受贿案	辩护人	有罪证据(直接证据)	同意	未出庭	控方证人未出庭,书面证言被采纳
(2014)南刑二初字第0048号	滥用职权、受贿案	辩护人	减刑证据(数额)	变通	—	证人不出庭时法院变通措施
(2014)内刑初字第048号	受贿案	被告人和辩护人	减刑证据(数额)	同意	出庭	辩方证人出庭,当庭证言被采纳
(2014)宁刑初字第223号	受贿案	辩护人	减刑证据(数额)	同意	出庭	辩方证人出庭,当庭证言被采纳
(2014)宁刑初字第52号	交通肇事案	附带民事诉讼原告	加刑证据(数额)	同意	出庭	附带原告证人出庭,当庭证言被采纳

续表

案号	案件类型	申请证人出庭主体	当庭证言作用	法院决定	证人经传唤后是否出庭	法院对证据态度
(2014)农刑初字第14号	违法发放贷款案	辩护人	判决书未涉及	同意	出庭	控方证人当庭翻证，当庭证言与书面证言都未被采纳
(2014)瓯刑初字第157号	贩卖毒品案	辩护人	判决书未涉及	同意	未出庭	辩方证人未出庭，书面证言未被采纳
(2014)攀西刑初字第24号	危险驾驶、妨害公务案	被告人	有罪证据(直接证据)	同意	出庭	控方证人出庭，当庭证言与书面证言一致，被采纳
(2014)沛刑初字第243号	抢劫案	辩护人	有罪证据(直接证据)	不同意	—	证人出庭必要性问题
(2014)平刑初字第111号	交通肇事案	被害人	加刑证据(逃逸)	同意	出庭	被害人证人出庭，当庭证言未被采纳
(2014)平刑初字第198号	非法经营案	辩护人	无罪证据(不构成犯罪)	同意	出庭	辩方证人出庭，当庭证言未被采纳
(2014)平刑初字第71号	贪污案	被告人	减刑证据(数额)	同意	出庭	控方证人当庭翻证，当庭证言被采纳，且证人当庭证言印证

续表

案号	案件类型	申请证人出庭主体	当庭证言作用	法院决定	证人经传唤后是否出庭	法院对证据态度
(2014)祁刑初字第305号	交通肇事案	辩护人	减刑证据(被害人过错)	同意	出庭	辩方证人出庭,当庭证言未被采纳
(2014)迁刑初字第136号	以危险方法危害公共安全案	辩护人	无罪证据(未实施犯罪)	同意	出庭	控方证人当庭翻证,书面证言被采纳
(2014)铅刑初字第99号	玩忽职守案	辩护人	有罪证据(直接证据)	不同意	—	证人出庭必要性问题
(2014)黔法刑初字第00192号	受贿案	辩护人	有罪证据(直接证据)	同意	未出庭	控方证人未出庭,书面证言被采纳
(2014)黔方刑初字第94号	盗窃案	被告人	无罪证据(不在场)	同意	出庭	辩方证人出庭,当庭证言未被采纳
(2014)黔盘刑初字第598号	故意伤害案	附带民事诉讼原告	有罪证据(直接证据)	同意	出庭	附带原告证人出庭,当庭证言被采纳
(2014)青川刑初字第122号	贪污、受贿案	辩护人	有罪证据(直接证据)	同意	出庭	控方证人出庭,当庭证言与书面证言一致,被采纳
(2014)容刑初字第132号	破坏生产经营案	判决书未涉及	有罪证据(直接证据)	同意	出庭	控方证人出庭,当庭证言与书面证言一致,被采纳

续表

案号	案件类型	申请证人出庭主体	当庭证言作用	法院决定	证人经传唤后是否出庭	法院对证据态度
(2014)融刑初字第5号	贩卖毒品案	辩护人	有罪证据(直接证据)	同意	未出庭	控方证人未出庭,书面证言被采纳
(2014)三刑初字第00073号	故意伤害、聚众斗殴案	辩护人	有罪证据(直接证据)	同意	出庭	辩方证人出庭,当庭证言被采纳,但未影响定罪量刑
(2014)三中刑初字第00542号	贪污案	被告人	无关联性证据	不同意	—	证人出庭必要性问题
(2014)三中刑初字第00789号	运输毒品案	辩护人	无关联性证据	同意	出庭	辩方证人出庭,当庭证言未被采纳
(2014)三中刑初字第264号	合同诈骗案	被告人	减刑证据(数额)	不同意	—	证人出庭必要性问题
(2014)商睢少刑初字第60号	故意伤害案	辩护人	减刑证据(认罪态度)	同意	出庭	辩方证人出庭,当庭证言未被采纳
(2014)韶乐法刑初字第51号	贩卖毒品案	未申请	有罪证据(直接证据)	不同意	—	证人出庭必要性问题
(2014)射洪刑初字第133号	诈骗案	辩护人	有罪证据(直接证据)	同意	出庭	控方证人出庭,当庭证言与书面证言一致,被采纳

续表

案号	案件类型	申请证人出庭主体	当庭证言作用	法院决定	证人经传唤后是否出庭	法院对证据态度
(2014)深福法刑初字第328号	诈骗案	辩护人	减刑证据(被害人过错)	同意	出庭	辩方证人出庭,当庭证言被采纳
(2014)深福法刑初字第722号	贩卖毒品案	辩护人	有罪证据(直接证据)	不同意	—	证人出庭必要性问题
(2014)沈铁西刑初字第1339号	受贿案	被告人和辩护人	减刑证据(数额)	同意	出庭	控方证人当庭翻证,当庭证言被采纳,且有其他证人当庭证言印证,有利被告原则
(2014)沈铁西刑初字第361号	贩卖毒品、容留他人吸毒案	判决书未涉及	无罪证据(未实施犯罪)	同意	出庭	控方证人当庭翻证,书面证言被采纳
(2014)狮刑初字第1210号	假冒注册商标案	被告人	减刑证据(数额)	同意	出庭	辩方证人出庭,当庭证言未被采纳
(2014)石刑初字第309号	盗窃案	辩护人	减刑证据(自首)	同意	出庭	辩方证人出庭,当庭证言未被采纳
(2014)寿刑初字第00096号	故意伤害案	未申请	减刑证据(被害人过错)	同意	未出庭	辩方证人未出庭,书面证言未被采纳
(2014)寿刑初字第716号	忽职守、受贿、贪污案	被告人	有罪证据(直接证据)	不同意	—	证人出庭必要性问题

续表

案号	案件类型	申请证人出庭主体	当庭证言作用	法院决定	证人经传唤后是否出庭	法院对证据态度
(2014)双桥刑初字第12号	职务侵占案	被告人	判决书未涉及	同意	出庭	辩方证人出庭,当庭证言未被采纳
(2014)双桥刑初字第203号	挪用资金案	辩护人	无关联性证据	同意	出庭	辩方证人出庭,当庭证言未被采纳
(2014)朔中刑初字第24号	故意杀人案	公诉人	有罪证据(直接证据)	同意	出庭	控方证人出庭,当庭证言与书面证言一致,被采纳
(2014)泗刑初字第00171号	受贿案	辩护人	减刑证据(自首)	同意	出庭	辩方证人出庭,当庭证言未被采纳
(2014)苏刑初字第169号	容留他人吸毒案	公诉人	有罪证据(直接证据)	同意	出庭	控方证人出庭,当庭证言与书面证言一致,被采纳
(2014)绥刑初字第189号	玩忽职守、受贿案	辩护人	减刑证据(数额)	同意	出庭	控方证人当庭翻证,当庭证言被采纳,且有其他证人当庭证言印证
(2014)绥刑初字第30号	受贿案	辩护人	有罪证据(直接证据)	同意	出庭	控方证人出庭,当庭证言与书面证言一致,被采纳

续表

案号	案件类型	申请证人出庭主体	当庭证言作用	法院决定	证人经传唤后是否出庭	法院对证据态度
(2014)遂刑初字第154号	非法采矿案	辩护人	减刑证据(数量)	同意	出庭	辩方证人出庭,当庭证言未被采纳
(2014)穗海法刑初字第13号	盗窃案	法院	加刑证据(数额)	同意	出庭	控方证人出庭,当庭证言与书面证言一致,被采纳
(2014)穗花法刑初字第244号	销售假冒注册商标的商品案	判决书未涉及	减刑证据(自首)	同意	出庭	控方证人出庭,当庭证言与书面证言一致,被采纳
(2014)穗云法刑初字第1675号	盗窃案	判决书未涉及	减刑证据(主体年龄)	同意	出庭	控方证人出庭,当庭证言被采纳
(2014)穗增法刑初字第614号	盗窃案	公诉人	有罪证据(直接证据)	同意	出庭	控方证人出庭,当庭证言与书面证言一致,被采纳
(2014)塔刑初字第40号	诈骗案	辩护人	无罪证据(不构成犯罪)	同意	出庭	控方证人当庭翻证,书面证言被采纳
(2014)塔刑初字第70号	职务侵占、盗窃案	辩护人	减刑证据(自首)	同意	出庭	辩方证人出庭,当庭证言被采纳
(2014)台椒刑初字第16号	受贿案	辩护人	有罪证据(直接证据)	同意	未出庭	控方证人未出庭,书面证言被采纳

续表

案号	案件类型	申请证人出庭主体	当庭证言作用	法院决定	证人经传唤后是否出庭	法院对证据态度
(2014)台椒刑初字第838号	受贿、滥用职权案	辩护人	是否非法证据	同意	未出庭	控方证人未出庭,书面证言被采纳
(2014)台天刑初字第577号	故意伤害案	辩护人	有罪证据(直接证据)	同意	出庭	控方证人当庭翻证,书面证言被采纳
(2014)台仙刑初字第202号	挪用公款案	辩护人	有罪证据(直接证据)	同意	出庭	控方证人出庭,当庭证言与书面证言一致,被采纳
(2014)台仙刑初字第202号	挪用公款案	辩护人	有罪证据(直接证据)	同意	未出庭	控方证人未出庭,书面证言被采纳
(2014)台仙刑初字第225号	故意伤害、聚众斗殴案	辩护人	无罪证据(未实施犯罪)	同意	出庭	控方证人当庭翻证,当庭证言被采纳
(2014)台仙刑初字第414号	故意伤害案	辩护人	无罪证据(未实施犯罪)	同意	出庭	辩方证人出庭,当庭证言未被采纳
(2014)太刑初字第00095号	寻衅滋事案	辩护人	无罪证据(不构成犯罪)	同意	出庭	辩方证人出庭,当庭证言未被采纳
(2014)太刑初字第00095号	寻衅滋事案	辩护人	无罪证据(不构成犯罪)	同意	出庭	控方证人当庭翻证,书面证言被采纳

续表

案号	案件类型	申请证人出庭主体	当庭证言作用	法院决定	证人经传唤后是否出庭	法院对证据态度
(2014)泰开刑初字第0124号	交通肇事案	公诉人	判决书未涉及	同意	出庭	控方证人出庭,当庭证言与书面证言一致,被采纳
(2014)坛刑二初字第0070号	故意毁坏财物案	辩护人	减刑证据(数额)	同意	出庭	控方证人当庭翻证,当庭证言被采。有利被告原则
(2014)覃刑初字第21号	盗窃案	辩护人	减刑证据(数额)	同意	出庭	辩方证人出庭,当庭证言未被采纳
(2014)唐刑初字第30号	过失致人死亡案	判决书未涉及	有罪证据(直接证据)	同意	未出庭	证人出庭必要性问题
(2014)桃刑初字第37号	受贿、非国家工作人员受贿案	未申请	有罪证据(直接证据)	同意	未出庭	控方证人未出庭,书面证言未被采纳
(2014)陶刑初字第14号	故意伤害案	辩护人	减刑证据(被害人过错)	同意	出庭	辩方证人出庭,当庭证言被采纳
(2014)天刑初字第52号	非法持有枪支案	辩护人	无关联性证据	同意	出庭	辩方证人出庭,当庭证言未被采纳
(2014)铜刑初字第644号	故意伤害案	辩护人	减刑证据(被害人过错)	同意	出庭	辩方证人出庭,当庭证言被采纳

续表

案号	案件类型	申请证人出庭主体	当庭证言作用	法院决定	证人经传唤后是否出庭	法院对证据态度
(2014)屯刑初字第17号	交通肇事案	辩护人	减刑证据(自首)	同意	出庭	辩方证人出庭,当庭证言被采。但未影响定罪量刑
(2014)万刑初字第98号	贪污案	公诉人	有罪证据(直接证据)	同意	出庭	控方证人出庭,当庭证言与书面证言一致,被采纳
(2014)万源刑初字第36号	交通肇事案	未申请	有罪证据(直接证据)	不同意	—	证人出庭必要性问题
(2014)卫滨刑初字第20号	交通肇事案	被告人	减刑证据(无主观过世)	同意	出庭	辩方证人出庭,当庭证言未被采纳
(2014)温苍刑初字第52号	寻衅滋事案	辩护人	有罪证据(直接证据)	不同意	—	证人出庭必要性问题
(2014)温乐刑初字第973号	故意伤害案	公诉人	有罪证据(直接证据)	同意	出庭	控方证人出庭,当庭证言与书面证言一致,被采纳
(2014)温平刑初字第1167号	受贿案	辩护人	是否非法证据	不同意	—	证人出庭必要性问题
(2014)温瑞刑初字第1277号	寻衅滋事、故意伤害案	辩护人	无罪证据(未参与犯罪)	同意	出庭	控方证人当庭翻证,书面证言被采纳

续表

案号	案件类型	申请证人出庭主体	当庭证言作用	法院决定	证人经传唤后是否出庭	法院对证据态度
(2014)温永刑初字第1229号	故意伤害案	辩护人	减刑证据(被害人过错)	同意	出庭	辩方证人出庭,当庭证言未被采纳
(2014)温永刑初字第875号	贩卖毒品案	辩护人	有罪证据(直接证据)	不同意	—	证人出庭必要性问题
(2014)乌勃刑初字第25号	合同诈骗案	辩护人	无罪证据(无犯罪故意)	同意	出庭	辩方证人出庭,当庭证言未被采纳
(2014)五法刑一初字第73号	诈骗案	辩护人	无罪证据(未参与犯罪)	同意	出庭	辩方证人出庭,当庭证言未被采纳
(2014)武刑初字第00035号	交通肇事案	辩护人	减刑证据(被害人谅解)	同意	出庭	辩方证人出庭,当庭证言被采纳
(2014)西法刑初字第183号	故意伤害案	辩护人	减刑证据(被害人过错)	同意	出庭	辩方证人出庭,当庭证言未被采纳
(2014)西法刑初字第289号	合同诈骗案	被害人	无关联性证据	同意	出庭	被害人证人出庭,当庭证言未被采纳
(2014)西法刑初字第349号	盗窃案	辩护人	减刑证据(被害人谅解)	同意	出庭	辩方证人出庭,当庭证言被采纳

续表

案号	案件类型	申请证人出庭主体	当庭证言作用	法院决定	证人经传唤后是否出庭	法院对证据态度
(2014)西法刑初字第405号	受贿案	公诉人	有罪证据(间接证据)	同意	出庭	控方证人出庭,当庭证言与书面证言一致,未被采纳
(2014)西法刑初字第730号	抢夺案	被告人	无罪证据(不在场)	同意	出庭	辩方证人出庭,当庭证言被采纳,有利被告原则
(2014)西刑初字第399号	妨害公务案	辩护人	无关联性证据	同意	出庭	辩方证人出庭,当庭证言未被采纳
(2014)昔刑初字第61号	玩忽职守案	辩护人	有罪证据(间接证据)	不同意	—	证人出庭必要性问题
(2014)习刑初字第143号	拐卖妇女案	未申请	判决书未涉及	同意	未出庭	辩方证人未出庭,书面证言未被采纳
(2014)香刑初字第59号	盗窃案	被告人	无罪证据(未参与犯罪)	同意	出庭	辩方证人出庭,当庭证言未被采纳
(2014)辛刑初字第00141号	故意伤害案	未申请	判决书未涉及	同意	未出庭	辩方证人未出庭,书面证言未被采纳
(2014)忻刑初字第68号	职务侵占案	公诉人	有罪证据(直接证据)	同意	出庭	控方证人出庭,当庭证言与书面证言一致,被采纳

续表

案号	案件类型	申请证人出庭主体	当庭证言作用	法院决定	证人经传唤后是否出庭	法院对证据态度
(2014)新密刑初字第319号	危险驾驶案	被告人	减刑证据(紧急救助)	同意	出庭	辩方证人出庭,当庭证言被采纳
(2014)新刑初字第167号	合同诈骗案	辩护人	无关联性证据	同意	出庭	辩方证人出庭,当庭证言未被采纳
(2014)新刑初字第24号	故意伤害案	辩护人	无罪证据(未实施犯罪)	同意	出庭	控方证人当庭翻证,当庭证言与书面证言都未被采纳
(2014)新刑初字第436号	贪污案	辩护人	减刑证据(数额)	同意	出庭	辩方证人出庭,当庭证言被采纳
(2014)邢刑初字第9号	集资诈骗案	辩护人	减刑证据(数额)	同意	出庭	控方证人当庭翻证,当庭证言被采纳
(2014)秀刑初字第28号	受贿案	辩护人	减刑证据(数额)	同意	出庭	辩方证人出庭,当庭证言未被采纳
(2014)秀刑初字第434号	故意伤害案	被告人	无罪证据(未实施犯罪)	同意	出庭	辩方证人出庭,当庭证言未被采纳
(2014)秀刑初字第436号	故意伤害案	辩护人	无关联性证据	同意	出庭	辩方证人出庭,当庭证言未被采纳

续表

案号	案件类型	申请证人出庭主体	当庭证言作用	法院决定	证人经传唤后是否出庭	法院对证据态度
(2014)秀刑初字第50号	故意伤害案	辩护人	无罪证据(未参与犯罪)	同意	出庭	辩方证人出庭,当庭证言未被采纳
(2014)秀刑初字第82号	故意毁坏财物案	辩护人	有罪证据(间接证据)	同意	出庭	控方证人当庭翻证,书面证言被采纳
(2014)徐刑初字第7号	强迫交易、敲诈勒索案	辩护人	无罪证据(未参与犯罪)	同意	出庭	辩方证人出庭,当庭证言被采纳
(2014)宣刑初字第00193号	故意伤害案	辩护人	减刑证据(被害人过错)	同意	出庭	辩方证人出庭,当庭证言未被采纳
(2014)延长刑初字第00001号	贪污、巨额财产来源不明案	辩护人	减刑证据(数额)	同意	出庭	辩方证人出庭,当庭证言被采纳
(2014)盐边刑初字第14号	故意伤害案	辩护人	无关联性证据	同意	出庭	辩方证人出庭,当庭证言被采纳
(2014)扬邗刑初字第0070号	故意伤害案	被告人	无罪证据(未实施犯罪)	同意	出庭	辩方证人出庭,当庭证言未被采纳
(2014)阳刑初字第62号	抢劫案	辩护人	有罪证据(直接证据)	不同意	—	证人出庭必要性问题

续表

案号	案件类型	申请证人出庭主体	当庭证言作用	法院决定	证人经传唤后是否出庭	法院对证据态度
(2014)一中刑初字第104号	诈骗、合同诈骗案	被告人	有罪证据(直接证据)	不同意	—	证人出庭必要性问题
(2014)一中刑初字第1274号	合同诈骗案	公诉人	有罪证据(直接证据)	同意	出庭	控方证人出庭,当庭证言与书面证言一致,被采纳
(2014)一中刑初字第1471号	贪污案	公诉人	有罪证据(直接证据)	同意	出庭	控方证人出庭,当庭证言与书面证言一致,被采纳
(2014)仪刑初字第0075号	受贿案	被告人和辩护人	减刑证据(数额)	同意	出庭	控方证人当庭翻证,当庭证言被采纳
(2014)宜刑初字第06号	贪污案	辩护人	减刑证据(自首)	同意	出庭	辩方证人出庭,当庭证言未被采纳
(2014)宜刑初字第153号	故意伤害案	附带民事诉讼原告	加刑证据(数额)	同意	未出庭	附带原告证人未出庭,书面证言未被采纳
(2014)宜刑初字第52号	贪污案	辩护人	无罪证据(未实施犯罪)	同意	出庭	辩方证人出庭,当庭证言未被采纳
(2014)易刑初字第72号	受贿案	辩护人	减刑证据(数额)	同意	出庭	控方证人当庭翻证,当庭证言被采纳

续表

案号	案件类型	申请证人出庭主体	当庭证言作用	法院决定	证人经传唤后是否出庭	法院对证据态度
(2014)易刑初字第94号	受贿案	辩护人	减刑证据(数额)	同意	出庭	辩方证人出庭,当庭证言未被采纳
(2014)永刑初字第175号	受贿案	辩护人	减刑证据(数额)	同意	出庭	辩方证人出庭,当庭证言被采纳
(2014)永刑初字第72号	故意伤害案	附带民事诉讼原告	加刑证据(数额)	同意	未出庭	附带原告证人未出庭,书面证言未被采纳
(2014)甬象刑初字第548号	劫夺被押解人员案	辩护人	无罪证据(不构成犯罪)	同意	出庭	辩方证人出庭,当庭证言未被采纳
(2014)甬镇刑初字第544号	利用邪教组织破坏法律实施案	辩护人	有罪证据(直接证据)	不同意	—	证人出庭必要性问题
(2014)埇刑初字第00214号	受贿案	辩护人	减刑证据(数额)	同意	出庭	控方证人当庭翻证,当庭证言被采纳,检察院曾撤诉
(2014)鱼刑初字第411号	贩卖毒品案	辩护人	有罪证据(直接证据)	不同意	—	控方证人未出庭,书面证言被采纳
(2014)鱼刑初字第513号	妨害公务案	辩护人	减刑证据(自首)	同意	出庭	辩方证人出庭,当庭证言未被采纳

续表

案号	案件类型	申请证人出庭主体	当庭证言作用	法院决定	证人经传唤后是否出庭	法院对证据态度
(2014)玉法刑初字第40号	故意伤害案	被告人	有罪证据(直接证据)	同意	出庭	控方证人出庭,当庭证言与书面证言一致,被采纳
(2014)玉中刑二初字第4号	受贿案	辩护人	是否非法证据	同意	出庭	控方证人当庭翻证,书面证言被采纳
(2014)沅刑初字第303号	贩卖毒品案	辩护人	无罪证据(不在场)	同意	出庭	辩方证人出庭,当庭证言被采纳
(2014)岳刑初字第200号	抢劫案	辩护人	有罪证据(直接证据)	同意	未出庭	控方证人未出庭,书面证言被采纳
(2014)云罗法刑初字第32号	诈骗案	法院	有罪证据(直接证据)	同意	出庭	控方证人出庭,当庭证言与书面证言一致,被采纳
(2014)枣刑初字第117号	以危险方法危害公共安全、交通肇事案	辩护人	无关联性证据	同意	出庭	辩方证人出庭,当庭证言未被采纳
(2014)枣刑初字第162号	交通肇事案	附带民事诉讼原告	加刑证据(赔偿数额)	同意	出庭	附带原告证人出庭,当庭证言被采纳
(2014)闸刑初字第400号	寻衅滋事案	辩护人	减刑证据(被害人过错)	同意	出庭	辩方证人出庭,当庭证言未被采纳

续表

案号	案件类型	申请证人出庭主体	当庭证言作用	法院决定	证人经传唤后是否出庭	法院对证据态度
(2014)闸刑初字第828号	破坏公用电信设施案	公诉人	有罪证据(直接证据)	同意	出庭	控方证人出庭,当庭证言与书面证言一致,被采纳
(2014)闸刑初字第987号	诈骗案	辩护人	减刑证据(被害人过错)	同意	出庭	辩方证人出庭,当庭证言未被采纳
(2014)湛徐法刑初字第105号	故意伤害案	辩护人	有罪证据(直接证据)	同意	出庭	控方证人出庭,当庭证言与书面证言一致,被采纳
(2014)湛徐法刑初字第38号	寻衅滋事案	辩护人	判决书未涉及	同意	未出庭	控方证人未出庭,书面证言被采纳
(2014)湛徐法刑初字第98号	故意毁坏财物案	辩护人	有罪证据(直接证据)	同意	出庭	控方证人出庭,当庭证言与书面证言一致,被采纳
(2014)长县刑初字第174号	制造毒品、非法买卖制毒物品案	公诉人	有罪证据(间接证据)	同意	出庭	控方证人出庭,当庭证言与书面证言一致,被采纳
(2014)长刑初字第26号	强迫交易案	未申请	无罪证据(无犯罪故意)	同意	未出庭	辩方证人未出庭,书面证言未被采纳
(2014)长刑初字第26号	强迫交易案	未申请	有罪证据(直接证据)	同意	未出庭	控方证人未出庭,书面证言被采纳

续表

案号	案件类型	申请证人出庭主体	当庭证言作用	法院决定	证人经传唤后是否出庭	法院对证据态度
(2014)长刑初字第32号	故意伤害案	被告人	判决书未涉及	同意	未出庭	辩方证人未出庭,书面证言未被采纳
(2014)昭刑初字第59号	滥伐林木案	辩护人	有罪证据(直接证据)	不同意	—	证人出庭必要性问题
(2014)昭刑初字第6号	故意伤害案	被告人	无罪证据(不在场)	同意	出庭	辩方证人出庭,当庭证言未被采纳
(2014)镇刑初字第089号	合同诈骗案	辩护人	有罪证据(直接证据)	不同意	—	证人出庭必要性问题
(2014)蒸刑初字第194号	贪污案	辩护人	减刑证据(数额)	同意	出庭	辩方证人出庭,当庭证言被采纳,证人身份特殊(镇委书记)
(2014)蒸刑初字第34号	非国家工作人员受贿案	辩护人	无关联性证据	同意	出庭	辩方证人出庭,当庭证言未被采纳
(2014)郑铁刑初字第3号	盗窃案	被告人和辩护人	有罪证据(直接证据)	不同意	—	证人出庭必要性问题
(2014)中刑初字第32号	运输毒品案	辩护人	是否非法证据	不同意	—	证人出庭必要性问题

续表

案号	案件类型	申请证人出庭主体	当庭证言作用	法院决定	证人经传唤后是否出庭	法院对证据态度
(2014)中中法刑二初字第8号	走私、贩卖毒品案	辩护人	减刑证据(次数)	同意	出庭	控方证人当庭翻证,当庭证言被采纳
(2014)重铁刑初字第24号	受贿案	辩护人	减刑证据(自首)	同意	出庭	辩方证人出庭,当庭证言被采纳
(2014)珠金法刑初字第120号	故意伤害案	辩护人	有罪证据(间接证据)	不同意	—	证人出庭必要性问题
(2014)珠金法刑初字第99号	贩卖毒品案	辩护人	是否非法证据	不同意	—	证人出庭必要性问题
(2014)株县法刑初字第48号	故意毁坏财物案	附带民事诉讼原告	加刑证据(赔偿数额)	同意	出庭	附带原告证人出庭,当庭证言未被采纳
(2014)卓刑初字第6号	交通肇事案	被告人	减刑证据(自首)	同意	出庭	辩方证人出庭,当庭证言被采纳
(2014)资刑初字第127号	开设赌场案	被告人	无关联性证据	同意	出庭	辩方证人出庭,当庭证言未被采纳
(2014)子洲刑初字第00089号	开设赌场案	被告人	减刑证据(数额)	同意	出庭	辩方证人出庭,当庭证言被采纳

续表

案号	案件类型	申请证人出庭主体	当庭证言作用	法院决定	证人经传唤后是否出庭	法院对证据态度
(2014)自刑一初字第3号	故意杀人案	辩护人	减刑证据(自首)	同意	出庭	辩方证人出庭,当庭证言未被采纳
(2014)左刑初字第9号	故意毁坏财物案	辩护人	有罪证据(直接证据)	同意	出庭	控方证人出庭,当庭证言与书面证言一致,被采纳

二、侦查人员出庭案例摘要

案号	申请证人出庭主体	申请目的	法院决定	证人经传唤后是否出庭	笔者的评论	相关证据
(2012)偃刑初字第352号	公诉人	证明取证程序合法	同意	出庭	侦查人员出庭,当庭证言被采纳,被告人供述被采纳	体检记录;供述稳定,证据印证,侦查人员出庭。4点
(2012)郑刑二初字第89号	公诉人	证明取证程序合法	同意	出庭	侦查人员出庭,当庭证言未被采纳,被告人部分供述被排除	情况说明,侦查人员出庭,体检记录证明有伤故使用在看守所期间有罪供述,证据印证。4点
(2013)安刑初字第33号	公诉人	证实未提取鉴定物原因	同意	出庭	侦查人员出庭,当庭证言被采纳,鉴定意见被采纳	—

续表

案号	申请证人出庭主体	申请目的	法院决定	证人经传唤后是否出庭	笔者的评论	相关证据
(2013)崇州刑初字第108号	法院	确定被告人不是自首	同意	出庭	侦查人员出庭，当庭证言被采纳，被告人不被认定为自首	—
(2013)川刑初字第455号	公诉人	第4、6、8、9起犯罪事实是否存在	同意	出庭	侦查人员出庭，当庭证言未被采纳	—
(2013)东一法刑初字第887号	—	证明取证程序合法	—	未出庭	侦查人员未出庭时，书面证言未被采纳，被告人供述被采纳	入所体检记录，同步录音录像，见证人证言。3点
(2013)二七刑初字第430号	公诉人	证明取证程序合法	同意	出庭	侦查人员出庭，当庭证言被采纳，被告人供述被采纳	侦查人员出庭作证即可
(2013)二七刑初字第476号	公诉人	证明取证程序合法	同意	出庭	侦查人员出庭，当庭证言被采纳，被告人供述被采纳	侦查人员出庭作证即可
(2013)丰刑初字第0489号	公诉人	证明取证程序合法	同意	出庭	侦查人员出庭，当庭证言被采纳，被告人供述被采纳	侦查人员出庭作证即可
(2013)黄浦刑初字第331号	公诉人	作为目击证人，证明犯罪事实	同意	出庭	侦查人员出庭，作为目击证人，当庭证言被采纳	—

续表

案号	申请证人出庭主体	申请目的	法院决定	证人经传唤后是否出庭	笔者的评论	相关证据
(2013)江刑初字第46号	公诉人	作为交通事故责任认定官员	同意	出庭	侦查人员出庭,作为事故认定人员,当庭证言被采纳	—
(2013)金堂刑初字第314号	公诉人	证明取证程序合法	同意	出庭	侦查人员出庭,当庭证言被采纳,被告人供述被采纳	侦查人员出庭作证即可
(2013)金刑初字第1078号	公诉人	证明取证程序合法	同意	出庭	侦查人员出庭,当庭证言被采纳,被告人供述被采纳	侦查人员出庭,体检记录,证据印证。3点
(2013)金刑初字第83号	公诉人	证明取证程序合法	同意	出庭	侦查人员出庭,当庭证言被采纳,被告人供述被采纳	侦查人员出庭作证即可
(2013)晋刑初字第2817号	公诉人	证明取证程序合法	同意	出庭	侦查人员出庭,当庭证言被采纳,被告人供述被采纳	侦查人员出庭,同步录音录像。2点
(2013)晋刑初字第3573号	公诉人	证明取证程序合法	同意	出庭	侦查人员出庭,当庭证言被采纳,被告人供述被采纳	侦查人员出庭,体检记录。2点
(2013)靖刑初字第61号	—	证明取证程序合法	—	未出庭	侦查人员未出庭,书面证言被采纳,被告人供述被采纳	书面说明,入所体检表

续表

案号	申请证人出庭主体	申请目的	法院决定	证人经传唤后是否出庭	笔者的评论	相关证据
(2013)昆刑初字第0593号	公诉人	证明犯罪事实	同意	出庭	侦查人员出庭,证实案发经过,当庭证言被采纳	—
(2013)龙刑初字第181号	公诉人	证明取证程序合法	同意	出庭	侦查人员出庭,当庭证言被采纳,被告人供述被采纳	书面情况说明与侦查人员出庭。2点
(2013)龙刑初字第44号	公诉人	证明取证程序合法	同意	出庭	侦查人员出庭,当庭证言被采纳,被告人供述被采纳	侦查人员出庭,书面情况说明。2点
(2013)南刑二初字第0048号	—	证明取证程序合法	同意	未出庭	侦查人员未出庭,被告人供述被采纳	—
(2013)南刑二初字第0136号	—	证明取证程序合法	同意	未出庭	侦查人员未出庭,被告人供述被采纳	—
(2013)宁刑初字第00517号	公诉人	证明取证程序合法	同意	出庭	侦查人员出庭,当庭证言被采纳,被告人供述被采纳	体检记录、讯问录像、书面供述、侦查人员出庭。4点
(2013)浦刑初字第2411号	公诉人	证明取证程序合法	同意	出庭	侦查人员出庭,当庭证言被采纳,被告人供述被采纳	侦查人员出庭作证即可

续表

案号	申请证人出庭主体	申请目的	法院决定	证人经传唤后是否出庭	笔者的评论	相关证据
(2013)泉刑初字第333号	公诉人	证明取证程序合法	同意	出庭	侦查人员出庭,当庭证言被采纳,被告人供述被采纳	侦查人员出庭作证即可
(2013)山刑初字第60号	公诉人	证明取证程序合法	同意	出庭	侦查人员出庭,当庭证言被采纳,被告人供述被采纳	侦查人员出庭作证,书面情况说明。2点
(2013)深中法刑一初字第234号	公诉人	证明取证程序合法	同意	出庭	侦查人员出庭,当庭证言未被采纳,被告人供述被排除	体检记录,侦查人员出庭,情况说明。3点
(2013)狮刑初字第2299号	公诉人	证明取证程序合法	同意	出庭	侦查人员出庭,当庭证言被采纳,被告人供述被采纳	侦查人员出庭,同步录像,情况说明,入所体检。4点
(2013)亭刑初字第0215号	被告人及公诉人	证明取证程序合法	同意	出庭	侦查人员出庭,当庭证言被采纳,被告人供述被采纳	侦查人员出庭作证即可
(2013)亭刑初字第0445号	公诉人	证明取证程序合法	同意	出庭	侦查人员出庭,当庭证言被采纳,被告人供述被采纳	侦查人员出庭作证即可
(2013)西刑初字第97号	—	证明取证程序合法	—	未出庭	侦查人员未出庭,被告人供述被排除	体检说明,书面情况说明。2点

续表

案号	申请证人出庭主体	申请目的	法院决定	证人经传唤后是否出庭	笔者的评论	相关证据
(2013)新刑初字第1号	公诉人	证明取证程序合法	同意	出庭	侦查人员出庭，当庭证言被采纳，被告人供述被采纳	侦查人员出庭，同步录音录像。2点
(2013)新刑初字第87号	公诉人	证明取证程序合法	同意	出庭	侦查人员出庭，当庭证言被采纳，被告人供述被采纳	侦查人员出庭，同步录音录像。2点
(2013)伊刑重初字第10号	公诉人	证实交通事故责任认定	同意	出庭	侦查人员出庭，作为事故认定人员，当庭证言被采纳	—
(2013)宜宾刑初字第210号	公诉人	证明取证程序合法	同意	出庭	侦查人员出庭，当庭证言被采纳，被告人供述被采纳	侦查人员出庭作证即可
(2013)甬镇刑初字第190号	—	证明取证程序合法		未出庭	侦查人员未出庭，被告人供述被采纳	书面情况说明即可
(2013)渝北法刑初字第01147号	公诉人	证明取证程序合法	同意	出庭	侦查人员出庭，当庭证言被采纳，被告人供述被采纳	侦查人员出庭，入所体检表，同步录音录像。3点
(2013)长刑初字第566号	公诉人	证实案发经过	同意	出庭	侦查人员出庭，证实案发经过，当庭证言被采纳	—

续表

案号	申请证人出庭主体	申请目的	法院决定	证人经传唤后是否出庭	笔者的评论	相关证据
(2013)镇经刑初字第0105号	公诉人	道路交通事故责任认定	同意	出庭	侦查人员出庭,作为事故认定人员,当庭证言被采纳	—
(2013)中刑初字第203号	公诉人	证明取证程序合法	同意	出庭	侦查人员出庭,当庭证言被采纳,被告人供述被采纳	侦查人员出庭,入所体检记录。2点
(2013)株荷法刑初字第180号	公诉人	证明取证程序合法	同意	出庭	侦查人员出庭,当庭证言未被采纳,被告人部分供述被排除	入所体检表,侦查人员出庭作证。2点
(2013)株荷法刑初字第239号	公诉人	证明取证程序合法	同意	出庭	侦查人员出庭,当庭证言被采纳,被告人供述被采纳	入所体检记录,全程录音录像。侦查人员出庭。3点
(2014)安刑初字第70号	公诉人	证明取证程序合法	同意	出庭	侦查人员出庭,当庭证言被采纳,被告人供述被采纳	入所体检记录,侦查人员出庭,同步录音录像。3点
(2014)北刑初字第145号	公诉人	证明取证程序合法	同意	出庭	侦查人员出庭,当庭证言被采纳,被告人供述被采纳	入所体检记录,书面情况说明,同步录音录像,侦查人员出庭。4点
(2014)北刑初字第175号	公诉人	证明取证程序合法	同意	出庭	侦查人员出庭,当庭证言被采纳,被告人供述被采纳	侦查人员出庭,入所体检记录,情况说明。3点

续表

案号	申请证人出庭主体	申请目的	法院决定	证人经传唤后是否出庭	笔者的评论	相关证据
(2014)北刑初字第268号	公诉人	证明取证程序合法	同意	出庭	侦查人员出庭，当庭证言被采纳，被告人供述被采纳	侦查人员出庭，入所体检记录。2点
(2014)常刑初字第153号	公诉人	证实案发经过	同意	出庭	侦查人员出庭，作为目击证人，当庭证言被采纳	—
(2014)潮安法刑初字第246号	公诉人	证明取证程序合法	同意	出庭	侦查人员出庭，当庭证言被采纳，被告人供述被采纳	侦查人员出庭，情况说明。2点
(2014)鄂恩施刑初字第00260号	公诉人	证明取证程序合法	同意	出庭	侦查人员出庭，当庭证言被采纳，被告人供述被采纳	侦查人员出庭，入所体检记录。2点
(2014)鄂江陵刑初字第00077号	公诉人	证明取证程序合法	同意	出庭	侦查人员出庭，当庭证言被采纳，被告人供述被采纳	侦查人员出庭作证即可
(2014)二七刑初字第461号	公诉人	证明取证程序合法	同意	出庭	侦查人员出庭，当庭证言被采纳，被告人供述被采纳	侦查人员出庭作证即可
(2014)府刑初字第00022号	公诉人	证明取证程序合法	同意	出庭	侦查人员出庭，当庭证言被采纳，被告人供述被采纳	入所体检记录，录音录像，侦查人员出庭。3点

续表

案号	申请证人出庭主体	申请目的	法院决定	证人经传唤后是否出庭	笔者的评论	相关证据
(2014)港刑初字第0047号	公诉人	证明取证程序合法	同意	出庭	侦查人员出庭,当庭证言被采纳,被告人供述被采纳	侦查人员出庭,书面情况说明。2点
(2014)管刑初字第261号	公诉人	证明取证程序合法	同意	出庭	侦查人员出庭,当庭证言被采纳,被告人供述被采纳	入所体检记录,书面情况说明,侦查人员出庭。3点
(2014)怀中刑一初字第1号	公诉人	证明取证程序合法	同意	出庭	侦查人员出庭,当庭证言被采纳,被告人供述被采纳	侦查人员出庭,书面情况说明,入所体检表。3点
(2014)惠龙法刑一初字第36号	公诉人	证明取证程序合法	同意	出庭	侦查人员出庭,当庭证言被采纳,被告人供述被采纳	侦查人员出庭,入所体检记录。2点
(2014)江油刑初字第40号	公诉人	证明取证程序合法	同意	出庭	侦查人员出庭,当庭证言被采纳,被告人供述被采纳	侦查人员出庭,录音录像。2点
(2014)江油刑初字第7号	公诉人	证实案件事实	同意	出庭	侦查人员出庭,证实案发经过,当庭证言被采纳	—
(2014)景刑初字第71号	公诉人	证明取证程序合法	同意	出庭	侦查人员出庭,当庭证言被采纳,被告人供述被采纳	侦查人员出庭作证即可

续表

案号	申请证人出庭主体	申请目的	法院决定	证人经传唤后是否出庭	笔者的评论	相关证据
(2014)静刑初字第21号	公诉人	证明案发经过	同意	出庭	侦查人员出庭,证实案发经过,当庭证言被采纳	—
(2014)开刑初字第0121号	公诉人	证明取证程序合法	同意	出庭	侦查人员出庭,当庭证言被采纳,被告人供述被采纳	侦查人员出庭,入所体检记录,书面情况说明。3点
(2014)连刑初字第248号	公诉人	证实案发经过	同意	出庭	侦查人员出庭,证实案发经过,当庭证言被采纳	—
(2014)临中刑初字第176号	公诉人	证实案发经过	同意	出庭	侦查人员出庭,证实案发经过,当庭证言被采纳	—
(2014)泌刑初字第00495号				未出庭	侦查人员出庭,当庭证言被采纳,被告人供述被采纳	侦查人员出庭作证即可
(2014)南法刑初字第59号	公诉人	证明取证程序合法	同意	出庭	侦查人员出庭,当庭证言被采纳,被告人供述被采纳	侦查人员出庭,入所体检记录。2点
(2014)普刑初字第682号	公诉人	证实案发经过	同意	出庭	侦查人员出庭,证实案发经过,当庭证言被采纳	—

续表

案号	申请证人出庭主体	申请目的	法院决定	证人经传唤后是否出庭	笔者的评论	相关证据
(2014)綦法刑初字第00094号	公诉人	证明取证程序合法	同意	出庭	侦查人员出庭，当庭证言被采纳，被告人供述被采纳	侦查人员出庭，入所体检记录。2点
(2014)清城法刑初字第300号	公诉人	证明取证程序合法	同意	出庭	侦查人员出庭，当庭证言被采纳，被告人供述被采纳	侦查人员出庭，书面情况说名，入所体检记录。3点
(2014)清刑初字第105号	公诉人	证明取证程序合法	同意	出庭	侦查人员出庭，当庭证言被采纳，被告人供述被采纳	侦查人员出庭，同步录音录像。2点
(2014)沙法刑初字第00194号	公诉人	证明取证程序合法	同意	出庭	侦查人员出庭，当庭证言被采纳，被告人供述和证人证言被采纳	侦查人员出庭作证即可
(2014)深中法刑一初字第56号	公诉人	证明取证程序合法	同意	出庭	侦查人员出庭，当庭证言被采纳，被告人供述被采纳	侦查人员出庭，书面情况说明，入所体检记录，同步录音录像。4点
(2014)深中法刑一初字第9号	公诉人	证明取证程序合法	同意	出庭	侦查人员出庭，当庭证言被采纳，被告人供述被采纳	侦查人员出庭，书面情况说明，入所体检记录。3点
(2014)狮刑初字第1094号	公诉人	证明取证程序合法	同意	出庭	侦查人员出庭，当庭证言被采纳，被告人供述被采纳	侦查人员出庭，同步录音录像，入所体检表。3点

续表

案号	申请证人出庭主体	申请目的	法院决定	证人经传唤后是否出庭	笔者的评论	相关证据
(2014)狮刑初字第1338号	公诉人	证明取证程序合法	同意	出庭	侦查人员出庭,当庭证言被采纳,被告人供述被采纳	侦查人员出庭,书面情况说名,入所体检记录。3点
(2014)狮刑初字第967号	公诉人	证明取证程序合法	同意	出庭	侦查人员出庭,当庭证言被采纳,被告人供述被采纳	侦查人员出庭,入所体检记录。2点
(2014)思刑初字第547号	公诉人	证实案发经过	同意	出庭	侦查人员出庭,证实案发经过,当庭证言被采纳	—
(2014)穗南法刑初字第113号	公诉人	证实案发经过	同意	出庭	侦查人员出庭,证实案发经过,当庭证言被采纳	—
(2014)陶刑初字第14号	公诉人	作为目击证人	同意	出庭	侦查人员出庭,作为目击证人,当庭证言被采纳	—
(2014)亭刑二初字第00131号	公诉人	证明取证程序合法	同意	出庭	侦查人员出庭,当庭证言被采纳,被告人供述被采纳	侦查人员出庭,同步录音录像。2点

续表

案号	申请证人出庭主体	申请目的	法院决定	证人经传唤后是否出庭	笔者的评论	相关证据
(2014)通川刑初字第42号	公诉人	证明取证程序合法	同意	出庭	侦查人员出庭，当庭证言被采纳，被告人供述被采纳	侦查人员出庭，入所体检记录，书面情况说明。3点
(2014)潼刑初字第00019号	公诉人	证明取证程序合法	同意	出庭	侦查人员出庭，当庭证言被采纳，被告人供述被采纳	侦查人员出庭作证即可
(2014)西法刑初字第107号	公诉人	证明取证程序合法	同意	出庭	侦查人员出庭，当庭证言被采纳，被告人供述被采纳	侦查人员出庭作证即可
(2014)西法刑初字第381号	公诉人	证明取证程序合法	同意	出庭	侦查人员出庭，当庭证言被采纳，被告人供述被采纳	侦查人员出庭，书面情况说明，入所体检记录。3点
(2014)西法刑初字第392号	公诉人	证明取证程序合法	同意	出庭	侦查人员出庭，当庭证言被采纳，被告人供述被采纳	侦查人员出庭，入所体检记录。2点
(2014)西法刑初字第500号	公诉人	证明取证程序合法	同意	出庭	侦查人员出庭，当庭证言被采纳，被告人供述被采纳	侦查人员出庭，入所体检记录，同步录音录像。3点
(2014)息刑初字第153号	公诉人	证明取证程序合法	同意	出庭	侦查人员出庭，当庭证言被采纳，被告人供述被采纳	侦查人员出庭，入所体检记录，同步录音录像。3点

续表

案号	申请证人出庭主体	申请目的	法院决定	证人经传唤后是否出庭	笔者的评论	相关证据
(2014)翔刑初字第252号	公诉人	作为目击证人	同意	出庭	侦查人员出庭,作为目击证人,当庭证言被采纳	—
(2014)新刑初字第270号	公诉人	证实案发经过	同意	出庭	侦查人员出庭,证实案发经过,当庭证言被采纳	—
(2014)新刑初字第270号	公诉人	证实案发经过	同意	出庭	侦查人员出庭,证实案发经过,当庭证言被采纳	—
(2014)一中刑初字第2314号	公诉人	证明取证程序合法	同意	出庭	侦查人员出庭,当庭证言被采纳,被告人供述被采纳	侦查人员出庭作证即可
(2014)云法刑初字第00031号	公诉人	证明取证程序合法	同意	出庭	侦查人员出庭,当庭证言被采纳,被告人供述被采纳	侦查人员出庭作证即可
(2014)郑铁刑初字第27号	公诉人	证明取证程序合法	同意	出庭	侦查人员出庭,当庭证言被采纳,被告人供述被采纳	侦查人员出庭作证即可
(2014)郑铁刑初字第48号	公诉人	证实案发经过	同意	出庭	侦查人员出庭,证实案发经过,当庭证言被采纳	—

续表

案号	申请证人出庭主体	申请目的	法院决定	证人经传唤后是否出庭	笔者的评论	相关证据
(2014)郑铁刑初字第53号	公诉人	证明取证程序合法	同意	出庭	侦查人员出庭,当庭证言被采纳,被告人供述被采纳	侦查人员出庭作证即可
(2013)鼓刑初字第63号	公诉人	证明取证程序合法	同意	出庭	控方证人出庭,当庭证言与书面证言一致,被采纳	侦查人员出庭作证即可
(2014)奉刑初字第1090号	公诉人	证实案件事实	同意	出庭	控方证人出庭,当庭证言与书面证言一致,被采纳	—

三、鉴定人出庭案例摘要

案号	申请证人出庭主体	鉴定种类	出庭和证据采纳情况
(2014)龙新刑初字第180号	被害人	处女膜鉴定	鉴定人出庭,出庭鉴定人鉴定意见被采纳
(2014)东刑一初字第70号	辩护人	毒品鉴定	鉴定人出庭,出庭鉴定人鉴定意见被采纳
(2014)大铁刑初字第00005号	辩护人	工痕鉴定	鉴定人出庭,出庭鉴定人鉴定意见被采纳
(2014)平刑初字第281号	被害人	过火面积鉴定	鉴定人出庭,出庭鉴定人鉴定意见被采纳
(2014)海刑初字第81号	辩护人	计算机司法鉴定	鉴定人出庭,出庭鉴定人鉴定意见被采纳

续表

案号	申请证人出庭主体	鉴定种类	出庭和证据采纳情况
(2014)蒲江刑初字第38号	被告人	价格鉴定	鉴定人出庭，出庭鉴定人鉴定意见被采纳
(2013)泰姜刑初字第0018号	被告人及辩护人	价格鉴定	鉴定人出庭，出庭鉴定人鉴定意见被采纳
(2014)温乐刑初字第56号	被告人及辩护人	价格鉴定	鉴定人出庭，出庭鉴定人鉴定意见被采纳
(2013)安刑初字第33号	辩护人	价格鉴定	鉴定人出庭，出庭鉴定人鉴定意见被采纳
(2013)郓刑初字第189号	辩护人	价格鉴定	鉴定人出庭，出庭鉴定人鉴定意见被采纳
(2014)宝刑初字第3号	辩护人	价格鉴定	鉴定人出庭，出庭鉴定人鉴定意见被采纳
(2014)东刑初字第136号	辩护人	价格鉴定	鉴定人出庭，出庭鉴定人鉴定意见被采纳
(2014)弋刑初字第30号	辩护人	价格鉴定	鉴定人出庭，出庭鉴定人鉴定意见被采纳
(2013)甬鄞刑初字第1558号	法院	价格鉴定	鉴定人出庭，出庭鉴定人鉴定意见被采纳
(2012)六刑二初字第111号	公诉人	价格鉴定	鉴定人出庭，出庭鉴定人鉴定意见被采纳
(2014)红刑初字第60号	辩护人	林木体积鉴定	鉴定人出庭，出庭鉴定人鉴定意见被采纳
(2014)鹿刑初字第208号	法院	林木体积鉴定	鉴定人出庭，出庭鉴定人鉴定意见被采纳
(2013)海刑初字第221号	被告人	伤情鉴定	鉴定人出庭，出庭鉴定人鉴定意见被采纳

续表

案号	申请证人出庭主体	鉴定种类	出庭和证据采纳情况
(2014)雨刑初字第00701号	被告人	伤情鉴定	鉴定人出庭,出庭鉴定人鉴定意见被采纳
(2014)云罗法刑初字第228号	被告人	伤情鉴定	鉴定人出庭,出庭鉴定人鉴定意见被采纳
(2014)台仙刑初字第167号	被告人及辩护人	伤情鉴定	鉴定人出庭,出庭鉴定人鉴定意见被采纳
(2013)修刑初字第2号	被害人	伤情鉴定	鉴定人出庭,出庭鉴定人鉴定意见被采纳
(2013)裕刑初字第00087号	被害人	伤情鉴定	鉴定人出庭,出庭鉴定人鉴定意见被采纳
(2013)淮刑初字第0235号	辩护人	伤情鉴定	鉴定人出庭,出庭鉴定人鉴定意见被采纳
(2013)祁刑初字第21号	辩护人	伤情鉴定	鉴定人出庭,出庭鉴定人鉴定意见被采纳
(2013)韶翁法刑初字第135号	辩护人	伤情鉴定	鉴定人出庭,出庭鉴定人鉴定意见被采纳
(2013)杨刑初字第29号	辩护人	伤情鉴定	鉴定人出庭,出庭鉴定人鉴定意见被采纳
(2013)叶刑初字第150号	辩护人	伤情鉴定	鉴定人出庭,出庭鉴定人鉴定意见被采纳
(2013)甬北刑初字第232号	辩护人	伤情鉴定	鉴定人出庭,出庭鉴定人鉴定意见被采纳
(2014)佛中法刑一初字第10号	辩护人	伤情鉴定	鉴定人出庭,出庭鉴定人鉴定意见被采纳
(2014)广刑初字第3号	辩护人	伤情鉴定	鉴定人出庭,出庭鉴定人鉴定意见被采纳

续表

案号	申请证人出庭主体	鉴定种类	出庭和证据采纳情况
(2014)金义刑初字第1506号	辩护人	伤情鉴定	鉴定人出庭,出庭鉴定人鉴定意见被采纳
(2014)离刑初字第179号	辩护人	伤情鉴定	鉴定人出庭,出庭鉴定人鉴定意见被采纳
(2014)连刑初字第248号	辩护人	伤情鉴定	鉴定人出庭,出庭鉴定人鉴定意见被采纳
(2014)浦刑初字第172号	辩护人	伤情鉴定	鉴定人出庭,出庭鉴定人鉴定意见被采纳
(2014)秦刑初字第11号	辩护人	伤情鉴定	鉴定人出庭,出庭鉴定人鉴定意见被采纳
(2014)双滦刑初字第49号	辩护人	伤情鉴定	鉴定人出庭,出庭鉴定人鉴定意见被采纳
(2014)穗增法刑初字第228号	辩护人	伤情鉴定	鉴定人出庭,出庭鉴定人鉴定意见被采纳
(2014)威高刑初字第15号	辩护人	伤情鉴定	鉴定人出庭,出庭鉴定人鉴定意见被采纳
(2014)蔚刑初字第58号	辩护人	伤情鉴定	鉴定人出庭,出庭鉴定人鉴定意见被采纳
(2014)偃刑一初字第189号	辩护人	伤情鉴定	鉴定人出庭,出庭鉴定人鉴定意见被采纳
(2014)叶刑初字第116号	辩护人	伤情鉴定	鉴定人出庭,出庭鉴定人鉴定意见被采纳
(2014)资中刑初字第98号	辩护人	伤情鉴定	鉴定人出庭,出庭鉴定人鉴定意见被采纳
(2013)社刑初字43号	辩护人	伤情鉴定	鉴定人出庭,出庭鉴定人鉴定意见被采纳

续表

案号	申请证人出庭主体	鉴定种类	出庭和证据采纳情况
(2014)东刑初字第33号	法院	伤情鉴定	鉴定人出庭,出庭鉴定人鉴定意见被采纳
(2014)郊刑初字第3号	法院	伤情鉴定	鉴定人出庭,出庭鉴定人鉴定意见被采纳
(2014)通刑初字第27号	法院	伤情鉴定	鉴定人出庭,出庭鉴定人鉴定意见被采纳
(2014)温瓯刑初字第259号	附带民事诉讼原告	伤情鉴定	鉴定人出庭,出庭鉴定人鉴定意见被采纳
(2013)杭淳刑初字第128号	公诉人	伤情鉴定	鉴定人出庭,出庭鉴定人鉴定意见被采纳
(2013)莆刑初字第24号	公诉人	伤情鉴定	鉴定人出庭,出庭鉴定人鉴定意见被采纳
(2013)莆刑初字第36号	公诉人	伤情鉴定	鉴定人出庭,出庭鉴定人鉴定意见被采纳
(2014)博刑初字第152号	公诉人	伤情鉴定	鉴定人出庭,出庭鉴定人鉴定意见被采纳
(2014)赤刑初字第43号	公诉人	伤情鉴定	鉴定人出庭,出庭鉴定人鉴定意见被采纳
(2014)绩刑初字第00060号	公诉人	伤情鉴定	鉴定人出庭,出庭鉴定人鉴定意见被采纳
(2014)城刑初字第68号	判决书未涉及	伤情鉴定	鉴定人出庭,出庭鉴定人鉴定意见被采纳
(2014)和刑初字第4号	辩护人	刑事责任能力鉴定	鉴定人出庭,出庭鉴定人鉴定意见被采纳
(2014)贾刑初字第176号	辩护人	刑事责任能力鉴定	鉴定人出庭,出庭鉴定人鉴定意见被采纳

续表

案号	申请证人出庭主体	鉴定种类	出庭和证据采纳情况
(2014)长刑初字第17号	辩护人	刑事责任能力鉴定	鉴定人出庭,出庭鉴定人鉴定意见被采纳
(2014)江油刑初字第7号	辩护人	血液酒精含量鉴定	鉴定人出庭,出庭鉴定人鉴定意见被采纳
(2013)温瑞刑初字第1522号	辩护人	医疗事故鉴定	鉴定人出庭,出庭鉴定人鉴定意见被采纳
(2013)锡法刑初字第0050号	辩护人	医疗事故鉴定	鉴定人出庭,出庭鉴定人鉴定意见被采纳
(2014)狮刑初字第217号	被告人	指纹鉴定	鉴定人出庭,出庭鉴定人鉴定意见被采纳
(2013)泰高新刑初字第0016号	公诉人	质量鉴定	鉴定人出庭,出庭鉴定人鉴定意见被采纳
(2014)鄂武昌刑初字第00504号	法院	伤情鉴定	鉴定人出庭,出庭鉴定人鉴定意见被采纳。鉴定标准变化,影响量刑
(2014)东二法刑初字第369号	公诉人	伤情鉴定	鉴定人出庭,出庭鉴定人鉴定意见被采纳。鉴定标准变化,影响量刑
(2014)东二法刑初字第458号	公诉人	伤情鉴定	鉴定人出庭,出庭鉴定人鉴定意见被采纳。鉴定标准变化,影响量刑
(2013)历刑初字第388号	法院	伤情鉴定	鉴定人出庭,出庭鉴定人鉴定意见被采纳。鉴定标准变化导致被告人无罪释放
(2013)夏刑初字第68号	辩护人	伤情鉴定	鉴定人出庭,出庭鉴定人鉴定意见被采纳。鉴定过程存在瑕疵

续表

案号	申请证人出庭主体	鉴定种类	出庭和证据采纳情况
(2014)浙甬刑一初字第70号	辩护人	伤情鉴定	鉴定人出庭,出庭鉴定人鉴定意见被采纳。有专门知识的人出庭,出庭有专门知识的人意见未被采纳
(2013)潭刑初字第210号	公诉人	枪支鉴定	鉴定人出庭,出庭鉴定人鉴定意见被采纳。重新鉴定
(2013)佛明法刑初字第95号	辩护人	采矿数量鉴定	鉴定人出庭,出庭鉴定人鉴定意见被采纳
(2013)东刑一初字第751号	辩护人	毒品鉴定	鉴定人出庭,出庭鉴定人鉴定意见被采纳
(2013)洞刑初字第81号	辩护人	价格鉴定	鉴定人出庭,出庭鉴定人鉴定意见被采纳
(2013)川刑初字第069号	公诉人	林木体积鉴定	鉴定人出庭,出庭鉴定人鉴定意见被采纳
(2013)额刑初字第46号	被告人	伤情鉴定	鉴定人出庭,出庭鉴定人鉴定意见被采纳
(2013)丰刑二初字第6号	辩护人	伤情鉴定	鉴定人出庭,出庭鉴定人鉴定意见被采纳
(2013)二中刑初字第1444号	辩护人	指纹鉴定	鉴定人出庭,出庭鉴定人鉴定意见被采纳
(2014)铜刑初字第5号	辩护人	价格鉴定	鉴定人出庭,出庭鉴定人鉴定意见未被采纳
(2014)西法刑初字第690号	辩护人	价格鉴定	鉴定人出庭,出庭鉴定人鉴定意见未被采纳
(2014)息刑初字第125号	辩护人	伤情鉴定	鉴定人出庭,出庭鉴定人鉴定意见未被采纳

续表

案号	申请证人出庭主体	鉴定种类	出庭和证据采纳情况
(2013)芜中刑初字第00007号	辩护人	刑事责任能力鉴定	鉴定人出庭,出庭鉴定人鉴定意见未被采纳
(2014)方刑初字第046号	辩护人	刑事责任能力鉴定	鉴定人出庭,出庭鉴定人鉴定意见未被采纳
(2013)雁刑初字第00287号	法院	价格鉴定	鉴定人出庭,出庭鉴定人鉴定意见未被采纳。鉴定程序存在严重问题
(2013)普刑(知)初字第11号	辩护人	计算机司法鉴定	鉴定人出庭,出庭鉴定人鉴定意见未被采纳。有专门知识的人出庭,出庭的有专门知识的人意见被采纳
(2014)盐刑初字第60号	法院	伤情鉴定	两机构两份鉴定意见矛盾,两机构鉴定人均出庭,更好的鉴定意见被采纳
(2014)徐刑初字第00003号	判决书未涉及	—	两机构两份鉴定意见矛盾,两机构鉴定人均出庭,更好的鉴定意见被采纳
(2014)龙刑初字第38号	辩护人	伤情鉴定	两机构两份鉴定意见矛盾,两机构鉴定人均未出庭,不利被告人鉴定意见被采纳
(2014)镇刑初字第029号	辩护人	价格鉴定	两机构两份鉴定意见矛盾,一机构鉴定人出庭,出庭鉴定人鉴定意见被采纳。未出庭鉴定人鉴定意见未被采纳
(2014)清山法刑初字第46号	被害人	伤情鉴定	两机构两份鉴定意见矛盾,一机构鉴定人出庭,出庭鉴定人鉴定意见被采纳。未出庭鉴定人鉴定意见未被采纳

续表

案号	申请证人出庭主体	鉴定种类	出庭和证据采纳情况
(2013)谷刑初字第72号	法院	伤情鉴定	两机构两份鉴定意见矛盾,一机构鉴定人出庭,出庭鉴定人鉴定意见被采纳。未出庭鉴定人鉴定意见未被采纳
(2013)亭刑二初字第0226号	法院	刑事责任能力鉴定	两机构两份鉴定意见矛盾,一机构鉴定人出庭,出庭鉴定人鉴定意见被采纳。未出庭鉴定人鉴定意见未被采纳
(2013)安刑初字第63号	辩护人	血液酒精含量鉴定	两机构两份鉴定意见矛盾,一机构鉴定人出庭,出庭鉴定人鉴定意见被采纳。未出庭鉴定人鉴定意见未被采纳
(2013)宣中刑初字第00017号	辩护人及公诉人	刑事责任能力鉴定	三机构三份鉴定意见矛盾。未出庭鉴定人鉴定意见被采纳
(2013)成刑初字第11号	判决书未涉及	伤情鉴定	四机构四份鉴定意见矛盾,一出庭鉴定人承认其鉴定有瑕疵,鉴定意见不被采纳,一出庭鉴定人认为其鉴定意见征求,鉴定意见被采纳。未出庭鉴定人鉴定意见未被采纳
(2014)高新刑初字第67号	辩护人	毒品鉴定	未出庭鉴定人鉴定意见被采纳
(2013)开刑初字第61号	辩护人	价格鉴定	未出庭鉴定人鉴定意见被采纳
(2013)黔纳刑经初字第98号	辩护人	价格鉴定	未出庭鉴定人鉴定意见被采纳

续表

案号	申请证人出庭主体	鉴定种类	出庭和证据采纳情况
(2013)桂阳法刑初字第129号	辩护人	伤情鉴定	未出庭鉴定人鉴定意见被采纳
(2013)文刑初字第361号	辩护人	伤情鉴定	未出庭鉴定人鉴定意见被采纳
(2014)成刑初字第78号	辩护人	伤情鉴定	未出庭鉴定人鉴定意见被采纳。法院没有理会被告人
(2014)吉刑初字第99号	法院	价格鉴定	未出庭鉴定人鉴定意见未被采纳
(2013)汕阳法刑二初字第112号	被告人	数额鉴定	未出庭鉴定人鉴定意见未被采纳
(2014)灌刑初字第0065号	辩护人	刑事责任能力鉴定	未出庭鉴定人鉴定意见未被采纳
(2014)海刑初字第162号	辩护人	价格鉴定	未出庭鉴定人鉴定意见未被采纳。被告人无罪
(2014)新刑初字第277号	公诉人	—	有专门知识的人出庭,出庭专家意见被采纳
(2014)甬鄞刑初字第737号	公诉人	—	有专门知识的人出庭,出庭专家意见被采纳
(2014)锦江刑初字第376号	被告人	—	有专门知识的人出庭,出庭专家意见未被采纳

致　谢

本书能够出版，首先要感谢我的恩师孙长永教授。本书是在我的博士论文基础上修改后出版的。从选题确定、提纲草拟，到资料收集、论文修改，博士论文字里行间都凝聚着先生的汗水及对学生的关爱。作为师父，先生在学术上是“师”，严而不厉；在生活中似“父”，宽而不溺。品读先生文章，常觉仰之弥高、钻之弥坚；聆听先生教诲，时感春风化雨、润物无声。

时光荏苒，岁月如梭，要感谢的师长还有很多。感谢西南政法大学法学院龙宗智教授、高一飞教授、李昌林教授、潘金贵教授的教诲与关怀，感谢广东财经大学法学院房文翠教授、邓立军教授、鲁晓明教授、谢雄伟教授的提携与抬爱，感谢广东国智律师事务所周卓豪律师的点拨与指导。诸位师长对学术的执着令我心向往之，对实务的熟稔令我眼界大开。

感谢我的几位同门师兄。吴杨泽师兄知微知彰、知柔知刚，启迪我以先贤智慧、教诲我以古史华章。叶宁师兄以学术为志业，一直无私地帮助我、鼓励我，有疑问时为我答疑，有困惑时为我解惑。纪虎师兄多次为我指点迷津，并推荐我去台湾交流研习。李昌盛师兄所提宝贵意见，令我受益匪浅。高峰师兄、闫昭华师兄、陈如超师兄、倪春乐师兄、王彪师兄多次与我分享研究心得，使我少走许多弯路，在此一并致谢！

感谢我的几位挚友。我们歌乐山下悟“道”，烈士墓旁参“禅”。蜗居斗室之内，心系四海之广。观点的碰撞，常激荡出灵感的火花;言语的交锋,却从未疏远彼此的距离。祝愿飞传鹤越飞越高,祝福聂子龙早日飞龙在天。李楹已然成为人生赢家,伟峰即将走上事业巅峰。祝刘海洋博士在知识的海洋乘风破浪、直挂云帆!

感谢我的家人。自高中起,求学外地,与家人离多聚少,乡愁每每化作一张小小的车票,其中写满了对团聚的渴望、对离别的不舍。感谢我的父亲母亲,父母养育之恩比山更高、比海更深。感谢妹妹一直以来支持和体谅哥哥,与我分享了许多喜悦,为我分担了许多忧愁。感谢妻子明焱,感谢她在我艰难困苦时义无反顾的力挺,感谢她在我骄傲自满时苦口婆心的劝诫。感谢我的岳父岳母。博士论文开题报告后不久,我因打篮球骨折。二老二话不说,把我接到家里,照料我的生活。没有他们细致周到的照料,我不可能在那段“身残”的日子里“志坚”;正是由于他们无微不至的关心,我才能在短短两个月内完成本书的主体内容。

最后,感谢我的母校西南政法大学。恍惚间如白驹过隙,我把自己的青春年华都镌刻在了重庆这座城、西政这学校。当我垂垂老矣,追忆似水年华,我会深感幸运,正当最好年龄之时,遇到了诸多良善之人。因此青春虽已转瞬而逝,却也永恒不渝;虽则平淡无奇,却也回味绵长。

图书在版编目(CIP)数据

刑事审判中的言词原则研究 / 孙志伟著. -- 北京 :
法律出版社, 2019
ISBN 978-7-5197-3651-4

Ⅰ. ①刑… Ⅱ. ①孙… Ⅲ. ①刑事诉讼－审判－法律
语言学－研究－中国 Ⅳ. ①D925.218.4

中国版本图书馆CIP数据核字(2019)第141726号

刑事审判中的言词原则研究
XINGSHI SHENPAN ZHONG DE YANCI YUANZE YANJIU

孙志伟 著

策划编辑 陈 睿
责任编辑 陈 睿 田亚飞
装帧设计 汪奇峰

出版 法律出版社
总发行 中国法律图书有限公司
经销 新华书店
印刷 北京虎彩文化传播有限公司
责任校对 杨锦华
责任印制 沙 磊

编辑统筹 法律考试·职业教育出版分社
开本 710毫米×1000毫米 1/16
印张 19.25
字数 283千
版本 2019年9月第1版
印次 2019年9月第1次印刷

法律出版社/北京市丰台区莲花池西里7号(100073)
网址/www.lawpress.com.cn
投稿邮箱/info@lawpress.com.cn
举报维权邮箱/jbwq@lawpress.com.cn
销售热线/400-660-8393
咨询电话/010-63939796

中国法律图书有限公司/北京市丰台区莲花池西里7号(100073)
全国各地中法图分、子公司销售电话:
统一销售客服/400-660-8393/6393
第一法律书店/010-83938432/8433 西安分公司/029-85330678 重庆分公司/023-67453036
上海分公司/021-62071639/1636 深圳分公司/0755-83072995

书号:ISBN 978-7-5197-3651-4 **定价**:68.00元
(如有缺页或倒装,中国法律图书有限公司负责退换)